图 1

图 2

图 3

图 4

图 5

图 6

图 7　作者：苏可元

图 8　作者：刘若兰

图 9　作者：于良锴

图 10　作者：刘颖

图 11　作者：孙永言

1. 有一天，我在家又画画，又玩娃娃家。

2. 后来又去操场玩。

3. 爷爷还给我买了好吃的。

4. 这一天，我过得很高兴。

图 12　高兴的一天

1. 小姑娘去寄信。

2. 她来到了邮局。

3. 她把信放进了邮箱。

4. 才发现（想起）刚才的信没有贴邮票。

图 13   一件意外的事

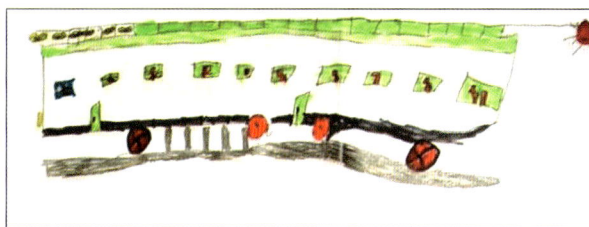

图 14   车在路上走   作者：厉星媛

图 15   我和爸爸打羽毛球   作者：宋法怡

图 16　我和爸爸比赛乒乓球　　作者：张贝忞

图 17　许多小猪滚着出去玩　　作者：黄木子

图 18　小蚂蚁搬树叶　　作者：黄木子

图 19　结构性涂染

新世纪高等学校教材

学前教育专业系列教材

（第3版）

学前儿童美术教育

XUEQIAN ERTONG MEISHU JIAOYU

张念芸　著

北京师范大学出版集团
BEIJING NORMAL UNIVERSITY PUBLISHING GROUP
北京师范大学出版社

图书在版编目（CIP）数据

学前儿童美术教育/张念芸著. —3 版. —北京：北京师范大学出版社，2014.8（2018.7重印）

新世纪高等学校教材. 学前教育专业系列教材

ISBN 978-7-303-17745-5

Ⅰ. ①学… Ⅱ. ①张… Ⅲ. ①学前教育－美术教育－高等学校－教材 Ⅳ. ①G613.6

中国版本图书馆 CIP 数据核字（2014）第 166475 号

营销中心电话 010-58802181 58805532
北师大出版社高等教育分社网 http://gaojiao. bnup. com
电子信箱 gaojiao@bnupg. com

出版发行：北京师范大学出版社 www. bnup. com
　　　　　北京新街口外大街 19 号
　　　　　邮政编码：100875
印　　刷：三河兴达印务有限公司
经　　销：全国新华书店
开　　本：730 mm×980 mm　1/16
印　　张：19.25
插　　页：2
字　　数：315 千字
版　　次：2014 年 8 月第 3 版
印　　次：2018 年 7 月第 26 次印刷
定　　价：39.00 元

策划编辑：张丽娟　　　　　责任编辑：张丽娟　　王佳媛
美术编辑：焦　丽　　　　　装帧设计：天泽润
责任校对：李　菡　　　　　责任印制：陈　涛

目　录

第一章　学前儿童美术概述　·1

第一节　什么是美术　·1

第二节　学前儿童美术　·7

第二章　学前儿童美术创作的特点　·13

第一节　学前儿童美术创作的一般特点　·13

第二节　涂鸦期幼儿绘画的发展特点　·15

第三节　象征期幼儿绘画的发展特点　·20

第四节　形象期幼儿绘画的发展特点　·24

第五节　影响幼儿美术创作的心理因素与教育对策　·47

第三章　幼儿园美术教育的目标、原则与内容要求　·57

第一节　幼儿园美术教育的目标　·57

第二节　幼儿园美术教育原则　·59

第三节　幼儿园各年龄班美术指导要点　·65

第四节　幼儿园各年龄班美术教育的内容与要求　·67

第四章 幼儿园美术教育的组织与实施 ·77

第一节 幼儿园美术课程 ·77

第二节 幼儿园美术教育活动 ·80

第三节 幼儿园美术区域 ·102

第四节 幼儿园美术环境 ·103

第五节 家园联系 ·105

第五章 学前儿童美术欣赏与指导 ·108

第一节 幼儿欣赏的特点 ·108

第二节 自然景物的欣赏 ·112

第三节 社会生活的欣赏 ·114

第四节 美术作品的欣赏 ·118

第六章 学前儿童美术创作技能学习与指导 ·129

第一节 绘画 ·129

第二节 装饰与美化 ·135

第三节 撕纸与剪纸 ·138

第四节 拼贴 ·142

第五节 印与拓 ·145

第六节 染纸 ·148

第七节 编织 ·150

第八节 折纸 ·151

第九节 纸造型 ·154

第十节 泥塑 ·156

第十一节 综合制作 ·160

第七章 幼儿园美术综合探索活动引导 ·162

第一节 从表现内容出发引导幼儿创作 ·163

第二节　从表现形式出发引导幼儿创作　·178

第三节　从材料特性出发引导创作　·205

第四节　以形式与内容相结合的方式导入创作　·212

第八章　幼儿园美术教育评价　·220

第一节　评价的目的与项目　·220

第二节　幼儿美术创作过程的评价　·223

第三节　幼儿美术作品的评价　·233

第四节　幼儿园美术教育活动的评价　·245

附录一　幼儿美术作品赏析　·257

附录二　教育实际问题解析　·263

参考书目　·301

第一章　学前儿童美术概述

第一节　什么是美术

一、"美术"一词的来源

"美术"在英语中用"art"表示。在欧美拉丁语国家"art"一词既作艺术解，又作美术解。它源于古罗马的拉丁文"ars"。原意指相对于自然造化的人工技艺，泛指各种手工制作的艺术品和文学、戏剧、音乐，广义还包括拳术、魔术、医学等。

在古代，无论是东方还是西方实际上都只有"工艺"或"手艺"的概念。这是因为人们的美感意识还未从生存需求中独立出来。直到文艺复兴时期，人们意识到精神创造的价值，独立的艺术的概念才被确立和公认。在中国，"艺术"和"美术"一词的运用始于"五四"新文化运动。蔡元培早期使用"美术"这个术语时，包括诗歌和音乐。其后，中国的文艺界逐渐把"艺术"和"美术"的概念区分开。现今"艺术"一词为一切艺术门类的总称，而"美术"则专指视觉艺术，包括绘画、雕塑、建筑、工艺美术等。

二、美术的特征

美术作为一个艺术门类有其独特性，这使它与其他的艺术相区别，这种独特性主要表现在两点。

(一)造型性

造型性是美术的根本特点。美术是在空间中构成可视可触的艺术形象，作者利用作品的空间特征传达意义。因此，我们称美术为"造型艺术""视觉艺术""空间艺术"。相应地，人们在欣赏时通过视觉感受和理解美术作品。其他的艺术与此有所不同，例如，文学通过文字信号引起人们头脑中的表象，形成形象和情节，传达思想感情；音乐由声音构成，它作用于人的听觉，由听觉来欣赏音乐，感受作品的情感意味。

(二)静止性

静止性是美术的又一特点，意思是说美术形象不像有些艺术那样有连续性、继时性的特点；它只是人物、景物的外貌、表情、姿态和动作的状态，而非过程。这是美术与其他同样具有造型性艺术相区别的重要特征。舞蹈、戏剧、影视等艺术中的形象虽然也具有造型性，但它们都不是静止的，有动作、表情等的连续变化。以舞蹈为例，它含有人体造型；但这个造型不断地运动变化，由一连串的动作塑造出形象；人们在欣赏时，随着时间推移，一步一步地观看，最后形成完整的印象。而美术作品不是这样，画家在创作一幅画时将各种信息凝聚在一个画面中，作品完成之后，所有要素同时存在。人们在欣赏美术作品时，完整地感知整个画面，若有运动变化的感觉也是来自人们的视觉运动和经验联想。

三、美术作品的层次

美术作品可以分为四个层次，每一层次都表达一定的意义。通过了解美术作品层次，可以更好地理解美术这一艺术门类的特点。

(一)物质材料

第一个层次为美术作品的物质材料。它引起主体的特定感受，构成了美术作品中物质材料的意义。例如，油画材料与中国画材料具有不同的特质，用这两种不同的材料创作的作品给人的感受迥然不同。(见图1-1)

(二)形式构成

美术作品的第二个层次为作品的形式构成。美术作品中的点、线和色彩、形体之间的组织关系，以及与此相应的各种表现手法都蕴含着意味。这种意味既在抽象作品中表现出来，也隐含在写实性作品的形式结构和表现手法中，选择搭配运用得当能表现丰富复杂的事物和思想感情。(见图1-2)

(三)物象、事件、情节所指和表现意义

美术作品的第三个层次为作品中的物象、事件、情节所指和表现意义。所指即作品中描写的对象是什么，比如，"人""山""苹果""道路"等具体对象，"出游""战争""休息""劳动"等情节的事件。表现意义指这些对象和情节在作品中呈现出来的情感和情绪，如"愤怒""热烈""忧郁""狂欢"等。通常，我们将作品的这一层次称之为作品的内容。

图 1-1　木雕与陶盘(李林琢)

木雕与陶盘的不同材质给人以不同的触觉联想。

图 1-2　小鼹鼠的土豆(熊磊、卢欣)

黑底白色花纹的铁窗传出地狱般的阴森恐怖。暗红色发出血腥的气味。包围式的构图形成向内的压力，构成身陷困境的态势。

(四)文化意义

美术作品的第四个层次为文化意义,作品中的文化意义包括两个方面。第一个方面是作品中的物象和情节的象征意义(见图1-3);第二个方面是指作品所包含的时代精神、民族精神,以及当时社会生活中各种观念等方面的内容。

图1-3　格尔尼卡(毕加索)
画的中间部分,一匹被刺伤的马昂头张着嘴,发出哀鸣。据画家本人说,这匹马象征西班牙人民,它代表受难的西班牙。

四、美术作品的形态

美术作品的形态也称美术形态。从层次结构看,美术作品可以分为四个层次,但不是所有的作品都包含这四个层次,只有写实性作品中同时包含所有的层次。抽象作品仅包含物质材料、形式构成和文化意义三个层次,不包含第三层次——物象、事件、情节所指和表现意义。

(一)三种美术形态

由于美术作品中蕴含的层次结构分量不同,其外在知觉式样就会有所不同。根据知觉式样的不同,美术作品可分为写实形态、形式形态和装饰写实形态三种。

写实形态指的是那种既模仿物象,又具真实感的美术形态。

形式形态指不以任何物象为描写对象的抽象形式之间有规律的组合的美术形态,即所谓抽象作品。

装饰写实形态则指那种既以特定的物象为根据,但又被创作者根据需要对其进行加工处理，如变形、夸张、几何化、多物象组合等的美术形态。

（二）美术形态系列

写实形态与形式形态构成了美术形态系列的两极，丰富多彩的美术形态在这两极之间发生和演化。装饰写实形态可作为中间值看待，同时在这三者之间还有着无限多的变化。（见图1-4）

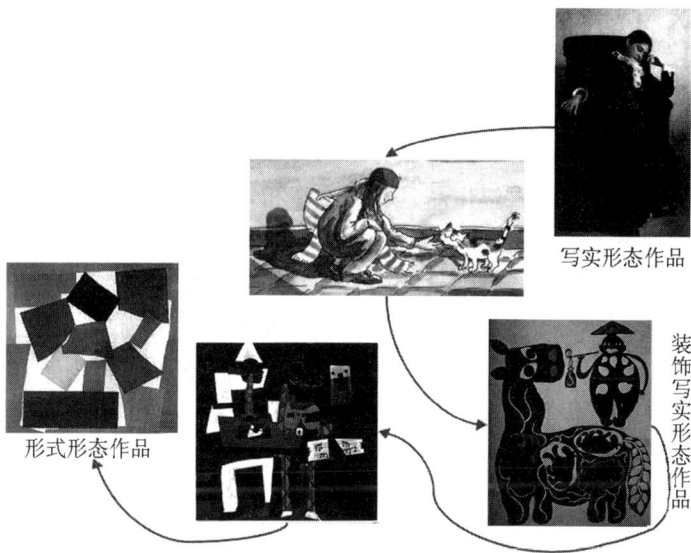

写实形态作品

装饰写实形态作品

形式形态作品

图 1-4 美术作品的形态过渡

了解美术作品的形态，有助于理解学前儿童美术创作的特点。

五、美术的种类

（一）绘画

绘画是美术中最常见的一个种类，它是指运用线条、形状、颜色，通过造型、构图、色彩等表现手段，在二维空间，即平面上塑造视觉形象。二维，即平面性是绘画的根本特点。

绘画本身的种类繁多，从不同的角度可以将其分为不同的类别。从地域的不同，可以分为东方画和西方画。从工具材料上，可以分为水墨画、油画、版画、水彩画、水粉画等。从题材内容上，可以分为人物画、风景画、静物画、动物画等。从作品的适用形式上，绘画又可以分为壁画、年画、连环画、漫画、宣传画、插图等。不同类别的绘画，因各自的历史传统不同，有着不同的表现形式和审美特点。

(二)雕塑

雕塑是用可以"雕"和"塑"的材料制作三维也就是立体的形象。"雕"是从整块的坚固材料上把多余的东西去掉，使剩下的部分形成形象。石雕、木雕、玉雕都是这样制作的。"塑"是将柔韧有伸缩黏结性的材料集结，形成形象。如泥塑、陶塑等。雕塑作品具有实在体积，它的特点是三维立体性。

雕塑的种类也很多，从它的题材和适用环境来说，有纪念性雕塑、建筑装饰雕塑、城市园林雕塑、宗教雕塑、陵墓雕塑、陈列雕塑。从表现形式上分，有圆雕和浮雕。圆雕不附着背景，可以四面观赏，如米开朗基罗的《大卫》。浮雕是在平面上雕出凸起的形象，浮雕因形象凸起的程度不同，可以分为高浮雕和浅浮雕。人民英雄纪念碑基座的浮雕为高浮雕，浅浮雕常见于建筑的装饰花纹图案和雕盘。

雕塑给人的美感与绘画有所不同，雕塑有体积、重量、质地，还有凹凸，可以环绕着四面观赏，可以触摸感受它的质地、凹凸转折，甚至温度，还可以抓握移动感受它的重量，所以雕塑给人的美感是丰富和充实的。另外，一般雕塑没有背景，也没有框架将它与外界隔开，所以雕塑与环境的关系更为密切。若这种关系处理得好，雕塑很容易融入环境并成为焦点，欣赏起来有一种与环境的连续感和点睛之美。

(三)工艺美术

工艺美术是与人们生活关系密切的一个美术种类，通常又分为实用工艺和观赏工艺两类。实用工艺指经过艺术加工的生活实用品，如染织品、服装、陶瓷器皿、家具等。观赏工艺指专供欣赏的陈设品，如牙雕、玉雕、装饰画等。一般来讲，工艺美术具有实用和审美的双重属性，具体到一件作品上，实用和审美成分各占的比重又会各有不同。

工艺美术品的审美要素包括造型、色彩、图案花纹、材料质地、加工技艺等美的要素。这些要素处理得好，可以使一件工艺美术品很具生活趣味，提高生活的质量。

(四)建筑

建筑即人类的居所，是人类为自己创造的生存设施。在人类发展史上，建造房屋是人类最早的生产活动之一。为了抵御自然的侵害，求得生存繁衍，人类最初居住在洞穴，以后逐渐地建造起简单、粗糙的茅屋、木房。建筑艺术就在这一过程中产生，并超越了单纯居住的需求。

建筑艺术与其他艺术的区别是，它同时要满足实用、坚固、美观这三项要求。建筑的另一个特点是，它与自然环境密不可分。当建筑与环境相互配合、协调一致、融为一体时，就形成建筑特有的美。实现这一切的关键是建筑的空间构成。建筑，除了纪念碑以外，通常都是中空的，获得内部空间是建筑的目的。建筑的外观依内部要求，综合各种要素而成。建筑的内部空间划分、外观装饰、子建筑之间的搭配，以及整个建筑与自然的关系，是一项复杂的综合构成。那些著名的建筑都是由一系列内部和外部、封闭和敞开的空间组合而成，构成一个观赏序列。欣赏建筑时，欣赏者要置身其中，漫步其间，方能感受到那种时间和空间、人工与自然的交融之美。

第二节　学前儿童美术

一、什么是学前儿童美术

(一)主体与活动

学前儿童美术指的是三岁至六七岁的幼儿所从事的美术创作和欣赏活动，是以幼儿为主体进行的活动。幼儿的发展是一个连续的过程，因此，一般对于学前儿童美术的研究和教育从年龄上需要下延至一两岁。

（二）内容与载体

美术活动是学前儿童表达内心活动的一种方式，美术作品是其表达生活经验、愿望、想象和美感的载体。只有认识到这一点，才能看到学前儿童美术的价值，正确把握美术教育的方向。

（三）特点与规律

学前儿童的美术创作和欣赏虽然与成人在内在动机方面有着许多共同之处与关联，但是，由于学前儿童与成人或年长一些的儿童的智能层级不同，所以，无论在美术创作和欣赏方面都有着自己的规律和特点，且与他们整体智慧的发展相联系。学前儿童的美术教育必须依照其发展规律进行，尊重学前儿童的发展特点。

以上几点将在后面的章节中得到详细的阐述。

二、学前儿童美术学习的领域划分

学前儿童美术学习的领域十分广泛，按照不同的标准可以有不同的种类划分。根据美术学习活动方式来划分，美术学习大致可分为创作和欣赏两类。创作更倾向于外化，欣赏更偏重于内化。由于美术学习具有操作性的特点，创作在活动中占有相当大的比重。为了便于指导，创作活动再具体分为"造型·表现"和"设计·应用"两个学习领域。这样学前儿童的美术学习可划分为"造型·表现""设计·应用""欣赏·分享"和"综合·探索"四个学习领域。

（一）造型·表现

"造型·表现"是美术学习的基础，其活动方式更强调自由表现，大胆创造，外化自己的情感和认识。

（二）设计·应用

"设计·应用"学习领域的活动方式既强调形成创意，又注意活动的功能目的。

外化性行为特征是上述两个学习领域的相同点，而区别在于前者更注重自由性，后者更注重功能性。

(三)欣赏·分享

"欣赏·分享"这一学习领域则更注重通过感受、欣赏和表达等活动方式，内化知识，形成审美心理结构。

(四)综合·探索

综合性学习是世界教育发展的一个新特点，是美术课程应该具有的特征，也是有待探索和创新的一个难点。这一新的学习领域应提供上述美术学习领域之间、美术与其他学科、美术与现实生活等方面相综合的活动，旨在发展学前儿童的综合活动能力和探究发现能力。①

上述四个学习领域的划分是相对的、理论上的，每一学习领域既各有侧重，又互相交融，紧密相关。不仅如此，为了方便教育的实施，在实践中，对学前儿童美术学习又有各种不同的分类方法。如最常见的按照媒材与技能将美术学习划分为绘画、纸工、泥塑等。这样，在一项或一类美术活动中就可能含有上述不同领域。因此，理解与掌握上述四领域的性质，有助于教育和研究者分析学前儿童美术学习中要素之间的关系，把握教育指导和研究探索的侧重点与方向。

另外，需要提及的是学前儿童上述四个领域的美术学习不是独立于其他学科与课程的。美术这四个领域的学习还需处于一个社会文化的广阔背景之中，形成一个开放性的美术课程，其相互

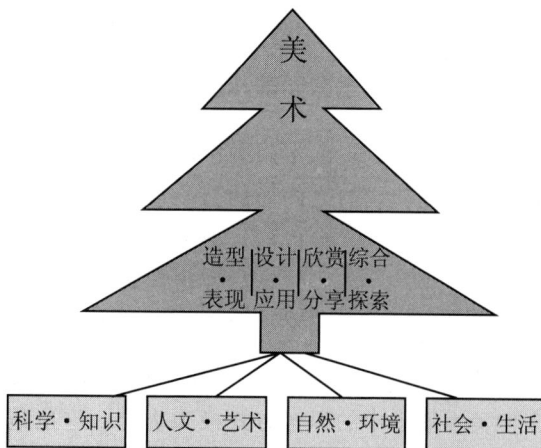

图 1-5　学前儿童美术学习领域的划分及整体课程结构

---

①　中华人民共和国教育部制定. 义务教育美术课程标准(2011 年版). 北京：北京师范大学出版社，2012.

关系如图 1-5 所示。

三、学前儿童美术教育的意义

美术在幼儿园所有的教育活动中占有举足轻重的地位，它不但占的比重大，而且对学前儿童的身心发展具有重要意义。

(一)美术活动可使学前儿童得到全面发展

美术是一种全面完整的活动，需要学前儿童全身心地投入。从对外界物的感知到感情的酝酿、创造动机、意象的生成，最后动手用一定的媒介塑造出具有某种意味的形象，是一个内外相互作用的完整过程。其间，学前儿童能够运用他们的全部心理能力并倾注全部热情，从而得到全面的锻炼。著名心理学家阿恩海姆曾经说过："一个健全的人，不是什么事情都会做一点的人，而是在做一件事情时能够发挥自己的全部心理能力的人。"美术对学前儿童来说正是一种能让他们充分地发挥全部心理能力的活动。更值得一提的是，美术活动中感性能力、形象思维的运用，在科技高速发展，许多学科都建立在理性思维、以抽象符号来表达的今天，对学前儿童的发展更具有特别重要的意义，可以起到全面均衡发展的作用。

(二)美术是适合学前儿童年龄特点的活动

美术作为众多艺术门类中的一种，其基本表现方法是"象征"，即创造某种可视之物代表与之同形的另一事物或意义。这点也恰恰是幼儿思维的典型特点。他们在两三岁以后，表象功能日渐发展，心理活动开始脱离具体事物和行动来进行，这时，他们获得一种新的心理能力，即象征性功能。幼儿开始用特定的动作、线条、形状、声音和物体来代表他们头脑中对某些事物的印象和情感，也就是所谓"以物代物"。幼儿这种心理上的象征性功能与通常人们美术活动中的思考方式极为吻合。这也是为什么许多幼儿对美术有着无师自通的潜能和自发兴趣的原因。在幼儿园中常常可以看到这种现象，有些幼儿喜欢用蒙氏教具拼摆形象、表达想象，而不是按照教具本来设计的用途操作。这正是幼儿以他们象征性的形象思维图式同化那些用于数理逻辑运算的教具的表现。幼儿在美术活动中充满兴趣，主动思考与探索，同时进行自我心理建构。美术是幼儿成长的天然需要，也是促进他们健康和谐成长的必不可少的教育因素。

(三)学前儿童对美术的学习是一种文化的学习

美术是人类文化最早和最重要的载体之一，用美术的形式传递情感和思想是整个人类历史中一种最重要的文化行为。通过美术作品，幼儿可以更广泛地接触人们的生活、风俗、地理风貌和各种人物、情感，了解作品背后作者的想法。这里，既有个人知识的增长与文化修养的陶冶，也有与他人的交流和分享，同时还培养着对本民族优秀传统的热爱和对世界多元文化的尊重和宽容。因此，幼儿对美术的学习，是一种文化的学习，既可获得个性发展，又可促进社会化成长。

(四)美术学习符合未来对儿童的要求

1. 理解和运用视觉语言

在现代社会中，随着信息化进程的加快，图像作为一种有效而生动的信息载体，越来越广泛地出现在人们的生活中。美术课程的学习，将有助于幼儿熟悉美术的媒材和形式，理解和运用视觉语言，更多地介入信息交流，共享人类社会的文化资源。

2. 培养创新精神

在知识经济时代，创新精神是社会成员最重要的心理品质之一。美术活动过程的情趣性、表现活动的自由性和评价标准的多样性，提供了创造活动最适宜的环境。通过美术课程培养的创新精神对幼儿长大后的工作和生活会产生积极的影响。

3. 学习技术性活动的方法

技术即操作劳动工具的方法。技术性活动是人类社会的一种最基本的实践活动。从制造和使用简单工具的时代到今天的电子时代，人类劳动的技术性发生着巨大的变化。劳动工具的改变，决定操作工具的方法——技术随之改变，人们的生活、观念等也会发生巨大的变化，这是人类进化和社会进步的根本原因和基础。

美术课程向幼儿提供了丰富的技术性活动的方法。从最原始的手工操作到先进的电子技术，都可以在美术课程中加以应用。幼儿可在美术学习中接触到人类曾拥有的许多技术，体验与特定技术相关的生活与观念。对幼儿来说，这有助于操作与实践能力的提高，同时也有助于智慧的增长和文化的学习。①

① 中华人民共和国教育部制定．义务教育美术课程标准（2011年版）．北京：北京师范大学出版社，2012．

第二章 学前儿童美术创作的特点

创作是幼儿美术中最具能动性和创造性的部分，因而也是最主要和重要的部分。幼儿美术创作中绘画占有大量比重，同时，绘画也是其他类型创作的基础。幼儿各类美术创作的特点，基本上是幼儿绘画发展特点与规律的体现，因此，掌握幼儿绘画的特点和规律是了解幼儿美术创作的钥匙。本章将集中介绍幼儿绘画的特点，其他各类型的创作将在相关的创作指导中加以介绍。

第一节 学前儿童美术创作的一般特点

一、学前儿童美术创作的主要倾向为写实

本书第一章中提到，从层次结构上，美术作品可分为四个层次：物质材料层次，形式构成层次，物象、事件、情节所指及表现意义层次，文化意义层次。写实性作品中同时包含了所有的层次。抽象作品仅包含第一、二、四这三个层次，不包含第三个层次。如果从层次结构上分析幼儿的绘画作品，很容易看出，他们很少有不包含物象、事件、情节的抽象作品。相反，幼儿的作品中充满了人物和故事，甚至当学前儿童囿于技能的限制，画不出清晰

可辨的形象时,他们会以语言补充,完成对形象和事件的再现。因此,在幼儿美术作品四个层次中,第三个层次,即物象、事件和情节不是较弱而是更强,当然更不可缺少。因此,写实是幼儿美术创作的主要倾向。

二、学前儿童美术创作倾向写实一侧的中间形态,再现、想象、装饰融合为其突出特点

现实中,任何美术创作都不是绝对纯粹地属于某一种形态,幼儿的美术创作也是一样。从作品中可以看出,幼儿的美术创作虽以写实为主要倾向,但不是纯粹的写实。幼儿在画眼前的和经验中的事物时会加进自己的想象,画想象性的作品时又会融进自己的经验,画喜欢的事物时不忘对其进行装饰,画装饰画时又要将自己喜爱的事物排列于上。幼儿的创作不是单纯的写实,也没有纯粹的抽象。再现、想象与装饰融合为其突出特点。如果可以在美术作品从写实形态到形式形态过渡的序列中给幼儿的创作一个定位的话,可以说幼儿的创作倾向于写实一侧的中间形态。

三、学前儿童美术创作的风格各异

在上述写实一侧的中间状态中,由于组合要素成分的不同,每名幼儿绘画的风格也各有不同。受遗传、环境和教育的影响,有些幼儿把握单个物体的能力很强,画出的形象非常完整深入,酷似对象,形成倾向于再现写实风格的作品。有些幼儿很善于把握物体关系,能画出很复杂的场面,构成含有较多叙事成分的作品。有些幼儿对对象的形态不太关心,喜欢依照美的标准对对象大加装饰,产生装饰风格的作品。幼儿创作的风格各有千秋,形成了幼儿美术千姿百态的面貌。幼儿不同风格的创作都应被接受并受到尊重。

四、学前儿童美术创作呈现出不断发展的年龄特点

大量幼儿绘画作品显示,幼儿年龄越小,画面中的形象越简略。随着年龄增加,幼儿绘画的画面越复杂、丰富、细化、个性化,呈现出具有阶段性的年龄特点。

研究者对幼儿绘画作品做了大量的研究，从中发现，幼儿美术能力的发展有三个较大的飞跃，依此将幼儿美术能力的发展分为三个阶段。这就是"涂鸦期""象征期"和"形象期"。严格说来，个体真正意义上的绘画从形象期开始，涂鸦期是一个萌芽时期，象征期是前后两个阶段之间的一个过渡。掌握这一发展的来龙去脉很重要，有助于了解幼儿美术创作的不同特征在发展进程中的意义。

本章以下各节按照发展的前后顺序介绍幼儿美术创作的年龄特点。

第二节　涂鸦期幼儿绘画的发展特点

两三岁的幼儿，无论是国内的还是国外的都爱拿他们能接触到工具，如蜡笔、铅笔、粉笔、钢笔，甚至是树枝、木棍等，在能留下痕迹的平面材料上，如纸、书、墙、地板等上面又涂又画。当他们看到自己画出的线条时就感到非常的高兴和满意，这就是涂鸦现象。

一、四种涂鸦线条

国内外许多学者对涂鸦现象进行了研究，结果不尽相同，但一般认为涂鸦线条分为四种水平。

(一)杂乱线

杂乱线是幼儿最初画出的线条。杂乱线中很少有重复画出的线条，一次画出的线条中包含着横线、竖线、斜线、弧线，还有点、锯齿线、螺旋线等。各种线条掺杂在一起，长短不齐，也极不流畅，显示出手的动作毫无把握。不过，这却是人类的新生命最早画出的线条。(见图2-1)

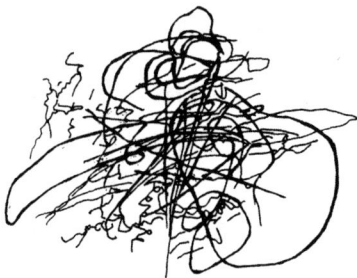

图 2-1　杂乱线

(二)单一线

经过一段时间的涂画以后,幼儿能来回重复地画出长短不齐的倾斜线或旋转画出螺旋线。这表明,幼儿对手已有所控制,知道用同样的动作画出同样的线条,但这时幼儿对画线的把控力不足,主要是体验重复动作的节奏。所以有些外国学者称这种线条为"控制线"。(见图2-2)

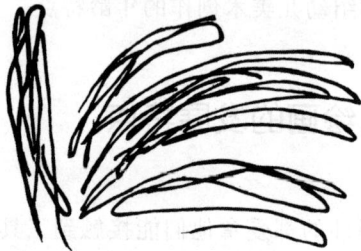

图 2-2　单一线　　　　　　　　图 2-3　圆形线

(三)圆形线

随着幼儿在涂画中对自己的动作和结果之间的联系逐渐加深了解,动作把控力的增强,他们在螺旋线的基础上,尝试将线条封闭为图形。结果,他们画出各种大大小小、封口不封口的圆形。从作品中可以看出幼儿在努力地控制动作的方向、力量和幅度,但又不十分有效。圆形线的意义在于线条开始封闭形成图形,它虽然简单,但是幼儿首次画出的图形。(见图2-3)

(四)命名线

幼儿在不断涂画的过程中逐渐将图形与线条结合起来,偶然地从中认出某些形状与他们自己经验中的某些事物相似,于是他们给自己画的线条和图形起名字,自言自语地进行注释和说明。我们称这种线条为"命名线",也有人称这种线条为"注释线"。成人在观看这种作品时如果离开了幼儿的语言说明,一般无法辨认其代表什么。但是幼儿已开始朦胧地意识到他所画的线条与自己经验之间的联系。(见图2-4)

有一点应该注意,命名线中有一些形状似乎和某些物体很相像,但是它与成熟的绘画造型有本质的区别。一是命名线是无意识地先画线,后发现其与物体的联系，而真正的绘画从一开始就是有目的的。二是幼儿所画线条呈现的形，如果离开语言说明就失去了表现的意义，无法确定其代表什么，而真正的绘画是无须解释的。

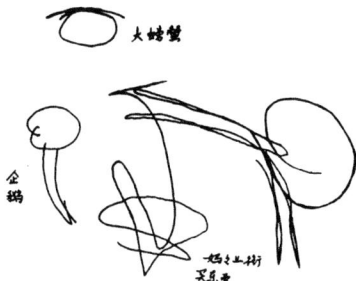

图 2-4 命名线

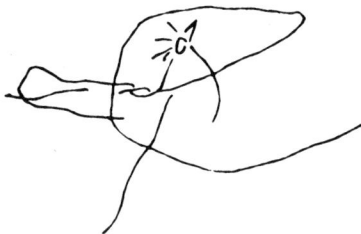

图 2-5 命名线·飞机

图 2-5 是一位三岁幼儿画的"飞机"，这是一张比较典型的命名线作品。

二、涂鸦的性质与原因

(一)涂鸦的性质

从涂画行为和过程看，涂鸦没有表现的意图，属于单纯的画线动作。也就是说，幼儿在涂鸦时没有绘画构思和目的，是他们感知动作有了一定发展与协调之后对环境做出的新的探索，是在行走、抓握等动作之后出现的一种新动作。从涂画结果看，涂鸦的线条凌乱，不成形，最重要的是涂鸦线条不代表任何事物。

(二)幼儿涂鸦的原因

幼儿为什么会涂鸦呢？既有生理方面的原因，也有心理方面的原因。

1. 生理原因

从生理方面讲，幼儿到了两岁左右，手的骨骼和肌肉已有所发育，有了一些力量和准确灵活性；神经系统也有所发育，脑、眼、手之间的协调关系基本建立，脑和视觉对手有所控制和调节。在这样的发育基础上，幼儿产生了新的动作，他们尝试控制一些简单的物体，如重复地抓握摆弄某样东西，一遍遍抛出或拉动物品等。涂鸦即是这一时期的新动作之一。此时，幼儿虽有所发育，但发育还不完善、不充分，不足以支持他们画出准确的线条和形状，于是形成涂鸦。涂鸦起到动作练习的作用，增强了幼儿手的力量，锻炼了手的灵活准确性，为以后真正的绘画打下了动作基础。

2. 心理原因

从心理方面来看，幼儿涂鸦与他们这一时期直觉行动思维的心理水平有关。处于这一阶段的幼儿在行动中感知主客观之间的关系，他们不能脱离行动在头脑中构成形象。由于心理发展水平的限制，幼儿在涂画的过程中，不会把自己的动作和外界事物相联系，也不会在脑中表象的支配下进行描绘。幼儿关注的仅仅是当前的动作和动作留下的痕迹，因此，他们所画的涂鸦线既不成形也不代表任何事物。但是，在不断的涂画过程中，幼儿会在纷乱的线条中认识一些形状。在表象功能进一步发展的条件下，他们会发现所画线条的痕迹和记忆中的某些事物相像，于是去重复这些形状，用它们代表记忆中的事物。到了这个时候，不管画得像不像，他们都进入一个新的时期——象征期。可以说涂鸦也从心理方面为真正绘画的出现作出了准备。

三、关于涂鸦的其他理论解释

对于儿童早期为什么会涂鸦，许多学者进行过研究，其中有一些著名的解释，现介绍如下。

(一)精神分析学派对涂鸦的解释

精神分析学派认为，幼儿涂鸦是一种报复和反抗的行为，借此引起母亲的注意和关怀。他们把这种行为比作幼儿弄脏衣服、弄湿尿布、弄坏各种各样的玩具，以引起成人的注意，吸引母亲的注意。

如何看待精神分析学派对涂鸦的解释呢？应该说，这种解释是不全面的。从两岁左右的幼儿涂涂画画中看不到明显的反抗和报复的情绪，相反，他们在涂涂画画时表情专注，甚至带着成功的喜悦。精神分析学派的解释不适合大多数正常幼儿的涂鸦行为，可能只适合一小部分在心理上有问题的幼儿中出现的非正常的涂鸦行为，他们也是这个学派研究的对象。虽说我们认为这一学派对涂鸦的解释不够全面，但我们可以从中得到一个提示，那就是，幼儿的绘画与他们的心理活动是有联系的，可以从绘画中分析幼儿是否存在心理问题。

(二)模仿说对涂鸦的解释

幼儿涂鸦的起因是模仿。持这一观点的学者认为，成人或其他儿童画画、写字引发幼儿模仿的动机。当幼儿看到哥哥、姐姐写字时，自己也想画画看，但他并不会使用笔，有时把笔放在口中，有时把纸弄脏、弄破。在这种观点看来，幼儿的涂鸦并非完全无意识的纯动作活动，而是当幼儿的智力和肌肉运动发展到一定程度，外来刺激使他开始模仿他人用笔在纸上涂抹。在涂抹的过程中，他一方面感受那种有节奏的主动的动作快感；另一方面，有色彩的线条的出现产生强化作用，促使他加强练习，希望这种涂鸦成为一种表达方式。

模仿是否是幼儿涂鸦的原因呢？现实中确有一些幼儿的涂鸦是从模仿开始的，成人的活动有时是幼儿涂鸦的诱因。但不一定所有的幼儿都是从模仿开始。模仿说无法证明和解释这样几个问题。其一，在没有模仿的条件下，是否就不产生涂鸦的行为。假定，不存在模仿的条件，幼儿依然产生涂鸦行为，模仿即不能作为涂鸦的唯一的原因。其二，即使幼儿的涂鸦是在成人的诱导下出现的，那么，他必已具备了某种生理和心理基础，否则，为什么小一些的幼儿没有涂鸦行为，大一些的幼儿也不涂鸦，涂鸦只出现在特定年龄？这提示我们，涂鸦是幼儿在一种特殊的生理和心理条件下，产生出的一种特殊行为。实际上，我们也看到，一般幼儿有意识地模仿他人涂画是在经历了一段更为初级的涂鸦练习之后，这也说明涂鸦另有更深层的原因。其三，幼儿对成人的模仿只是模仿外部动作——涂涂画画，并不能真正达到模仿成人写出字或画出东西的程度。可见，这种模仿受到某种发展上的限制。以上种种，都说明在涂鸦的背后还有更深层的心理原因，而"模仿说"未能加以解释。不过，这种观点也有可取之处，它指出了促使幼儿涂鸦的外部因素——良好的文化活动环境有利于涂鸦这种行为的产生。

(三)伯特和罗恩菲尔德等的运动快感理论对涂鸦的解释

伯特(C. Burt)和罗恩菲尔德(V. Lowenfeld)等认为肌肉运动所产生的满足与快感是幼儿涂鸦的原因，这与他们的心理学观点相一致。他们认为幼儿享受"动"的经验可以分为两个方面:被动的快感——母亲轻轻摇动摇篮,产生有节奏的被动的快感;主动的满足——当他们自己睡在小床上,脚扑腾扑腾地蹬,这种无控制的四肢运动使他们感到满足。这种主动的"动"的快感对幼儿发展具有极大意义。

罗恩菲尔德认为,幼儿开始涂鸦时只是享受蜡笔在纸上涂抹的那种有节奏的、主动的"动"的快感,是一种无控制的动作,没有任何创造的意向。渐渐地,他发现了自己的动作和纸上出现的线条之间的关联,这种发现增强了他对涂鸦的兴趣,在手、眼、脑之间产生了协调,他开始想要在纸上画一些东西。所以,涂鸦是达到动作协调的关键,也是导向创造的桥梁。

这种观点指出了涂鸦的根本原因是幼儿主动的"动",这是非常有价值的。主动的"动"是主体发出的,是生命的属性。因而,这一内部原因又是最根本的原因。可以说,这种观点在某种程度上触到了涂鸦的实质。同时,这一观点还指出了涂鸦在幼儿美术发展上的意义——涂鸦起到动作协调的作用,为创作提供了前提。这样就使我们对幼儿的美术发展有一个完整的认识,可以自觉地将教育上溯到它的起点处。这种观点的不足之处在于它没有深入说明"动"的内部心理过程是怎样的。

(四)皮亚杰的认知发展理论对涂鸦的解释

按照皮亚杰的理论,涂鸦是感知运动水平上的活动,涂鸦的性质和感知运动水平上的唯一游戏——练习性游戏的性质是一样的,是重复习得的动作,以适应外界,取得欢乐。而真正的绘画需要具有象征性功能,处于涂鸦期的幼儿还不具有这种功能。因此他们不能模仿客体,不能创造出形状象征他物,只能是重复涂画的动作。应该说,皮亚杰的理论进一步揭示了涂鸦的心理实质和心理过程。

第三节　象征期幼儿绘画的发展特点

象征期是一个过渡时期,发生于学前初期。三岁左右,幼儿开始产生表现的意图,能用所掌握的极简单的图形和线条将事物的特征表现出来。象征期幼儿的绘画具有如下特点。

一、造型简单且不稳定

(一)所用图形极为简单

幼儿最初画出的形象由极为简单的图形构成。简单到常常由一条封闭的曲线构成一个似圆非圆图形，再加几条线就画出一个形象。（见图2-6）

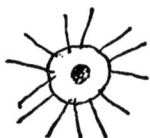
光芒四射的太阳

一个分出树权的树

一个戴着头巾的印度人的头

一个正在跑步的人

A

B

图2-6　圆加线条的简单图形　　　　图2-7　从气球到小人

(二)图形的含义不稳定

此时，由于幼儿使用的图形形状简单且种类十分有限，因此，类似形状的图形在每个幼儿的作品中或同一个幼儿的不同作品中可能代表着极不相同的事物。例如，常见的圆加放射线的形状，在有的作品中代表红彤彤的太阳，有的则是一盏吊灯，有的甚至是一棵树、一间住有人的房子……有时成人仅凭作品难以确定幼儿画的是什么，必须结合幼儿本人的说法才能判断他画的是什么。

二、构思不稳定

另外，象征期幼儿绘画构思一般是偶然和不稳定的。

(一)动笔后构思

幼儿常常在涂着涂着的时候,突然发现自己涂画动作的痕迹与某物的外形相似,就想起要画这一物体。例如,幼儿涂着涂着,突然觉得涂出来的东西很像气球,于是想画气球。又涂着涂着,觉得它很像小人,于是想要画小人。这表明幼儿开始时并不是有意识、有目的地想好要画什么,然后下笔作画。而是由某些动作、痕迹刺激,触发引起表象,才决定画什么,形成动笔后构思。这说明他们造型的目的性还不强。(见图2-7)

(二)事先构思和随意涂画穿插

幼儿绘画时,常常是事先构思和随意涂画穿插进行。这方面又有两种情况,一种是不同张的画,有些画是幼儿事先想好了画的,有些则是随便涂画的。另一种情况是在同一张画上,有的东西是幼儿事先想好画的,有些却是随便涂抹的。遇到这种情况,成人有时觉得幼儿是不好好画或是又退步了。其实,这一时期幼儿构思不稳定,不能始终如一地将构思贯彻到底,属于正常现象。

(三)绘画内容转移

绘画内容转移的表现是幼儿画着画着某样东西,突然就停止不画了。例如,画飞机,画了一半就不画了,转而去画太阳。绘画内容的转移造成了画面形象的相互关联性差。这种现象是因为幼儿只进行了画面局部的构思,而未能进行全面完整的构思造成的。

(四)形象含义易变

幼儿画出的形象的含义经常是不稳定的。他们往往在画好的形象上再加上几笔就说成是别的东西。例如,开始画小人,后来在"头部"——大圆圈上加上些小圆圈、小点点,就说成是大树。这一方面是因为幼儿运用的图形形状比较简单,可塑性强,容易变化,形状的组合稍有变动就可以构

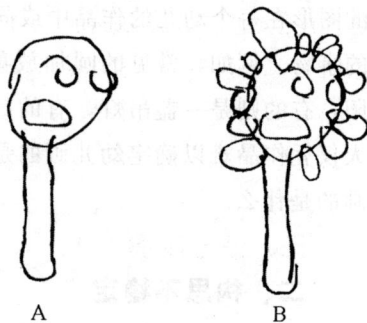

A   B

图 2-8　小人变大树

成新的形象。另一方面也是因为幼儿构思不够稳固，不能事先完整构思的结果。（见图 2-8）

(五)易受他人影响

幼儿画什么，受他人影响比较大。有的幼儿本来想画小花，看到别的小朋友在画汽车，他也画汽车，但汽车刚画几笔，听见另一小朋友说"我画太阳。"他也说"我画太阳。"经常有这种现象，邻座的几个小朋友画的画都很相像。另外，教师的提问和提示、小朋友的回答都对幼儿构思有影响。

三、作品水平不稳定

象征期幼儿作品的水平是不稳定的，会出现时好时坏的现象。有时前一阶段能画得较完满，忽而又退回到老样子，画中的图形变得很单调；有时在一幅作品中，有些形象画得比较复杂，而另一些形象却十分简单。这类不稳定现象不是幼儿在退步，而是因为他们正处于尝试探索之中，反复之后他们的进步将巩固下来。所以，看待幼儿的作品不能仅凭一时一作，要全面衡量。当然，有时不稳定也可能是成人对幼儿不理解和干涉形成压力造成的，如果是这样，成人要及时调整自己的教育方式方法。

四、动作有语言相伴随

此时期还可以观察到这种现象，幼儿画画时边画边自言自语，饶有兴味地讲述他画的东西。这表明幼儿思维具有故事性的特点。幼儿用语言支持着他们美术创作过程中的思维，并用语言表达那些静止的画面难以表现的动作过程。成人对于幼儿画画时的自言自语，不仅不应制止，还应适时地与他们交谈，以帮助他们梳理、丰富构思，并了解幼儿作品的内容和含义。

五、信心脆弱

处于象征期的幼儿刚刚开始尝试利用在涂鸦期掌握的图形表现自己的经验，他们表现的动机和信心还很脆弱，对成人的反应也很敏感。如果这一时

期的尝试比较成功,幼儿将树立起艺术表现的信心,这对他们进入下一阶段
至关重要。因此,教育者切忌用成人的眼光去评判幼儿的作品,更不要挑剔
幼儿画中那些不合常规的地方,而应多给幼儿以鼓励和支持,使他们树立起
用美术这一新的媒介进行表达的信心。

第四节 形象期幼儿绘画的发展特点

四岁左右,幼儿进入形象期,他们开始有意识地用所掌握的图形和线条
表现自己的经验和愿望。在整个形象期,幼儿绘画有极大的发展,从下面的
介绍中可以看出这一发展进程。

一、构思

在讨论象征期的时候,我们已初步谈到幼儿绘画构思方面的情况。现
在,当我们进入到幼儿真正的绘画时期时,需要对构思作一个界定。什么是
构思呢?构思讲的是美术创作中创作者对绘画整体的思考活动,包括对表现
的主题内容、形式方法的思考。幼儿的构思经历了一个没有构思、在画的过
程中构思和事先构思的过程。涂鸦期属于没有构思的阶段;象征期的幼儿边
画边构思,属于在绘画的过程中构思;形象期幼儿进入事先构思阶段。在这
一进程中,幼儿绘画构思的内容也从简单向复杂,从零散向有内在联系的方
向发展。下面,我们分阶段看一看幼儿进入形象期以后构思方面发展的
情况。

(一)学前初期后段(小班第二学期)

学前初期后段也就是小班第二学期,幼儿基本进入形象期。在教师的教
育下经过多次绘画练习,逐渐地,不少幼儿能做到在动手绘画之前有简单构
思,还能在绘画过程中坚持原设想的内容不变。第一学期那种涂着涂着才想
起要画什么或画着画着又变花样的现象大大减少。

(二)学前中期(中班)

中期大致相当于中班时期。此时,幼儿构思的稳定性进一步增强,能够做到在整个绘画过程中较少地受他人及环境影响,有始有终地将画画完。

(三)学前末期(中班末期和大班)

一般到中班末期和大班时,幼儿绘画的构思就比较稳定了。他已能在动手之前想好要画的主题,然后按照主题去画或做。例如,一个五岁的幼儿在绘画之前会告诉老师他要画什么,而且会按照所说的一直去画。画完后,他还能清楚完整地讲出他的想法和他画的每一样东西的理由。

二、造型

造型探讨的是幼儿以何种方式构成画面中的每一形象的。总体来说,幼儿绘画造型经历了一个由无区别到有区别的发展过程。这一发展体现在以下方面:构成形象的图形的变化;图形组成关系的变化;图形在表现物体维度上的变化;由于以上变化带来的形象的发展。

(一)图形的变化——图形的复杂化与数量增加

初入形象期时,幼儿仍旧沿袭象征期造型方式,用简单的图形组成形象。所谓简单图形即简单的几何形,如直线、圆形、方形、三角形等。这些简单图形以一定的方式组织起来的时候就具有了表现意义,可以代表某些事物,而离开或局部离开了整体的时候,就不再代表任何东西,仍旧是简单的几何图形。以简单图形组成形象时,形象与形象的区别主要是通过增减图形实现。

虽说在形象期幼儿仍以简单图形组成形象,但与前一阶段有所不同,他们能用越来越多和越来越难的图形去组成形象,这样画出来的东西就越来越容易辨认了。幼儿运用简单图形的本领在这一阶段发展很快,以致他们能用那些很简单的图形组成相当复杂的形象。(见图 2-9)

图 2-9　由简单图形构成的复杂形象

　　幼儿的这种画法与成熟的绘
画或成人的画法有很大的不同。
成人作品中的形象的各个局部被
融入一共同的轮廓线，这样构成
的图形比简单的几何图形要复
杂。由于各个图形都是有区别、

图 2-10　成人所画手　图 2-11　幼儿所画手

不一样的，特定的图形只代表特定的形象，因此单一的图形即能将各种事物
的特征有区别地表现出来。这类图形中的每一个局部都含有整体的信息，即
使被分割开，仍能从片段中分辨出它属于整体的哪一部分。如图 2-10 是常
见的成人画出的人手的样子，图 2-11 是幼儿画手的典型方法。从中可以看
出两种画法的区别。

　　经过一个时期以后，幼儿能够将简单
图形构成的形象的某些部分融合为一个共
同的轮廓线。图 2-12 是一名幼儿前后相隔
一段时间所画的几幅同一题材的作品。从
中我们可以看出这种造型方法与单纯的简
单形组合形象造型方法的不同。

　　使用融合的线条构成形象有一定的难
度，需要眼睛与手同时进行，眼睛要能将
复杂的各个部分看成一个整体，把握住它
的轮廓线，引导着手沿着形象的整个轮廓

图 2-12　马的造型变化

运动。因此，在幼儿期，几乎没有幼儿能采取完全融合的线条构成形象，仅
在幼儿末期孩子的作品中看到局部融合的痕迹。

幼儿运用图形的发展顺序可归纳为：

第一阶段简单图形结合之形象；第二阶段局部有融合痕迹之形象；第三阶段完整轮廓之形象。

(二)图形组成关系的变化——由放射关系，向直角关系、倾斜角度关系发展

由于幼儿以简单图形组成形象，这就牵涉到一个问题，幼儿以什么关系将简单图形组合在一起。在这方面幼儿也有一个发展过程。

1. 放射关系

最初，在幼儿的画中，图形以放射的关系结合在一起，即从一个中心点出发，将若干线条或图形结合起来，以此表示部分与部分的联结。这种方式从象征期就开始了，到了形象期，幼儿仍采用这种方式组织形象，只是放射的中心点增多，各个放射组合的图形再由反射的关系组织起来，形成较复杂的形象。（见图 2-13）

需要指出的是，放射关系只能表现出部分与结合点的关系，不能区别出形象各部分之间的方向关系。例如，由放射关系组成的手，手指呈放射状显示的仅是手指连接于手掌，而不表明手指之间极度分开或手指与手指形成的角度。

图 2-13　多重放射组合图形构成的形象　　图 2-14　以直角再现的人物运动

2. 直角关系

经过一段时间以后，幼儿开始用直角关系将图形结合起来，即无论物体成多少度夹角，只要存在角度，他们都用直角去表示。（见图 2-14）

直角的表现方式在幼儿的作品中普遍而突出。这种方式对于表现物体的角度关系有很大局限，不能将各种角度有区别地表示出来。直角代表一切角度。有人说幼儿的画是刻板的、生硬的，主要指的就是这种情况。但是，幼儿的意图并不是要表现事物刻板生硬性或是故意要把事物表现成这样。这样画与幼儿的心理发展水平有关。皮亚杰认为在运动表象出现之前，表象都是静止的，因此幼儿很难画出直角以外的其他角度。运动表象一般要到七八岁后才出现，所以要到那时儿童才能准确地画出其他的角度。

3. 倾斜角度关系

前面提到皮亚杰认为儿童要到七八岁以后才能画出直角以外的角度。但是，从我国幼儿所画来看，幼儿末期，一部分幼儿能够以直角以外的角度表现物体的夹角。进入这一阶段后，幼儿的作品中开始出现有倾斜关系的形象，各种角度可以有区别地表现出来。这时，他们再画直角时，就不再代表一切角度了，而只代表直角。幼儿学会画其他

图 2-15　穿花裙子的女孩

角度以后，他们的作品就更加生动有趣了。图 2-15 是一个女孩时隔一年所画的同一内容的两幅作品。

任意地画出各种不同的角度要有一个过程，开始时幼儿只能画出大约是直角的二分之一的角度。此后，他们才逐渐学会用更精细的角度去表现物体各部分在方向上的差别。

(三)图形在表现物体维度上的变化——由平面向立体方式发展

我们知道，绘画是在平面上进行表现的，绘画的表现媒介是二维的。如何利用一个二维的媒介表现出物体的三维性不是一个简单的事情。幼儿在表现物体的维度上有一个渐进发展的过程，可以分为如下几个阶段。

1. 统为一形

最初，幼儿表现不出物体的维度。他们是在对物体作了多角度的观看之后，觉察其重要的结构特征，形成一个关于它的视觉概念。在绘画时，再用与这一视觉概念等同的图形或线条将其再现出来。

例如，很多时候，幼儿用一个圆形或椭圆形代表人的头。这是他们在一次次地见过各种各样人的头后，觉察到人的头是圆形的，形成了一个关于人的头的圆形性的视觉概念，于是，用具有圆形性的线、图形、形体去代表人的头。

图 2-16 这是一个三岁零九个月的女孩画的一幅表现骑马的画。画中的大椭圆代表马，水平线代表骑马者坐的位置。在这样的作品中，不能分出物体的各个面，仅可见物体的那些重要的视觉特征和各个部分之间的功能与连接。

图 2-16　骑马的人

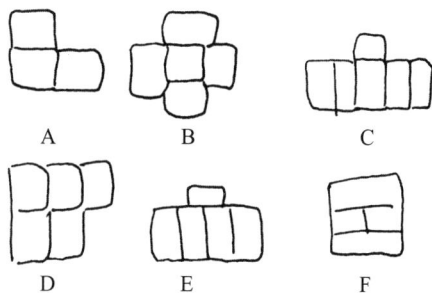

图 2-17　幼儿所画立方体

2. 正侧面同在

渐渐地，幼儿觉察到物体的各个面，希望画得更完善一些，于是他们把物体的正面、侧面，甚至背面的东西都并列在画面上。这样，画立方体的时候就出现了图 2-17 的情况，画人与动物和房子时出现图 2-18 与图 2-19 的样子。

图 2-18　房子

图 2-19　骑马的人

这种方式虽然表现出物体的多个面，但形象的立体关系含糊不清。因为画面缺乏统一的空间关系，面与面的方向难于显示出来。这是幼儿尝试抛弃前面简单的方式，向复杂完善的形式努力的中间成果。所以，有的学者将其称为"丑陋的过渡形式"。

3. 单一面

为了避免正侧面同在表现上的模糊性，追求明确性，幼儿开始放弃力求完整表现的企图，舍弃其他的面，只表现从一个角度看物体时所见的单一面。（见图 2-20）

这种单一面的形象，虽然获得了相当高的清晰明确的效果，但在表现物体的立体感方面却有缺陷，缺乏深度感。经过一段时间以后，幼儿开始学习新的表现方法。

图 2-20

图 2-21

4. 多面变形

多面变形是幼儿尝试将前几个阶段的表现方式结合起来产生的结果。将一个形象的有些面变形，显示出物体不同面的朝向，形成立体感。这一方式既包括了物体的多个面，又含有面与面的方向区别，形象的维度关系就变得清晰了。（见图 2-21）

(四)形象的发展

随着幼儿运用图形的种类与数量的增加，图形本身的变化以及图形结合关系的发展，他们作品中形象的细节随之增加，形象的构成也越来越高级和复杂，于是所表现的事物及其含义更加丰富。形象的发展顺序如下。

1. 简略形

幼儿最初画出的形象极为简单，画出的人好像只有头和脚，画出的树木分不出枝与叶。有些人因此认为幼儿开始画的形象是残缺不全的。事实上，

这时幼儿所画的形象只是未分化。在这种简单的形象中包含了所有的成分。（见图 2-22）

图 2-22　　　　　　　　　　　　　　　图 2-23

2. 功能形

幼儿进一步的发展是将物体的主要功能部分画出。标志性特征是画人时分化出头和身躯、四肢和五官，画树木时分化出枝和叶，画建筑时分化出门和窗。除此之外，没有更多的细节和装饰。（见图 2-23）

3. 细节与装饰形

与前一阶段相比，此阶段的特征是形象上出现了装饰性的细节。幼儿画人时将身体的各部分饰以服装并画出扣子、衣袋、花纹等。在画建筑时能画出窗户格、门把手或其他饰物。装饰与细节是这一阶段的特征。（见图 2-24）

图 2-24　　　　　　　　　　　　　　　图 2-25

4. 借物表现差异与变化

幼儿进一步的发展是借物表现差异与变化。所谓借物表现差异与变化，指单独形象主体造型并无明显变化，只是在基本形上或近旁画上细节或辅助

物。借助增添的细节和辅助物使一个个形象显示出差异和变化是这一画法的特征。借物表现有如下方式:

(1)自然差别

自然差别指同类物中自然属性的差别。例如,大小、长幼、男女等。在能画出细节与装饰之后,幼儿利用添加细节与装饰,表现出同类物的自然差别。最常见的画法是,画人时利用形象的大小、服饰、发型等区别,画出男女、长幼。例如,画妈妈和孩子时,妈妈和孩子的面孔、形体差不多,区别仅在于形象大小和服饰的变化。(见图2-25)

(2)动作

最初幼儿对人物的动作也是借物表现的。人物本身并无肢体的变化,单独来看,看不出有动作变化。动作是借助近旁的其他物体暗示出来的。例如,在一个小人旁边画一个皮球,表示小人在拍皮球;在一个小人上方或下方画一条弧线,表示小人在跳绳;或在小人旁边画一只小猫,表示小朋友在喂小猫,等等。(见图2-26)

图 2-26

图 2-27

(3)社会角色

随着幼儿对周围生活理解的加深和造型能力的发展,他们在表现人物时能区别出他们的社会职能。例如,在一幅表现街景的图画中能画出交警、司机、行人等。在一幅关于幼儿园生活的作品中能画出老师和小朋友。所有这些都是借助细节、装饰以及环境物来表现的。(见图2-27)

(4)表情

独立地表现出人物的表情对幼儿来说是比较难的。在相当长的时间内,大部分幼儿能构成很复杂的形象,但表现不出人物的表情变化。一般来说,幼儿是在成人的教育下学会画人物表情的。开始时幼儿只会画哭,还是借助在一般面孔上画上泪珠实现的。在教师采用一定方法，让幼儿感知人物表情的五官变化，掌握表现五官变化的不同画法后，幼儿才能画出更多的表情。但总的来说大多数幼儿表现人物表情的能力还是较差的，画出的人物表情比较生硬。（见图 2-28）

幼儿绘画的发展有很长一段时间都处于"借物表现差异与变化"的范围。"借物表现"也有从简单到复杂，由低到高的发展过程。同时，幼儿在这一阶段的发展又是不同步、不均衡的。例如，有的幼儿还未会画人物的动作，就开始画人物的表情；一些幼儿在某一方面成就颇丰，而其他方面却显得苍白。

图 2-28

图 2-29

5. 独立表现之动作

同表情的表现一样，独立地表现人物的动作也是较难的。独立表现之动作指无须借助其他物体即能使观看者看出形象有动作变化。这需要打破原来画人物时两侧对称的画法，将四肢画得不对称或是有倾斜，这样才能看出动作变化。（见图 2-29）

最后，需要指出一点，幼儿作品中形象的发展变化受教育条件及环境因素、个人兴趣的影响比较大，所以，不像图形以及图形结合方式的变化那样阶段性比较确定。形象的发展变化一般依照上述顺序进行，但有的幼儿可能会跳过一个阶段先进入下一个阶段或几种水平同时存在。

三、构图

在一幅幼儿作品中，往往不止一两个形象，有时有三四个甚至众多的形象。以何种方式将这些形象组织起来，我们称之为构图。不同的构图表达不同的含义，这与幼儿能力发展的许多方面有关。在这方面，幼儿也经历了一个由低到高的发展过程。

(一)形象数量的增加

一般说来，随着幼儿年龄的增长、知识经验的增多，以及美术表现能力的增强，他们每幅作品中的形象也逐渐增多。换句话说，幼儿能以美术的方式将越来越多的事物再现在一幅作品中。

从形象的数量上看幼儿美术能力的发展有一如何记数的问题。简单的方法是以一完整形象为一单位，逐个记数。然而，在很多的时候，幼儿会在作品中重复某些形象，而这些形象又往往是一些次要的形象，例如，小草、小树、燕子等。如果在一幅作品中这样的形象占很大的比重，就无法同那些形象区别明显、重复形象很少的作品相比较。为了避免简单记数对分析结果可靠性的影响，我们采取以形象种类为单位的记数方法，一类形象为一计数单位。在此，必须注意，美术作品中形象的分类不能以我们日常关于事物的种类概念划分，要仔细分辨幼儿表现的意图。只要形象在细节表现上有明显的区别，属于不同的个体就应划分为不同的种类。例如，同是交通工具，小汽车、公共汽车、卡车应分别计数，不能计为一类，只有那些完全重复的形象才能划为一类。

幼儿美术作品中形象数量的多寡可以划分为以下等级：

一级，一个形象；二级，一种形象（指两个以上的重复同一形象）；三级，2～3种形象；四级，4～5种形象；五级，众多形象。

以上等级的划分是对大量幼儿作品进行分析后得出的。一般来讲，这些等级与作品的直观质量一致。通常，年龄较小幼儿的幼稚作品中，形象的数量比较少；年龄较大幼儿的较成熟的作品中，形象的数量比较多。但也要注意，有些幼儿只发展单个形象，将其画得细致入微，并不追求形象的数量，所以，作品中形象的增长仅是考察幼儿美术能力的参考标准之一，而不是唯一标准。

(二)形象排列方式的发展

形象排列方式的发展是幼儿构图发展的重要方面。所谓排列方式，是形象在画面上的位置关系和形象相互之间的关系。不同的排列方式都有着鲜明的直观特征，反映着幼儿空间概念的水平。其发展顺序如下：

1. 零乱式

在幼儿绘画构图的发展中，最初始的阶段是零乱式构图。在这一时期，幼儿对画中的形象不做空间安排，画面没有上下之分，更无前后之别。原来生活中有一定方向秩序的东西，在这些画中看起来都横七竖八，失去原有的秩序。（见图 2-30）

观察这一时期幼儿作画更有意思，他们画画时不像成人或年长的孩子那样把画纸固定住，按统一的方向去画，而是将画纸转来转去，哪有空就在哪里画。结果，当我们按平时的习惯去看时，就禁不住要笑，怎么有的头朝下，有的头朝上，还有的歪躺着。之所以如此，原因在于这时幼儿还未形成空间方向上的再现概念，方向对他们来说并不重要，重要的是把想画的东西都画上。

这种构图大约出现在三岁以前，三岁以后只有很少的幼儿这样画，五岁以后则完全消失。

图 2-30

图 2-31

2. 垂直式

很快地，幼儿画中的形象不再那么无章可循，显示出了某些一致性。形象竖立起来，有上下一致的方向。他们作品中的小人、房子、树木方向一致，就像这一幅画。（见图 2-31）

幼儿采用的垂直式构图表现了生活中最简单的方向关系，即各物体与地球引力方向一致竖立着，物体之间相互平行。

观察这一时期幼儿作画，就会发现，幼儿不再像前一阶段那样把纸转来转去地画了，而是像成人那样把纸摆得正正地来画。

垂直式构图的出现表明幼儿开始表现物体的空间关系了，但还很初级，有很大的局限性。这种画面是垂直式的，没有高度关系，因而不能区分画面形象的高低上下。尤其是没有我们生活中最大的参照系——大地，于是有时原本生活中高处的东西会被画在画纸低处的位置，原本生活中低处的东西又被画在了画纸高处的位置。这种画面中的形象给人一种飘忽不定的感觉。

这种构图一般是出现在三岁以后，四岁前后有比较多的幼儿开始采用这种构图排列方式，以后渐少，但直到六岁后仍有少数幼儿停留在这一水平。

3. 平面构图

（1）基线式。

基线式构图的画面有一个非常醒目的特征，所有生活中地面上的物体都在画纸的下部，并排成一队。有的紧贴着形象的底部还画有一条长长的棕色的线条，这是地面的标志。在有些幼儿的作品中，天上、水中的物体也要排成一排，画在纸的上部或较低的位置上。幼儿做这种构图时非常严格，几乎没有什么画错地方的情况（见图2-32）。在这种构图中，把形象画在同一排表示它们是处于同一水平高度，画在不同排则表示这些物体处于不同水平的高度上。

图 2-32   图 2-33

构图有了这种新关系以后，物体的空间关系较以前清晰多了，不会再发生地上的东西看起来要飞到天上，天上的东西要掉到地上的误会。但是基线式构图依然存在局限，有时让人以为形象是排成一排的。有些文章就有"棕色的线条是地平线"这样的说法。实际上那条棕色的线条代表的是宽阔的地面，形象也并非排成一排，而是矗立在地面上。之所以使人产生误会，原因在于这种构图不具有水平关系。正像有的学者所说的，这是一种"竖式空间"

的画面，即只有上下高低，而没有远近前后，因此，它不能将地面的纵深显示出来。

基线式构图有时出现一些特殊的情况，如遇到画矗立在倾斜面上的物体，长在山坡上的树，尖屋顶上的烟囱，滑梯上的小人时，幼儿会以斜面作参照，将形象画成与所处的斜面垂直，这样与画面反倒成了倾斜。（见图2-33）

（2）展开式。

基线式构图在有些情况下会产生一种变化，就是画围成一圈的物体时，如池塘边的树、花坛、拉成圈跳舞的人、围着餐桌吃饭的人，幼儿会将形象画得与圆形的或方形的边线相垂直，这样就出现形象展开的样子。这种构图常被称作"展开式"构图。这是另一种形式的平面构图。与垂直构图的不同之处在于这种构图只有水平关系，因而被称作"水平空间"。看这种画好像是从空中俯视物体。（见图2-34）

图 2-34

无论是基线式，还是展开式，其实质都是二维性，以单一的竖立或水平的平面方式展现空间关系。此类构图都以基线为参照排列形象，当平直的基线发生倾斜或弯曲的变化时，形象的排列也随之变化。当然，虽说都属于二维构图，但从直线到曲线，难度与复杂度是不同的，所以幼儿一直处于不断地进步之中。

基线式构图是幼儿期的主要构图方式，三岁以后开始出现，直到六岁左右还有三分之一以上的幼儿采用这种构图方式。而这一构图方式也随着幼儿的成长演化出各种复杂的形式。

4. 立体构图

（1）散点式。

散点式构图是并列式构图的进一步发展，画面中原来处于一排的形象分解离散，分布在画面上。初做这种构图时，有些幼儿还会在靠近形象的底部留有一条短直线。（见图2-35）

图 2-35 　　　　　　　　　　　图 2-36

幼儿此前的几种构图方式都是二维的。从散点式开始，出现了第三维，画面开始立体化。在散点式构图的画面上同时存在着竖立空间和水平空间。画面上的同一个位置既是一个高度又是水平面上的一个点。假设在图 2-36 小鸟的位置画一棵树或一个人，那么同样的位置就不再是空中，而是地面了。利用散点式构图，幼儿可以表现很复杂丰富的大场面。

这种构图方式出现的最早年龄是四岁，根据粗略统计，四岁至五岁约有 3.3％的幼儿采用这种方式构图，五岁至六岁时达 19.5％，六岁至七岁时达到 33.3％。

（2）多层并列式。

在幼儿达到散点构图水平后，在教师的指导下，幼儿会画出若干排形象，形成多层并列的布局。这时我们好像看到了一组组不同的景色。（见图 2-36）画中形象成排成排地出现显示了分离与邻近的关系。形象处于一排代表它们相互临近，而处于不同排则表示互相分离。多层并列式构图在表现物体组群层次上有了进展，画面的节奏感增强。在幼儿期能采用这种方式构图的幼儿很少，四岁以后出现，直到六七岁只有百分之几的幼儿采用这种构图方式。

（3）遮挡式。

遮挡式是幼儿期最高级的构图方式，以这种方式构图的画面有了清晰明确的前后关系。我们知道，当我们从一个固定角度看物体时，前面的物体势必要遮挡住后面的物体，因此，让一些形象部分地遮挡住另一些形象，最能表现出物体的前后关系。（见图 2-37）

图 2-37

在此之前，幼儿绘画并非像成人那样从一个固定的角度出发组织画面形象，因而他们的作品都有一个特点，就是形象与形象互不遮挡。这有两种表现方式：一是在不影响表现物体功能的前提下将形象拉开距离，完整地表现出来（见图2-38）。二是如果拉开距离会影响物体功能的表现，幼儿就干脆把物体画成"透明"的（见图2-39）。这种画面，由于形象之间互不遮挡，画中物体的前后关系显得不十分清晰。随着幼儿空间概念的发展，他们从一个固定角度出发表现物体的空间关系，就发展出了有遮挡关系的构图。在这样构图的画面中，形象有着很清楚的前后关系。

图 2-38

图 2-39

幼儿末期有少数孩子开始采用遮挡式构图表现物体的空间关系。出现遮挡关系的作品不仅在构图上，而且在其他方面也都很出色，很可能出自少数有着美术天赋，又经过了教师专门指导的幼儿之手。

（三）形象主次关系的发展

形象主次关系发展指的是形象在画面中分化为主体与背景的过程，这与构图排列方式的发展紧密相关。当然，也与幼儿对事物之间关系的感知和理解以及组织形象的能力的发展分不开。这一方面的发展大致呈现为以下几种水平：

1. 罗列形象

最初，幼儿一幅作品中的各个形象之间无太多的关联。他们只把想画的东西画上一个，又画一个。这些东西可能是他们印象中较深或与他们有着某种感情上的联系，但他们并不把这些形象联系起来表达什么。（见图2-40）

图 2-40 　　　　　　　　　　　　　　图 2-41

2. 以空间关系安排形象

经过一个时期以后，幼儿开始以物体的空间关系安排形象。这种空间关系很局限，仅满足于空间上的正确性，如鸟与云朵在天上，鱼与船在水中，人、植物、建筑在地上等。此时，幼儿的作品中的形象除了有空间上的联系与区别之外，无其他的关系，在画面上显得同等重要。（见图 2-41）

3. 形成背景与主体

进一步的发展之后，幼儿作品中的某些形象成为主体，而另一些形象构成背景。一般来说，主体是通过加大形象和更加精心的描绘显示出来的，例如，采用高级的造型方式，增加细节，加以装饰等。而背景形象一般比较简略，无太多特色，大多是一般的花草、树木、房屋、太阳，这些东西可以与任何主体相配合构成图画。（见图 2-42）

图 2-42 　　　　　　　　　　　　　图 2-43

4. 形成特定环境

最后，幼儿作品中出现与特定的主体相配的特定环境场景。这时主体的角色特征及其活动与环境成为密不可分的统一整体，表现特定的事件与情景。如一幅再现车辆交通的作品中，警察、行人、乘客等与街景融为一体。（见图 2-43）

(四)情节的发展

就幼儿作品来讲，所谓情节指主要形象之间的活动联系。而幼儿作品中的主要形象一般是由人和动物构成的，他们之间的活动关系形成作品中的情节或事件，其发展过程如下。

1. 无活动

最开始，幼儿的作品表现不出人物或动物的活动，他们只是在画面上画几个独立的个体，而且，这些个体自身也无明显的动作变化。（见图 2-44）

图 2-44　　　　　　　　　　　　　　图 2-45

2. 独自活动

经过一段时间以后，幼儿的作品中出现了分别独自活动的人物或动物。这种独自活动一般是借物表现出来的。主体与主体之间还未发生那种不可分割的活动上的联系。（见图 2-45）

3. 共同活动

进入共同活动以后，幼儿作品中会出现若干个主体形象同时进行一项活动。如同乘一列火车，同看电视，集体做早操等。这种共同活动往往是通过一件工具将各主体联系起来，或是以群体活动方式用同一动作联系起来，这同样可以视为借物表现。共同活动中主体形象之间有了关联，并由此形成特定的情境。（见图 2-46）

图 2-46

4. 相互作用之动作

相互作用之动作指在一个画面上,各形象以不同的动作完成一共同的活动,可说是分工合作。这样就形成了有主题的作品。能够创造这样的作品说明幼儿对活动中主体之间关系认识的加深及组织画面情节能力的提高。在幼儿期能构成如此复杂画面的幼儿不多。(见图 2-47)

幼儿在构成作品的情节方面受教育和个体差异的影响较大。在较好的教育引导

图 2-47

下,幼儿有可能画出情节丰富、生动的作品。在教育引导缺失的情况下,幼儿则长期处于画不出具有明显情节的状态。另外,幼儿对构成作品情节的能力和偏好也各有不同。在同一个幼儿园班级中,有些幼儿极为擅长情节描绘,而有些幼儿则喜欢刻画、装饰单个形象。

四、色彩

(一)色彩感受力的发展

幼儿出生在充满色彩的世界中,但对色彩的感受却是随着他们的感受力的增强而逐步充实和丰富的。三个月的婴儿能在排除明度干扰的情况下,分辨红、黄、蓝、绿四种基本色。三岁至四岁的幼儿分辨红、橙、黄、绿、天蓝、蓝、紫七种颜色的百分率为97%,四岁以后达到100%。幼儿对颜色细微变化的区别能力逐渐发展。也就是说,四岁前,幼儿可分辨基本色;四岁后渐渐区别颜色的深浅和色调倾向。这一步步的发展为幼儿运用色彩提供了前提。在运用色彩的过程中,幼儿对颜色的敏感性和表达情感的能力也有所增进。

(二)色彩运用的发展

色彩运用即以色彩表达一定的意义。这包括搭配色彩形成美的效果、以色彩表现主客观情感气氛、用色彩再现物体的客观颜色。幼儿在色彩的运用方面也有一个发展的过程。需要指出的是,幼儿特别是幼儿群体在用色方面并不是整体性地以新阶段代替旧阶段的方式渐进发展,而是多重线索依次出现,并行发展。无论是幼儿个体还是群体,他们的发展犹如树木的生长,不断长出新的枝丫,越来越多的枝杈一起成长,渐渐长成繁茂的大树,每一个体又有自己的成长方向和特色。

幼儿用色的发展更具个性化,就群体来看,呈现为多样化的面貌。

1. 单一色阶段

三岁之前,幼儿色彩运用基本处于单一色阶段。这一阶段的幼儿喜欢摆弄画笔,用颜色涂涂画画。虽然有时他们使用的是彩色画笔,但是并没有真正的色彩运用。彩色笔在他们手里只是画线的工具。他们画出的画通常是单一色。

(1)无选择用色。

幼儿用画笔描绘事物的初期,不大考虑画笔的色彩,用什么都行,这时的画一般都是单色的,经常是能得到什么颜色的画笔,画中就更多地出现什么颜色。

(2)选择性用色。

渐渐地,幼儿开始对一两种色彩格外敏感和喜爱,于是开始更多地选用自己有好感的色彩,而拒绝用其他颜色。有时会出现这样的情况,幼儿执意要成人给他某种颜色的画笔,通常是红色的。如果一时找不到,幼儿就会显出十分着急渴望的表情;而拿到喜爱的画笔以后,就会满意地画起来。进入这一阶段,幼儿的画面依然是单一色,不同的是这种单一色是他们喜爱的色彩。这时的画可以说是一种"有色素描"。

2. 用色范围的扩展与分化阶段

经过一个阶段的玩色和较单调地运用色彩之后,幼儿认识的颜色多了起来,对色彩也产生了极大热情。这时,他们画中的色彩也相应多起来。如果说此前幼儿只是从众多色彩中发现并喜欢上了少数色彩,对其他色彩并无特别感觉,那么,现在幼儿喜欢的色彩多起来。例如,他们喜爱的色彩扩展到橙色、粉色、天蓝色、草绿色等,也开始有了不喜欢的色彩,如深蓝色、紫色、棕色、灰色、土黄色等。

幼儿对色彩的美感体验主要取决于各种色彩的知觉特征与个人性格气质特征的关联。例如,红、橙、黄、绿色比较温暖明快,与幼儿活泼旺盛的生命力相一致,因此被一般幼儿所喜爱。黑、灰、棕色显得比较沉闷,很多幼儿把它们视为反面色彩,不喜欢它们。大多数情况下,幼儿会用明亮的色彩描绘令他们愉快的事物。

进一步成长后,幼儿不再像前一阶段那样拒绝或忽视不喜欢的颜色。如果需要,他们也会运用那些灰暗的色彩描绘那些令他们不快的事物。简单说就是用喜爱的色彩描绘喜爱的事物,用不喜欢的色彩画自己不喜欢的物体或无足轻重的东西。用幼儿自己的话来说就是,"那些好的、自己喜欢的东西要画得漂漂亮亮的,越美丽越好。那些坏东西,自己不喜欢的就要把它画得难看。"这表明幼儿开始将对色彩的美感与对事物的情感态度有区别地联系了起来。

上述发展开启了后来幼儿用色的不同倾向,这就是具有装饰性的结构性涂染,色彩的表现性倾向和对物体固有色的再现。

(1)持续不断的装饰色。

所谓装饰指不考虑物体色彩的客观性和情感性,仅依照形式美的规律搭配色彩。(见图 2-48)

幼儿在掌握了更多色彩以后，他们把自己认识和喜欢的色彩到处运用，画什么东西都涂得五彩缤纷。有些研究者将此称为"花哨涂染"或称"结构性涂染"。这是幼儿期绘画中一种很普遍、很突出的现象。此时，幼儿对色彩的运用，没有再现或表现的意图，主要是满足个人美感的需要，有明显的装饰性。

图 2-48

（2）初现色彩表现性。

所谓表现性指作品中呈现出来的情感和情绪，如愤怒、热烈、忧郁、狂欢等。

色彩是幼儿表现情感的重要媒介。随着进一步成长，对色彩较敏感的幼儿，将色彩同他们关于事物的情感特征联系起来，开始用色调进行表现。如一个幼儿园，在一次出游中，有几个幼儿不幸掉入游乐场的水池中，有的幼儿还喝了水。事后，幼儿们用画笔记录下这一次的经历。明显地，这些画的色彩是暗淡和冰冷的，具有了初步的情感表现意味。（见图 2-49）

图 2-49

图 2-50

(3)开始再现固有色。

约幼儿末期,有些幼儿萌发出再现事物客观颜色的愿望,也就是说,一些幼儿有了再现物体固有色的想法。例如,大些的幼儿在画熊猫时必用黑白两色,画小鸡时必用黄色。这时,他们意识到,不这样赋色,这两种动物看起来就不像了。(见图 2-50)

3. 装饰、表现和再现长期并存阶段

达到一定年龄和水平以后,幼儿会根据表现需要运用色彩。必须以固有色再现的事物,他们会首先考虑使用固有色。但是在那些大量的不用固有色并不影响表现的真实性的情况下,幼儿依然会尽其所愿地给形象施色。如画衣服、交通工具、建筑等人造物,按个人的喜好赋色丝毫不会影响物体的真实感,于是有大量的事物可供幼儿装饰和美化,满足他们的美感需要。而当幼儿经历了较深的情感体验后,他们又会选择能表达那种情感的色彩进行描绘。因此,在一定程度的发展后,幼儿用色就进入了一个装饰、表现和再现并存时期。

最后指出一点,色彩运用上的装饰性表现了幼儿天真烂漫的童心,在教育中,不应将其作为幼儿的弱点或缺点加以克服纠正,强制纳入按固有色赋色的轨道。幼儿运用色彩的方式虽然简单,但并不错误,相反,它产生的独特的美感值得欣赏。艺术旨在表达,按物体固有色赋色并不是美术的目标。正确的做法是保持幼儿对色彩的兴趣和热忱,启发他们体验色彩的美感,鼓励他们大胆地用色彩"说话"。

(三)用色技能的发展

在我国,幼儿经常使用的绘画工具是彩色墨水笔、油画棒、蜡笔和彩色铅笔。近年来,使用水粉、水彩等颜料和工具的也逐渐增多。使用这些工具绘画一般是先画好轮廓,再在轮廓内涂色。勾画轮廓属于造型范畴,因此用色技能主要指涂色。幼儿在这方面的发展如下。

1. 涂色面积的变化

(1)不涂色。

起初,幼儿画画往往只用画笔勾画出一个轮廓。三岁左右的幼儿一般把形象的轮廓画完就算完了,很少再给它涂色。

（2）小面积的局部涂色。

逐渐地，随着幼儿对画笔运用熟练程度的提高和对色彩兴趣的增长，在老师的指导下，幼儿会给画中形象的某些部分涂上颜色。一般四岁以上的幼儿会给形象小面积地局部涂色。

（3）大面积的完整涂色。

五六岁以后，幼儿除了用笔更加熟练以外，运用色彩表现的愿望也大大增强。他们开始给形象大面积地完整涂色。有些幼儿还会将画面渲染得五彩缤纷。

2. 涂色质量的变化

（1）无序涂色。

三四岁的幼儿涂色是非常杂乱无顺序的，不仅笔道不分化，而且涂得也不均匀。结果是有的地方挤在一起过于浓密，有的地方又过于稀疏留下许多空白，还经常涂出轮廓线。

（2）有序涂色。

逐渐地，随着幼儿手的动作的灵活性和准确性的提高，他们能够控制手的动作，做到顺着形象的轮廓，用方向一致的线条均匀地涂色，不留空白，不出边。五岁左右部分幼儿能如此做，五六岁以后大多数幼儿都能这样做。

（3）渐变涂色。

渐变涂色难度较大。在幼儿的手、眼、脑充分协调和教师的指导下，幼儿末期，一些幼儿能涂出渐变的色彩。渐变包括同一色的深浅渐变和不同色过渡渐变。有了渐变，幼儿涂出的色彩就更丰富、细腻、协调。

第五节　影响幼儿美术创作的心理因素与教育对策

幼儿的美术创作能力和创作水平随着年龄增长呈现出不断发展的趋势，表现出具有阶段性的年龄特点。幼儿的这种发展以及每一次的创作都受多种心理因素的影响与制约，而非由单一因素决定。但现实中，一些教育者对影响幼儿创作的心理因素理解得比较单一，以致不能掌握其中的各项变量，缺乏对幼儿美术活动过程的全面把握，造成种种与努力不一致的结果。为了避免这种情况的发生，确认影响幼儿美术创造受多种因素影响十分必要。这些影响因素是什么，它们之间又有着怎样的关系；相应地，在美术教育中应采取的恰当方法是什么，是下面要谈的内容。

一、影响幼儿美术创作的心理因素

(一)感知

1. 美术形象来源于视觉经验

在美术创作过程中，感知是重要的影响因素。这里的感知主要是视知觉。幼儿通过观看获得的关于事物的种种视觉经验，是他们美术创作中形象的来源。一幅作品，无论是再现某件事物，还是高度抽象的，都包含着最基本的视觉经验。幼儿画一只飞鸟、一个苹果、一棵大树，这些东西都是他曾经见过的，是视觉经验中所有的。即使是一幅想象性的作品，例如《音乐喷泉》①，其中人物、景物和活动，都是幼儿们见到过，亲身经历过的生活。没有一定的视觉经验，是不能进行美术创造的。

2. 知觉力的强弱影响作品形象的深入、精确程度

美术形象来自视觉。除此之外，视觉对幼儿美术创作还有什么影响呢？应该说，视觉对创作结果有着重要影响。幼儿的视觉品质，即视知觉力的强弱、敏感影响着幼儿美术创作的效果。一个对事物的形、色很留心，观察力又强的幼儿画出的形象会是完整入微的；一个空间感很强的幼儿将长于造型、构图；一个对色彩敏感的幼儿会将一幅画画得色彩斑斓或是具有色调变化。凡此种种，说明视觉对幼儿美术创造有着明显的影响。

3. 美术形象来自审美知觉

美术形象来自视觉，但不是一般的视觉，而是审美视觉，或称审美知觉。什么是审美知觉呢？审美知觉是不带有功利的目的，对于事物的整体和情感性的把握。只有把握了事物的整体性和情感表现性，才能在头脑中形成审美意象，进而进入到美术创作的过程。而功利目的的知觉只能获取事物局部少量的有用信息，不能把握事物的整体和情感性，作者难以由这样的日常

---

① 见第七章《幼儿园美术综合探索活动引导》，活动案例《有趣的长形画(研究报告)》。

知觉进入到美术创作。为什么必须有对事物整体和情感性的把握，其后有关情绪情感和再现能力的阐述将有助于解释这一问题。

产生审美知觉是有条件的。其条件是主体对所感知的事物有一定程度的新鲜感和距离感。一个陌生的事物初入眼帘的时候，人们往往只能知觉到一个模糊不清的整体，不能准确地把握它的一般结构特征。一个十分陌生的事物往往引起警觉，难以形成审美态度引起表现的愿望。同样，一个常视久见的事物，在视觉中的新鲜感和距离感都会下降。由于这种经常性、反复性，它成为人们生活中的一个物品，人们往往对它采取实用的态度，更注重它的实用特征而忽视它的审美特征。上述情况下，再现一件事物会发生困难。

(二)情绪、情感

知觉是美术创作中的重要因素，但不是唯一因素。幼儿愿不愿意画、画什么、效果如何还受其他因素的影响和制约，其中就有情绪和情感因素。

1. 创作的愿望由情感而生，创作的内容由情感而定

幼儿美术创作是在脱离眼前事物的情况下进行的，即使面对一个物体来画他也会将想象的内容放进作品。因此，创作的基础是大量的观察、多次的感知和丰富的经验。然而这些丰富的记忆形象虽然是创作的基础，却不是动力所在。因为在创作时不是随便将那些记忆图像恢复出来的，记忆机制复现哪一种形象全部要由情感决定。当知觉对象与主体的内在情感有某种一致性时，主体为其所感动，产生情感上的共鸣或者说同构。其后，主体就会渴望再现那曾感动过他的事物，这样就产生出创作的愿望，同时也就决定了表现的内容。由此也可以看出，如果当初知觉某一事物时，没有把握其情感特征，那么有关的记忆将不会被唤起进而成为创作的内容。

2. 情感的强度影响创作愿望的产生

对幼儿说来，创作愿望的产生，除了取决于事物与情感的关系性质外，还与事物引起的情感的强度有关。当幼儿对某个事物的情感过于强烈时，他倾向于占有它，摆弄、操纵那些物体。相反，事物引起的情感过于微弱，幼儿则无意去再现它。只有在情感强度适度时，幼儿的心灵处于一种活跃的状态，创作的愿望才会产生。因此，情感的强度必须适度，既不过于强烈也不过于微弱。

3. 情绪、情感使作品内容充实

情绪、情感不但制约幼儿表现愿望的产生、对表现内容的选择，还决定着作品的质量。幼儿依情感选择表现的内容，同时就将自己的情感融进了作品，作品由此获得丰富和充实的内涵。作品中的情感表达是其质量的重要部分，也是评判作品优劣的标准之一。一幅充分表达了幼儿自己情感的作品是生动的，而被动、复制的作品则是枯燥无味的。

4. 情绪、情感推动幼儿对高级、完美表现形式的追求

在幼儿美术创作中，情感不但与创作内容有关，还关系到表现形式的运用。幼儿追求高级、完美的表现形式的愿望产生于特定的情绪、情感。当幼儿稍年长些的时候，他们会主动地追求更高级、完美的表现形式。情绪、情感在这一追求中起着积极能动的作用。阿恩海姆曾描述过这种现象，他说："幼儿对一个更加高级的阶段的探索，是出于他们对初级阶段上的构图式样的不满，他们在刚开始的时候并没有对自己把一个人画成垂直——水平关系的式样不满，这个式样不能把一个正在奔跑的人和一个静止站立的人区别开来的事实也没有使他感到烦恼。但是到后来，他就越是对自己作品的那种无区别的模棱两可感到不满，希望在自己的作品中看到事物呈现出现实的样子。幼儿极力想克服模棱两可性的要求，就成了促进他的作品向更高级阶段发展的动力之一。"

以上可以看出，情绪、情感在幼儿美术创作过程中起着重要的作用。

(三)再现能力

幼儿看到过，观察过，也想表现的事物，必然能表现出来吗？不是的，这还受他的再现能力的制约。

1. 视觉经验、情绪情感通过再现转化为美术形象

什么是再现呢？再现有心理的再现与艺术的再现之分。心理的再现指记忆表象的重新浮现。艺术的再现是将内心所知、所想外化，以物质手段体现出来。在美术创作中，再现就是运用一定的媒介创造与物体的结构相同的结构等同物。

什么是结构等同物？举例来说，幼儿在纸上画一个圆圈代表人的头。这个圆圈具有的一般结构特征是它的圆形性，而真人的头的一般结构特征也正是这种圆形性。虽然，绘画使用的是二维的媒介，但在圆形性这一点上它们两者是等同的，于是，画纸上的圆圈作为了人的头的替代物。这就是说，虽然绘画使用的媒介与真人的头的物理性质截然不同，但是它具有与人的头部相同的结构却是可能的。纸上的圆圈即是头的结构等同物。幼儿头脑中的种种视觉印象、愿望所指、情绪体验都有其结构特征，均可通过再现变为可触知的艺术形象。关于艺术再现的原理也说明了为什么视觉必须把握到事物的整体性是进入创作的必要前提。因为如果人的知觉缺乏对事物整体性的把握，他难以捕捉到事物的一般结构特征并构成关于该事物的结构等同物。

具有一定的再现能力是进行美术创作必不可少的。专家认为，艺术家与普通人体验世界和生活的方式没有什么不同，区别在于，他们能形成再现概念，也就是为经验找到能体现其意义的外部形式——结构等同物，而普通人则不能。如果幼儿缺乏为他的经验找到一个合适的外部式样的能力，他进行美术创作是困难的。这就说明了，为什么面对一件事物，具有同样的经验，有的幼儿能画得有声有色，栩栩如生，而有的幼儿却无从下手。

2. 再现能力的发展水平影响幼儿的美术表现的形式

我们说缺乏再现能力就画不出来，那么，有了再现能力是不是就能画得一样好了？不是的。幼儿的再现能力有高低强弱差异，并有规律地呈现由低到高的阶段性发展。这些影响着幼儿美术创作的阶段性水平，并带来幼儿群体再现样式上的差异。这种阶段性与差异性与幼儿的学习和成熟有密切的关系，非任意塑造而能为之。

例如，幼儿必须经过体验以动作为乐趣的涂鸦阶段，才能进入以描绘物体为目的的绘画阶段。再如，在形象期，绘画造型上的一大特点是形象由简单形状结合而成。形象的结合关系是由直角关系到倾斜角度关系。当一个幼儿没有掌握直角关系时，他表现不出物体的方向性。当他未能掌握倾斜角度关系时，他表现不出人或动物的动作姿态。幼儿美术创作的水平取决于他再现能力的发展程度。

再现能力是如何获得并发展的与成熟有关，但是并不只依赖于成熟。再现能力的形成与下面提到的动作活动有着密切的联系。再现能力来自于主体在活动中的主动建构。

(四)动作活动

动作活动是又一个与创作有关的因素。这里指的是主动的动作活动,我们暂时把它分为一般的动作活动和美术中的动作活动来分析。

1. 一般动作活动的作用

动作活动连接了主体与客体。它的作用分为两个方面:一方面,幼儿通过动作活动变革客体,了解客体;另一方面,他也了解自己,体会自己的力量与作用,形成个人的行为方式。

一般说来,在活动过程中,被操作的物体处于被动状态,幼儿通过对其操作,增加有关的知识,但随着对它支配程度的增长,其吸引力降低。因此,经常被幼儿操纵的物体较少化为他们作品中的形象。这是我们前面提到过的。然而,由动作活动给主体带来的体验对幼儿的美术创作具有很强的推动作用。研究表明,动作活动有助于幼儿整合视觉经验,以更统一、有力的方式再现物体的空间关系①。

从幼儿早期绘画中人物形象的发展可以看出这一点。最初,幼儿画中出现的人,头与身躯不分,但有四肢、眼睛。稍年长以后,幼儿将头与身躯分别画出,出现嘴与手指;但身躯仍是混沌一团。一般来说,运用得早、运用得多的身体部分优先出现,造型肯定而清晰。而运用得少、动作不明显的身体部分往往难以分化出来。例如,很多幼儿画人时省略耳朵、鼻子、眉毛、脖子等这些缺少活动的部位。罗恩菲尔德曾谈到他启发幼儿画人嘴的经验。他说:"有一次,我参观小学一年级时,看到幼儿画一条线作为'嘴'的符号,我故意在我的口袋里装一袋糖果,使它在这袋子里嘎嘎作响后,我问幼儿:'在我的袋子里有什么?''糖果。'这是答复。'你想它是硬的还是易于咀嚼的?'从声响中幼儿推断它是硬的糖果。'你喜欢硬的糖果吗?'是我的问题。'是的'为一致的答复。把一些糖果放在每一个幼儿的桌上,我要他们在得到信号之前不要放进嘴里。'现在你们可以咬糖果来发现它们是多么硬了。'而所有的幼儿把糖果咬得碎碎的。在经历过这次经验后,我要幼儿画'吃糖果'。在教室中的每一位幼儿都在他们的表现中画进去了'牙齿'。这种个人

---

① 张世维. 不同感知方式对幼儿泥塑活动的影响. 北京:北京师范大学教育学部学前教育事业毕业论文,2009.

的经验开发了他们的消极知识……"这一事例生动地说明了动作对幼儿深入描绘形象的启发作用。如果将幼儿所画的各类题材的形象比较一下，不难发现，幼儿画中人物的表现水平提高得最为迅速，大大优于对其他物体的表现。这充分说明幼儿创作水平的提高与他们自我体验的增长是分不开的。幼儿关于节奏、平衡等艺术规律的理解也得之于他们控制动作活动的体验。

2. 美术创造中动作活动的作用

美术创作过程中的动作活动与上述一般的动作活动有所不同。在美术创作中，了解主客体两个方面对幼儿的美术创造都有推动作用。对客体的了解，在这里成为对表现媒介的理解，任何一点对媒介特征的了解，都将增进幼儿对其的驾驭程度。对主体的自我体验使幼儿的创作活动更有目的和控制。

幼儿从涂鸦期到形象期的转变有力地说明了这一点。在幼儿两三岁的时候，他还不知道用笔画出形象，拿到笔以后只知道乱涂乱画，画一些凌乱的线条。在不断地涂画的动作活动中，他熟知自己的动作和动作的结果，了解到笔和纸的性质，特别是了解了线条的特性。这种二维的表现媒介能够形成许多形状，而且与他见过的东西相似。他重复涂画动作，使之产生某些图形代表印象中的事物，于是发生了一项根本性的转变，幼儿能够有目的地画某些东西。可以看出，动作活动在这一转变中起了重要的作用，是它架起了主客体之间的桥梁。

二、各心理因素的相互关系及规律

幼儿美术创作能力的发展与创作水平受多种心理因素影响。这些影响因素之间的关系是怎样的呢？有什么规律呢？

(一)动态平衡

在正常情况下，幼儿美术创作中几个关键心理因素处于动态平衡之中，也就是说，各心理因素都处于发展之中，但它们的发展是不同步的，各因素的发展程度存在差距。其中高水平的因素能带动低水平的因素，水平低的因素会向上靠拢，保持总体的平衡。当几种心理因素的水平距离适中时，能出现一个积极、能动的心理发展结构，实现自动调节，形成良性的发展趋势。这时，幼儿能够积极主动地进行创作。

例如，"随着幼儿视觉理解力的增长，他会在自己原来的作品中发展更多的模棱两可性。"于是，产生克服这种模棱两可性的愿望。这种克服低级式样缺陷的愿望会促使幼儿探索高级而又清晰的再现式样。再如，当一个幼儿的再现能力发展以后，他将以一个新的方式去觉察外物，更有效地把握事物的突出特征与生动之处。此时，他将渴望采用新的方式去表现他的新经验。尽管有的时候，他对新的方式的掌握并不如原有的方式那样熟练，但由于高级的再现方式较低级的方式更有表现力，对幼儿有着极大的吸引力，所以任何对新的再现方式的掌握都使幼儿感到愉悦，引发他们的表现愿望。幼儿美术创作就在各心理因素的交互作用中起伏进行与发展。

(二)"木桶现象"

如上所说，影响幼儿美术能力与创作水平的各心理因素并非同步发展，且创作与能力发展呈起伏趋势。那么，幼儿美术能力的发展与创作阶段性水平取决于什么？是取决于高水平因素，还是取决于低水平因素呢？

我们说幼儿美术创作与发展的水平不取决于高水平因素，相反，取决于低水平因素。这与"木桶现象"呈现的规律相吻合。例如，在美术创作中，如果一个幼儿的感知力较弱，缺乏视觉经验，他将不能觉察外物与自己表现之间的不同，只会重复学来的东西，自我满足。他不能离开现成的画法表现个人的独特经验，其结果是美术创作的形式相对于内容来说显得空洞、含糊不清。再如，一个幼儿的表现愿望低于其他方面，他新的视觉经验，所学习的表现方法，都会被搁置，不被唤起，因而难以进入创造状态。他可能勉强地画画，但不会出现动人的作品。再如，一个幼儿缺乏足够的再现能力，他便不能给经验以适当的形式。他可能在形象上添画一些细节，画成一个很复杂的结合体，表明他观察得仔细和敏锐，但结果却是可怜的，不能如愿以偿地画出自己希望的样子。

总之，当各因素水平差距适度时，它们之间产生积极的互动，会带来幼儿美术能力与创作的不断发展，然而，这种发展又囿于低水平因素划定的范围。

(三)悬殊与均等所致的停滞

以上所讲为幼儿美术创作的一般规律，但在某些特殊的情况下，不会出现上述自动调节。通常，有两种情况会阻碍自动调节的实现。一种情况是各心理因素水平相距太大，其中的高水平因素不能牵动其他因素，结果是高水平的因素也不能发挥与实现，美术创作与能力发展整体处于较低的水平。另外，有些时候也可能出现各因素均等的情况，即没有差异，呈现一种停滞的状态。当平衡出现在高水平上时，幼儿感知、表现愿望、动作活动、再现的绝对水平都很高，但出现了旗鼓相当的局面，这时幼儿会停滞不前。例如，一个幼儿曾对教师说："我的画已经画得特别好了，不能再好了，前面已经有大墙，不能过去了。"这个幼儿表达的正是一种十分满足不能进步的体验。这种发生在高水平上的无差异状态易打破，好比空中运动，在地面运动容易平稳，而在空中运动，稍有外力，平衡即被打破。教师听了那个幼儿的话以后，拿出一些幼儿画给他看，告诉他，"这是一个三岁的幼儿画的，比你还小呢，好不好?"他说，"好。"又告诉他，"这是一个四岁的幼儿画的，也比你小，你看都画了些什么，好不好?"他点点头。看了数张之后，教师问他："你的大墙还有吗?"他说："没有了。"均等可能出现在各种水平上，但最容易出现在低水平上。即感知、表现愿望、动作活动、再现的水平都很低。在这种情况下，幼儿不求进步，对美术活动反应冷淡。

由以上可以看出，各个心理因素的水平适度是幼儿进入美术创造的必要条件。当各因素水平相当的时候，它们形成一个良性的互动关系状态，幼儿保持对所要表现的事物的新鲜感和审美态度，有相当的经验储备，具备表现所需要的能力，在这样的情况下他们能够进入活跃的创作过程，实现能动的发展。水平的悬殊与均等则造成三种停滞：各心理因素水平差异很大和高、低两种等量齐观状态。其中，只有高水平的均等较易由外部调整，而其他两种情况则预示着那幼儿有可能美术能力薄弱。

三、教育对策

(一)全面入手

进行美术教育，要明确推动幼儿美术发展的因素不是单一的，而是多方面的。教育要从各个方面入手，教育的措施也应是全面的。例如，通过浏览、观察等幼儿获得丰富新鲜的视觉印象；创设"情境——陶冶式"环境，激起幼儿情感与表现的愿望；通过练习，使幼儿掌握表现的式样，再求探索新的式样；通过欣赏优秀作品，学习表现的方法；采用各种提示方法，启发幼儿的意象；等等。

(二)有针对性地指导

对每个幼儿的情况作具体分析，掌握他们在发展的不同时机、不同因素变化时的情况，灵活、不失时机地进行教育。有针对性地指导应注意两点：其一，寻找发展上的低水平因素，采取有针对性的教育措施，促使各因素向积极方向转化。其二，警惕发展上的平衡，一经发现及时打破，保持动态发展的势头。

(三)把握尺度

把握好各个因素相互转化和教育行为的度，保持幼儿对事物的新鲜感和审美态度，使幼儿处于敏感活跃的创造活动状态。为此，应从三方面入手：其一，视幼儿对事物的感知熟悉程度，适时导入创造活动，或控制对所要表现的事物接触，创造进入美术活动的条件。其二，视幼儿对再现与表现式样的掌握程度，提出新的式样。某种式样幼儿一经掌握，便更换新的式样，并在每次的重复中加进新的成分，让幼儿每次都带着探索与征服的勇气和信心投入美术创造。其三，视幼儿的愿望水平，适时导向创造活动，或设法将其愿望控制在适当水平上，以便进入良好的美术活动状态。

第三章　幼儿园美术教育的目标、原则与内容要求

第一节　幼儿园美术教育的目标

所谓教育目标指教育要达到的预期结果。幼儿园美术教育属于审美教育范畴，非专业美术教育，因此，幼儿的全面发展，培养健全的人格是幼儿美术教育的总体目标。它包括以下几个方面的内容。

一、萌发幼儿对美术活动的兴趣，有愉快的情绪体验和美好的情感

兴趣对于幼儿从事美术活动并得到发展至关重要，因为，幼儿只对他们能够理解并符合他们发展需要的事物和活动感兴趣。在兴趣的引导下，幼儿能够主动地学习、提高，进而形成健全的人格。如果教育的内容和方式不符合幼儿的发展水平和需要，他们就会失去兴趣，就无从发展或畸形发展。兴趣是幼儿从事美术活动的起点和动力，也是幼儿积极主动地参加美术活动并得到发展的保证。同时，兴趣也是一个标志，判断我们的教育做得如何的标志。幼儿对美术活动的兴趣表现为热忱投入活动，沉浸其中，情感与智力各个方面活跃，各种潜能充分发挥。

愉快的情绪体验指正面和积极的情绪体验，它伴随于幼儿从事美术活动

的过程，实现愿望的努力之中。把积极的情绪体验作为目标之一，即是注重美术活动过程的质量和它的情感价值。

对幼儿来说，美好的情感就是对美好事物的爱，简单来说就是对人（人、人的活动和人的创造）、对自然的爱，因此，人道主义和绿色文明是幼儿美术欣赏的和表现的两大主题内容。幼儿通过感受和表现这些事物而产生美好的情感。

二、鼓励幼儿大胆地表现自己的经验、情感和想象

把表现经验、情感和想象作为幼儿园美术教育的目标，即是注重美术表现的内容，把美术表现作为幼儿的一种表达方式，幼儿的另一种语言，而不是模仿或片面追求画面形式上的完美。

三、培养幼儿初步的美术观察力、感受力、想象和创造力，掌握简单的美术技能

这一条有关能力和技能的培养。观察指有目的、有计划地感知事物。但受自身发展水平的限制，幼儿在感知事物时缺乏像成人那样的目的性和计划性，不能自觉地组织自己的视觉。感受力虽说与观察力同属于感知范畴，但其侧重点不同。观察属于在理性支配之下进行的感知，而感受更具情感性。感受的内容包含有事物的情感特点，例如，在感知一棵树时不只是要看出它有多高，有多粗，树干、树叶是什么颜色等，还要能感觉到它是挺拔的还是低垂的，是苍劲的还是青翠的。这就是我们所说的美术感受力。美术教育中，充满着感性的活动，对于培养幼儿视觉的敏感性有着得天独厚的作用。而这种敏锐的感性，也是获取知识信息、丰富内心情感，与他人交流、分享、合作所必需的品质。

创造首先是个过程，这是美术创作的根本。在美术活动中，幼儿用线条、图形和色彩等将自己头脑中的经验、印象和情感转化为美术形象，这一转化过程即是创造。其流程为：感知——思考——完成作品。其间，思考一环很大程度上依赖想象进行。这就是说，在美术中，想象和创造是不可缺的，二者也是不可分的。想象与创造是未来人才所必备的素质。同样，对于

这两项能力的培养，美术教育也具有优势。为此，教育者运用的教育手段和提供的教育环境应能引导幼儿进入创造的过程，使幼儿从小学会独立的艺术的思考，不应造成幼儿只会复制现成的形象或者作品。

什么是简单的美术技能，幼儿需要掌握的美术技能包括哪些？简单的美术技能指掌握常用的美术工具与材料的操作方法，知道它们的性能和效果。比如，知道怎样握笔、用笔；认识几种常用笔，水笔、签字笔、油画棒的不同效果和用法；能识别常用的颜色，知道怎样涂色和调色；了解常用的纸的性能和不同用途；了解黏泥的柔韧性和可塑性，将其变形的方法；等等。另外，对于老师来说，除了明确技能的范围，还要注意技能的掌握程度。对幼儿来说，技能的掌握只是初步的，能满足表现的需要就可以了。掌握一些简单的美术技能，幼儿就能从事许多美术活动。不需花过多的时间和精力让幼儿掌握太多复杂精细的技能，美术教育的重点应放在表达与能力培养上。明确什么属于简单的技能，其目的是要摆正美术指导的重点。

四、养成良好的美术活动习惯

美术活动是手、眼、脑并用，涉及工具材料很多的活动，特别需要幼儿具有良好的习惯，也特别适合于幼儿习惯的养成。美术活动中的良好习惯，简单说来就是要保持工具材料的整洁有序和有步骤的工作。养成良好的习惯幼儿将受益无穷。

（参见本章结尾附：教育部近年颁布的幼儿教育文件中有关幼儿艺术教育的内容与解读）

第二节　幼儿园美术教育原则

教育原则是根据教育目的和教育规律归纳、制订的指导教育工作有效进行的原理和行为准则。它反映了人们对教育活动本质性特点和内在规律性的认识。幼儿园美术教育有如下主要原则。

一、审美性原则

审美性原则,即把美作为激发与保持幼儿在美术活动中内心活跃的要素。

什么是美,引用某些美学家的观点,美是生命的形式,是生命力的表现。生命的形式是多种多样的,美也是丰富多彩,不拘一格的。在美术教育中,把握幼儿审美特点,引导幼儿捕捉事物中蕴含的与幼儿生命活力相吻合的特征,激起审美热情,形成美的意象,使对美的追求成为幼儿美术活动的内在动力,并贯穿于观察欣赏、创造的各个环节,即是审美性原则的要求。

审美性是由美术教育本质特点决定的。对幼儿来说,美术教育与其他学科的学习有所不同,除了通过学习获得一定的知识技能,增长能力以外,幼儿还被带到一个美的天地里,使情感世界发生变化,变得更加丰富。同时,美术教育也增加幼儿的独创性,发展其创造美的能力。这便是美术教育在全部教育中的独特与优势所在。所以,美术教育中的审美性应当受到特别的重视,失此,美术教育便不成其为美术教育。

按照我国美学家的意见,审美心理过程可以分为三个阶段:审美准备阶段、审美体验阶段、审美效应阶段。在这里效应阶段特指审美领域的效应。在实际活动中,由审美体验而来的效应可能有两个,一是审美效应,二是创造效应。当人以自身的内在情感去呼应外物时,心中便产生一种美的体验,由审美体验产生审美判断和更高的审美需求,以及更高雅的审美趣味和更丰富的情感生活。除此之外,稍有艺术创造力的人,还会萌发出创造的冲动,在时间和物质材料允许的情况下进入创作,创造出充盈着美的作品。所以,在幼儿美术教育中,应牢牢地把握一点,即以美的事物和方式启发幼儿的观察、想象和创造,用美鼓起幼儿的活动热情,并贯穿于美术活动的各个环节。这样做就不仅仅是将审美作为美术教育的目的,同时也将其作为推动幼儿从事美术活动的动力;让幼儿在不断地体验美和创造美的过程中,审美趣味和创造力得到提高,内在的情感世界变得丰富,不断地创造出生动而富有情感的好作品。

具体做法是:保证幼儿直观美的对象,这需要有美的环境和高质量的美术作品,让幼儿经常接触美的事物。生动感人的语言也是重要的,教师应以富有感染力的语言为媒介拨动幼儿的心弦，引起和加强他们对美的事物的情感共鸣，这对于贯彻审美性原则是非常必要的。另外，还要保证幼儿有自由创作的时间和可利用的美术材料，使他们能及时顺利地将自己心中对美的感受和认识表现出来。

二、创造性原则

创造性原则，即将幼儿的美术活动定位于创作。

在第二章中曾提到，幼儿美术表现的一个特点是再现、想象与装饰融合。幼儿在画眼前和经验中的事物时会加进自己的想象，画想象的作品时又会组合进自己的经验，而且总不忘对形象进行装饰。因此表明幼儿的美术表现具有创作的特质。所以，我们说幼儿的美术表现属于创作。相应地，幼儿园的美术活动应定位于创作，从创作的角度考虑与安排美术教育的方方面面。

创作的本质是创造。创造首先是有个过程。对幼儿来说，创造就是要"自己想，自己做"。美术创作中必不可少的再现，即是利用媒介创造某种与物体结构相同的结构等同物，代表与之同形的事物或情感。在美术创作中，幼儿用线条、图形和色彩等将自己头脑中的经验、印象、想象和情感转化为美术形象，这一转化即是创造的过程。作为教育者，应保证幼儿在美术活动中经历由感知——思考——完成作品的完整过程。为了做到这一点，教育者所运用的教育手段和提供的教育环境须起到引导幼儿进入创造的过程的作用，使幼儿从小学会艺术地思考，而不是只会复制现成形象或作品。

创造的过程必然地具有主体性、操作性、求新求异性的特征。主体性，即要保证幼儿用自己的方式表达自己的真实感受，也就是说要由幼儿决定自己画什么，做什么和怎样画和做，而不是由成人选择和控制，幼儿在成人的导演下活动。求新求异性，即引导、启发、鼓励幼儿创造新异、具有个人感受和风格的作品，乐于追求变化、勇于探索与尝试，不墨守成规、自我重复或抄袭他人。操作性，即注重实际动手。美术是手脑并用的活动，幼儿在操作中完成和实现他们的想象、学习美术的表现方法，所以要给幼儿充分的动手机会。每周有限的两三次的"画画做做"远远不够，最好有条件让幼儿随时去动手实现他们的创造愿望。

三、发展性原则

发展性原则，即遵循幼儿的发展规律和特点，引导幼儿不断提高美术欣赏和创造的能力。

幼儿美术能力有规律地由低到高呈阶段性发展。例如，幼儿从涂鸦期到象征期，再到形象期，即是一个渐进发展的过程。这种发展的动力来自两个方面，一是幼儿从自己所做的许多造型尝试中得到的成果和发现，如幼儿由涂鸦线中发现有意义的形状，再反过来加以运用。二是随着幼儿视觉理解力的增长，他们对自己初级阶段上造型式样产生不满，于是向着更加高级的阶段探索。例如，前面提到的，幼儿开始时没有对自己把一个人画成垂直—水平的式样不满。这一式样不能把正在奔跑的人和静止站立的人区别开来，这一缺陷也没有使他们感到烦恼。可是到后来，他们越来越对自己作品中那种无区别的模棱两可性感到不满，希望在自己的作品中看到形象呈现出现实中的那种样子，于是他们尝试探索更加高级的表现形式。

因此，作为教育者，必须按照幼儿美术发展的规律实施美术教育，以促进其发展。首先，教育者要理论联系实际地研究和掌握幼儿美术发展的一般规律，在此基础上，进一步对每个幼儿的当前水平和经过努力可达到的水平做到胸中有数。其次，教育者还应研究美术的内容、方法和工具、材料等的性质，以期适时提出符合幼儿发展需求的美术教育目标、内容、方法和形式，逐渐形成美术教育的系统课程。

教育者还要保证幼儿享有足够的美术操作机会和丰富的美术活动材料，同时使他们接触那些能够理解又高出自己已有水平的美术作品，使其由自身的创作成果和自我期许中形成发展的内在动力，在不断的尝试探索之中提高自身的美术能力和素质。这样，有目的、有计划的教育影响与幼儿自身的努力相结合，使幼儿的美术能力和素养充分和谐地发展起来。

四、积极性原则

积极性原则，即重视幼儿的兴趣等能动性因素。

积极性原则要求把幼儿视为美术活动的主体，引起和保持他们对美术的兴趣和主动态度；使他们热忱地投入美术活动，沉浸其中；情感与智力各个方面活跃起来，各种潜能充分发挥，获得愉快的情绪体验；从而喜爱美术，乐于从事美术活动。

幼儿对美术的兴趣和主动的态度由他们从事美术活动的愿望、实现愿望的努力和相伴随的良好情绪构成。这三者来自于幼儿已有能力与美术刺激之间的张力，也可以说是知与不知，会与不会之间的矛盾。这种矛盾会在幼儿身上产生三种效应：效应之一，当一个美术刺激与幼儿已有能力水平的差距适度时，便被幼儿所意识，引起他们的兴奋和对成功的预感，好奇心与探究心同时被唤起。经过一定程度的思考之后，幼儿头脑中呈现出一个新的目标，由此，幼儿产生实现新目标的愿望，兴致勃勃地进入美术活动。效应之二，新目标向幼儿展示更为广阔的探索空间。为实现新的目标，幼儿将更大程度地挖掘、组合、发挥自己的能力。经过紧张的努力，当新目标实现时，幼儿获得由紧张到松弛带来的快感和充分发挥自己能力的满足。效应之三，新目标的实现给幼儿带来成功的自我肯定和他人的外部肯定，这有助于幼儿美术自信心的形成和增加，并构成进一步接受新挑战的内在力量。如果美术活动经常能引起以上效应，那么，幼儿将对美术产生稳定持久的兴趣和主动的态度。

年龄较小的幼儿在自然状态的游戏活动中，可遇到美术的刺激，自发地开始美术活动，并产生对美术的兴趣。教育者应注意觉察幼儿萌芽中的兴趣，并保持、引导、发展这种兴趣。幼儿年龄渐长以后，日常环境的影响便不能满足他们发展的需求，教育者要有意识地向幼儿展示新的领域，开阔其视野。对此，一些专家指出，向幼儿揭示周围环境中事物的新特点、提出新的美术活动形式、材料和方法，能唤起幼儿美术表现的愿望。中等难度的任务或有趣的线索对幼儿来说具有挑战性，可激励幼儿投入美术活动。教育者对幼儿的鼓励可加强幼儿对成功的预感，感知自己的潜在创造力，将活动的积极性保持下去。幼儿间的互相激励、竞赛、观摩作品，合作完成任务等会更增添幼儿美术活动的积极性。以肯定为主的恰当评价等，能帮助幼儿巩固美术创造的信心，提示进一步努力的方向。教育者本身对美术的兴趣以及对幼儿的期望，对幼儿美术创作的积极性起着直接或间接的影响。

五、多样性原则

多样性是对个体和个性的尊重，它既是一个艺术标准，又是幼儿发展上的需求。

同一年龄的幼儿，由于他们的遗传素质、家庭生活条件和所受的教育不同，各自的兴趣、爱好、知识、经验，尤其是美术能力都是不一样的，在美术教育中须尊重、包容他们的个体差异。差异包括以下几个方面。

第一，一般来说，幼儿的造型能力有强有弱，差异跨度很大。就一个幼儿来讲，美术能力的发展也不是匀速的，而是时快时慢，有飞跃，有反复。因此，同样的发展顺序，在某个时间段上，各个幼儿的特点会有不同。

第二，有些幼儿在美术方面有特殊的才能，相反也有一些幼儿这方面的兴趣和能力偏弱。对幼儿的美术才能要加以鉴别，创造条件，给予不同的指导，使他们得以发挥。

第三，美术风格上的差异，虽不能说幼儿已形成完整稳定的风格，但他们每人也都有自己的特点和所长。例如，有的幼儿喜欢画单色画，而且画得很好，而有的幼儿则喜欢把画面描绘得五彩缤纷；有的幼儿擅长组织丰富的大场面，而有的幼儿却沉醉于刻画单一的形象。

由于以上原因，在教育中要考虑到每名幼儿的实际情况，因每个幼儿的不同特点区别对待，因材施教，使每个幼儿的潜能充分发挥，最大限度地发展自己。为此要对以下四种因素灵活处理：一是表现的内容；二是表现的方法材料；三是达到的效果或程度；四是达到同样效果时间期限。从而为每个幼儿设计不同的教育方案。

除了发展程度不同带来的多样性以外，幼儿美术中的多样性更体现在表现的方式和风格上。表现方式和风格的多样性与表现媒介，即工具材料的特性密切相关。因此，应向幼儿展示多种多样的表现媒介，让幼儿自己选择。由于幼儿的选择出自于他们的美术能力和兴趣，往往是最符合他们发展需求的。材料的多样性体现在材料的形状、大小、质地、色彩、可塑性等方面，教育者应引导幼儿将其作为艺术美的要素来思考。工具的多样性体现在它的品种和规格上，如画笔，幼儿使用的画笔应有大小不同规格。如果只有大笔，当幼儿知觉分辨力提高，希望表现细节时，就难以做到；而细小的笔在大面积涂色时费时费力，会阻碍幼儿美术想象的发挥。因此，要向幼儿提供多种规格和品种的工具。除此之外，还应特别注重开发工具的功能，创造性地运用工具。

一般来说，由于发展上的局限，幼儿美术创作的手法和风格是有限的，相比之下，幼儿能够欣赏的美术作品的手法和风格的范围要宽阔许多。因此，为幼儿选择的欣赏对象在手法风格方面应尽量多样化，以欣赏开阔幼儿的眼界，带动创作手法和风格的多样化。

第三节　幼儿园各年龄班美术指导要点

指导要点是从幼儿美术发展特点与规律出发，概括出各年龄班幼儿美术能力发展的主线，为教师指导幼儿美术活动提供基本依据与线索。

一、小班(3～4 岁)

(一)特点

小班幼儿的年龄在 3～4 岁。他们开始由以动作为中心的涂鸦向再现物体形象转化，因此，这是一个具有质的变化的时期。

三岁左右，幼儿基本处于涂鸦期，喜欢用笔随意涂画。三岁半左右，幼儿开始陆续进入象征期，尝试利用涂鸦时掌握的形状进行表现，但是，表现的动机和信心都十分脆弱，易发生动摇。四岁左右，幼儿开始进入形象期，对表现自己的经验、情感和想象有明确的目的。总起来说，在一个小班中，幼儿迅速地成长变化着，但在同一个群体中同时存在着处于不同表现阶段的幼儿。

(二)指导要点

在这一个阶段，幼儿经历着巨大的变化。教师要观察幼儿的变化，对处于不同阶段的幼儿不同对待，在不同的时段采取不同的美术活动内容和形式。对于处于涂鸦期的幼儿，教师应允许他们涂鸦，并予以鼓励，为之提供充分的涂鸦条件。同时，教师对幼儿即将出现的新阶段持有预感，留意发现幼儿有意识地表现的萌芽，注意保护和鼓励他们的信心，为转化创造条件，做好准备,于适当时机导入新的阶段。在小班阶段,教师要尽可能地让幼儿接触各种工具材料,特别是幼儿时期必用的工具材料,让幼儿在玩玩做做之中掌握工具材料的用途用法,了解它们所能产生的线条、形状等结果。

二、中班(4～5 岁)

(一)特点

中班幼儿的年龄在 4～5 岁。他们开始进入形象期,能够稳定地、有明确意图地进行表现。在经过小班阶段转化的质变以后,中班是一个以量变为主的时期。幼儿能用他们掌握的简单形状表现越来越多的事物,并将其表现得越来越丰富深入,由此带来美术形象的发展。因此可以说,中班是一个形象发展的时期。

(二)指导要点

对中班幼儿,教师要特别注意让他们接触和表现各种不同的事物,多积累形象。同时,不只是表现物体的大轮廓,还须一步步区分出物体的各组成部分和细节并加以表现。欣赏中亦应注意欣赏形象的广度与区别性。

三、大班(5～6 岁)

(一)特点

大班幼儿的年龄在 5～6 岁。大班幼儿对事物认识渐进深入,逐渐认识到事物间曲折复杂一些的关系。由此,产生了一个飞跃,大班幼儿在表现事物情节上大大进步,能够表现除了空间关系以外的更复杂一些的事件关系。对于情节的关注与表现成为大班欣赏与创作的特点。

(二)指导要点

在对大班的指导中,教师应注意向幼儿揭示事物的差异和由此而来的简单矛盾,以及这些矛盾引起的事物的变化,指导幼儿将其表现出来,形成有情节的作品。欣赏中应注重事件与情节，了解与接触有关再现事件与情节的特殊美术表现形式，如群塑、连环画等。

第四节　幼儿园各年龄班美术教育的内容与要求

幼儿的美术欣赏与创作是一个发现、探索与创造的过程。在这一过程中，教师的作用主要是激发幼儿兴趣、为幼儿提供物质与技术支持，引导幼儿实现自己心愿。"内容与要求"是实现上述欣赏与创作过程的支点①。当幼儿在教师的指导下具备了"内容与要求"所述之经验与能力后，无论是欣赏还是创作，都会跃上一个新的平台，开启更高一级的自我建构过程。

为了与幼儿园美术教育实施相接近和利于概括性表述，在此，将幼儿园美术教育的内容分为欣赏、绘画与制作三大类。各项内容相应的实施要求，其实质体现着幼儿的情感、认知与能力三个方面的发展。

一、小班

1. 欣赏

（1）关注独立的物体与形象，从背景中分离出欣赏对象，将注意力集中于对象。

（2）识别指认对象，知道对象的名称。

（3）以语言、动作表达欣赏中的心情。

2. 绘画

（1）参加绘画活动，体会绘画的乐趣，培养绘画的兴趣，大胆作画。

（2）认识油画棒、蜡笔、水彩笔、水粉笔和画纸，掌握基本使用方法，

---

① 在许多教材和文件中，本节内容常作为美术教育的年龄目标。笔者经过反复思考，认为了解并掌握本节内容对于幼儿教师进行美术教育，指导幼儿的欣赏与创作是必要的。但是本节所述并非美术教育所追求的目标。美术教育的目标由幼儿主动地学习和探索而达成。本节所述内容为幼儿的努力提供了必要的支持，属于实现美术教育目标的主体条件，因此，可以将本节所述内容看作幼儿美术能力发展与教育实施中的支点。

养成正确的握笔和绘画姿势。

(3)学习画线(直线、曲线、折线)和简单形状(圆形、方形等),进而表现熟悉物体的大致轮廓。

(4)认识红、黄、蓝、橙、绿、棕、黑、白等颜色,用多种颜色作画,培养对色彩的兴趣。

(5)将形象画得大一些,均匀地分布在画面上。

3. 制作

(1)尝试操作各种制作工具材料,并从中得到乐趣。

(2)养成安全、卫生、整洁的工作习惯。

(3)学习撕、拼贴、折(对边折、对角折)等技能,进行平面材料的手工制作。

(4)体验泥的柔软可塑性,学习搓、团圆、压扁、黏合的技能,进行简单形体的塑造。

二、中班

1. 欣赏

(1)关注周围环境和美术作品中物体与形象的不同特征。

(2)觉察物体与形象形体、色彩方面的突出特点,感受其有趣之处。

(3)以语言、动作和作品描述、模仿欣赏对象的突出特点,并表达感受到的趣味。

2. 绘画

(1)在小班的基础上学习更多的绘画方法(蜡笔水粉画、签字笔画、水墨画等),并从中获得愉快的体验。

(2)学习用不同的线条和形状表现出物体的组成部分和它们的特征。

(3)认识12种颜色并学会辨别颜色的深浅,尝试用较丰富的色彩作画。

(4)学习按上下、高低空间关系安排画面,区分出主体与背景。

3. 制作

(1)接触更多的制作工具材料,喜爱各种制作活动。

(2)用比小班复杂的点状材料(木屑、纸屑、泡沫屑)、具有现成形状的材料和自己剪出的图形粘贴简单形象。

(3)在小班的基础上学习按中心线折、双正方折、双三角折等，用纸折叠简单形象。

(4)用捏的方法塑造出形象的细节。

(5)学习用各种不同形状的自然材料和废旧物品进行综合制作。

三、大班

1. 欣赏

(1)关注所处环境和美术作品中事物的变化与联系。

(2)认识、感悟事物之间有趣、有意义的关系。

(3)由所认识与感悟的事物关系联想类似的情景，以不同的艺术形式加以表现。

2. 绘画

(1)使用更多种类的工具材料和技法表现自己的独特经验和感受，体验创造的乐趣。

(2)表现事物的动态和情节。

(3)学习对颜色深浅、冷暖做简单搭配，尝试根据表现的需要选配颜色。

(4)学习用立体的方式安排画面形象，表现物体的空间关系。

3. 制作

(1)根据需要选择和使用手工工具和材料，巧妙地制作与表现。

(2)利用材料的形状、颜色、质地等特点进行拼贴与剪贴。

(3)用更多的技法，折叠出组合的形象和群像。

(4)用抻拉、接合、辅助材料进行泥塑，塑造出形象的动态并组合成有情节的群像。

(5)综合运用工具、材料和技法进行制作，并加以装饰。

附：教育部近年颁布的幼儿教育文件中有关幼儿艺术教育的内容与解读

一、《幼儿园教育指导纲要(试行)》①

在《幼儿园教育指导纲要(试行)》(以下简称《纲要》)中，对艺术教育的目标、内容要求、指导要点做出了规定。

(一)目标

1. 能初步感受并喜爱环境、生活和艺术中的美。

2. 喜欢参加艺术活动，并能大胆地表现自己的情感和体验。

3. 能用自己喜欢的方式进行艺术表现活动。

【对目标的解读】

从内化与外化的角度理解，艺术的目标可分两大部分，即外在环境、生活和艺术美的内化与内在情感和体验的外化。外化的途径为艺术表现，其内容为幼儿的情感与体验，而非教师提供的范例样板，其形式应为幼儿所喜欢，而非无趣的枯燥模仿与练习。

总之，艺术的目标应由内化与外化双向达成，艺术活动应为幼儿所喜欢，艺术表达应是幼儿内心的真实流露。

(二)内容与要求

1. 引导幼儿接触周围环境和生活中美好的人、事、物，丰富他们的感性经验和审美情趣，激发他们表现美、创造美的情趣。

2. 在艺术活动中面向全体幼儿，要针对他们的不同特点和需要，让每个幼儿都得到美的熏陶和培养。对有艺术天赋的幼儿要注意发展他们的艺术潜能。

3. 提供自由表现的机会，鼓励幼儿用不同艺术形式大胆地表达自己的情感、理解和想象，尊重每个幼儿的想法和创造，肯定和接纳他们独特的审美感受和表现方式，分享他们创造的快乐。

4. 在支持、鼓励幼儿积极参加各种艺术活动并大胆表现的同时，帮助他们提高表现的技能和能力。

---

① 中华人民共和国教育部，2010 年 7 月颁布。

5. 指导幼儿利用身边的物品或废旧材料制作玩具、手工艺术品等来美化自己的生活或开展其他活动。

6. 为幼儿创设展示自己作品的条件，引导幼儿相互交流、相互欣赏、共同提高。

【对内容与要求的解读】

1. 内容与要求为实现目标的途径。

2. 以感性与现实生活为连接点，实现内化与外化的转换。

3. 准确把握整体和个别的关系。这里面向全体不是以一个模式要求所有幼儿，而是通过针对每个个体实施教育而实现整体发展。重视个体的多样性、个性化、独特性。

4. 处理好表现与技能、能力的关系。在艺术表现活动中提高技能和能力，而非脱离艺术表现的追求，以培养技能和能力为目标进行训练。

5. 享受艺术成果，形成正反馈。其途径为通过艺术成果美化生活、开展其他活动、展示交流分享等。

(三)指导要点

1. 艺术是实施美育的主要途径，应充分发挥艺术的情感教育功能，促进幼儿健全人格的形成。要避免仅仅重视表现技能或艺术活动的结果，而忽视幼儿在活动过程中的情感体验和态度的倾向。

2. 幼儿的创作过程和作品是他们表达自己的认识和情感的重要方式，应支持幼儿富有个性和创造性的表达，克服过分强调技能技巧和标准化要求的偏向。

3. 幼儿艺术活动的能力是在大胆表现的过程中逐渐发展起来的，教师的作用应主要在于激发幼儿感受美、表现美的情趣，丰富他们的审美经验，使之体验自由表达和创造的快乐。在此基础上，根据幼儿的发展状况和需要，对表现方式和技能技巧给予适时、适当的指导。

【对指导要点的解读】

"指导要点"集中反映了《纲要》的艺术教育理念。"指导要点"与前面提到的目标、内容要求不同，它不是对艺术教育的全面表述，而是针对幼儿艺术教育中本质的，在一定时期又容易被忽视和容易出问题的东西提出来的，是一些核心的，牵动全局的关键点。

"指导要点"重新反复强调了《纲要》前面提到的某些观点，既指出了正面的方向，也指出了要注意克服的东西。归纳如下：

一是提倡注重培养健全的人格、幼儿在艺术活动中情感体验和态度的倾向，注重认识和情感富有个性和创造性的表达，教师对幼儿创作的激励引导作用。

二是避免过分强调技能技巧和结果，仅仅重视艺术活动的结果和单一的标准化的要求。

这些是《纲要》中的关键点，是针对美术教育的问题而提，目的是避免美术教育中的弊端，从而使美术教育有益于幼儿发展。

二、《3～6 岁儿童学习与发展指南》①

在《3～6 岁儿童学习与发展指南》(以下简称《指南》)中，对艺术教育的感受与欣赏、表现与创造做出了规定。

艺术是人类感受美、表现美和创造美的重要形式，也是表达自己对周围世界的认识和情绪态度的独特方式。

每个幼儿心里都有一颗美的种子。幼儿艺术领域学习的关键在于充分创造条件和机会，在大自然和社会文化生活中萌发幼儿对美的感受和体验，丰富其想象力和创造力，引导幼儿学会用心灵去感受和发现美，用自己的方式去表现和创造美。

幼儿对事物的感受和理解不同于成人，他们表达自己认识和情感的方式也有别于成人。幼儿独特的笔触、动作和语言往往蕴含着丰富的想象和情感，成人应对幼儿的艺术表现给予充分的理解和尊重，不能用自己的审美标准去评判幼儿，更不能为追求结果的"完美"而对幼儿进行千篇一律的训练，以免扼杀其想象与创造的萌芽。

(一)感受与欣赏

目标 1　喜欢自然界与生活中美的事物

3～4 岁	4～5 岁	5～6 岁
1. 喜欢观看花草树木、日月星空等大自然中美的事物。	1. 在欣赏自然界和生活环境中美的事物时，关注其色彩、形态等特征。	1. 乐于收集美的物品或向别人介绍所发现的美的事物。
2. 容易被自然界中的鸟鸣、风声、雨声等好听的声音所吸引。	2. 喜欢倾听各种好听的声音，感知声音的高低、长短、强弱等变化。	2. 乐于模仿自然界和生活环境中有特点的声音，并产生相应的联想。

① 中华人民共和国教育部，2012 年 10 月颁布。

教育建议:

1. 和幼儿一起感受、发现和欣赏自然环境和人文景观中美的事物。如:

● 让幼儿多接触大自然,感受和欣赏美丽的景色和好听的声音。

● 经常带幼儿参观园林、名胜古迹等人文景观,讲讲有关的历史故事、传说,与幼儿一起讨论和交流对美的感受。

2. 和幼儿一起发现美的事物的特征,感受和欣赏美。如:

● 让幼儿观察常见动植物以及其他物体,引导幼儿用自己的语言、动作等描述它们美的方面,颜色、形状、形态等。

● 让幼儿倾听和分辨各种声响,引导幼儿用自己的方式来表达他对音色、强弱、快慢的感受。

● 支持幼儿收集喜欢的物品并和他一起欣赏。

目标 2　喜欢欣赏多种多样的艺术形式和作品

3～4 岁	4～5 岁	5～6 岁
1. 喜欢听音乐或观看舞蹈、戏剧等表演。 2. 乐于观看绘画、泥塑或其他艺术形式的作品。	1. 能够专心地观看自己喜欢的文艺演出或艺术品,有模仿和参与的愿望。 2. 欣赏艺术作品时产生相应的联想和情绪反应。	1. 艺术欣赏时常常用表情、动作、语言等方式表达自己的理解。 2. 愿意和别人分享交流自己喜爱的艺术作品和美感体验。

教育建议:

1. 创造条件让幼儿接触多种艺术形式和作品。如:

● 经常让幼儿接触适宜的、各种形式的音乐作品,丰富幼儿对音乐的感受和体验。

● 和幼儿一起用图画、手工制品等装饰和美化环境。

● 带幼儿观看或共同参与传统民间艺术和地方民俗文化活动,如皮影戏、剪纸和捏面人等。

● 有条件的情况下,带幼儿去剧院、美术馆、博物馆等欣赏文艺表演和艺术作品。

2. 尊重幼儿的兴趣和独特感受,理解他们欣赏时的行为。如:

● 理解和尊重幼儿在欣赏艺术作品时的手舞足蹈、即兴模仿等行为。

● 当幼儿主动介绍自己喜爱的舞蹈、戏曲、绘画或工艺品时,要耐心倾听并给予积极回应和鼓励。

(二)表现与创造

目标 1　喜欢进行艺术活动并大胆表现

3～4 岁	4～5 岁	5～6 岁
1. 经常自哼自唱或模仿有趣的动作、表情和声调。 2. 经常涂涂画画、粘粘贴贴并乐在其中。	1. 经常唱唱跳跳，愿意参加歌唱、律动、舞蹈、表演等活动。 2. 经常用绘画、捏泥、手工制作等多种方式表现自己的所见所想。	1. 积极参与艺术活动，有自己比较喜欢的活动形式。 2. 能用多种工具、材料或不同的表现手法表达自己的感受和想象。 3. 艺术活动中能与他人相互配合，也能独立表现。

教育建议：

1. 创造机会和条件，支持幼儿自发的艺术表现和创造。

●提供丰富的便于幼儿取放的材料、工具或物品，支持幼儿进行自主绘画、手工、歌唱、表演等艺术活动。

●经常和幼儿一起唱歌、表演、绘画、制作，共同分享艺术活动的乐趣。

2. 营造安全的心理氛围，让幼儿敢于并乐于表达表现。如：

●欣赏和回应幼儿的哼哼唱唱、模仿表演等自发的艺术活动，赞赏他独特的表现方式。

●在幼儿自主表达创作的过程中，不做过多干预或把自己的意愿强加给幼儿，在幼儿需要时再给予具体的帮助。

●了解并倾听幼儿艺术表现的想法或感受，领会并尊重幼儿的创作意图，不简单用"像不像""好不好"等成人标准来评价。

●展示幼儿的作品，鼓励幼儿用自己的作品或艺术品布置环境。

目标 2　具有初步的艺术表现与创造能力

3～4 岁	4～5 岁	5～6 岁
1. 能模仿学唱短小歌曲。 2. 能跟随熟悉的音乐做身体动作。 3. 能用声音、动作、姿态模拟自然界的事物和生活情景。 4. 能用简单的线条和色彩大体画出自己想画的人或事物。	1. 能用自然的、音量适中的声音基本准确地唱歌。 2. 能通过即兴哼唱、即兴表演或给熟悉的歌曲编词来表达自己的心情。 3. 能用拍手、踏脚等身体动作或可敲击的物品敲打节拍和基本节奏。 4. 能运用绘画、手工制作等表现自己观察到或想象的事物。	1. 能用基本准确的节奏和音调唱歌。 2. 能用律动或简单的舞蹈动作表现自己的情绪或自然界的情景。 3. 能自编自演故事，并为表演选择和搭配简单的服饰、道具或布景。 4. 能用自己制作的美术作品布置环境、美化生活。

教育建议：

尊重幼儿自发的表现和创造，并给予适当的指导。如：

● 鼓励幼儿在生活中细心观察、体验，为艺术活动积累经验与素材。如，观察不同树种的形态、色彩等。

● 提供丰富的材料，如图书、照片、绘画或音乐作品等，让幼儿自主选择，用自己喜欢的方式去模仿或创作，成人不做过多要求。

● 根据幼儿的生活经验，与幼儿共同确定艺术表达、表现的主题，引导幼儿围绕主题展开想象，进行艺术表现。

● 幼儿绘画时，不宜提供范画，特别不应要求幼儿完全按照范画来画。

● 肯定幼儿作品的优点，用表达自己感受的方式引导其提高。如，"你的画用了这么多红颜色，感觉就像过年一样喜庆""你扮演的大灰狼声音真像，要是表情再凶一点就更好了"等。

【对《指南》的解读】

《指南》表述直接易懂，无须做过多解读。《指南》"说明"中的以下几点概括了《指南》的指导思想，有助于领会《指南》精神实质，便于实施。

1. 关注幼儿学习与发展的整体性。儿童的发展是一个整体，要注重领域之间、目标之间的相互渗透和整合，促进幼儿身心全面协调发展，而不应片面追求某一方面或几方面的发展。

2. 尊重幼儿发展的个体差异。幼儿的发展是一个持续、渐进的过程，同时也表现出一定的阶段性特征。每个幼儿在沿着相似进程发展的过程中，各自的发展速度和到达某一水平的时间不完全相同。要充分理解和尊重幼儿发展进程中的个别差异，支持和引导他们从原有水平向更高水平发展，按照自身的速度和方式到达《指南》所呈现的发展"阶梯"，切忌用一把"尺子"衡量所有幼儿。

3. 理解幼儿的学习方式和特点。幼儿的学习是以直接经验为基础，在游戏和日常生活中进行的。要珍视游戏和生活的独特价值，创设丰富的教育环境，合理安排一日生活，最大限度地支持和满足幼儿通过直接感知、实际操作和亲身体验获取经验的需要，严禁"拔苗助长"式的超前教育和强化训练。

4. 重视幼儿的学习品质。幼儿在活动过程中表现出的积极态度和良好行为倾向是终身学习与发展所必需的宝贵品质。要充分尊重和保护幼儿的好奇心和学习兴趣，帮助幼儿逐步养成积极主动、认真专注、不怕困难、敢于探究和尝试、乐于想象和创造等良好学习品质。忽视幼儿学习品质培养，单纯追求知识技能学习的做法是短视而有害的。

第四章 幼儿园美术教育的
组织与实施

第一节 幼儿园美术课程

幼儿园美术课程是指教师为实现美术教育目标所选择的美术教育内容与形式、组织的美术教育活动、创设的具有教育影响的美术教育环境与条件，以及美术教育进程的总和。

一、幼儿园美术课程的框架

从静态的方面看，幼儿园美术课程由四个方面组成，即集体活动、区域活动、美术环境、家园联系四个维度。这四个维度紧密联系，构成幼儿园美术课程整体。其中，集体教育活动为课程的核心与课程设计的线索，其他三个维度既是集体美术活动的延伸、补充，也为集体美术活动提供主题内容等来源。其框架如图 4-1 所示。

·一个班或一组幼儿在教师组织指导下进行美术活动。
·幼儿园美术课程实施的核心与主体。

美术区域

·供少量幼儿自由欣赏和创造的活动空间。
·教师在美术角的作用主要是创设条件，与幼儿个别互动和观察幼儿的表现。

集体美术活动

·为幼儿审美创设的外部条件。
·主要作用是扩大幼儿的眼界，使之受到潜移默化的艺术熏陶。

美术环境

家园联系

·幼儿园与家庭沟通，协调两方面的教育。
·取得家长的协助，有效利用家庭教育资源。

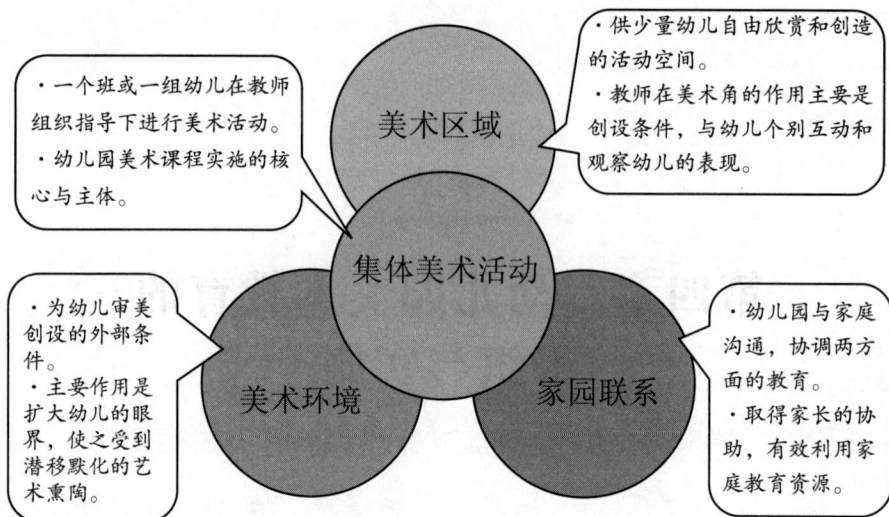

图 4-1　幼儿园美术课程的组成维度及其关系

二、幼儿园美术课程设计

　　除了静态的四个维度，幼儿园美术课程还具有动态性，是一个渐进推进的过程。幼儿园美术课程设计需兼顾其动与静两个方面，因此美术课程的设计是一个系统工程。设计的框架流程可参考图 4-2。

　　美术教育注重幼儿的感受与经验，强调教育与生活、环境的联系；同时，美术教育又以幼儿个体发展水平为前提，并受其制约。因此，幼儿园美术课程具有一定的动态特点。在实践中，幼儿园美术课程所含的具体内容与方式不是一成不变的，能动地调整与改进必不可少。这是使课程不断趋于合理的内在调节机制，也是达到教育最优化的路径。实现这种不断合理化的条件是教育者在美术活动的过程中保持对幼儿关注，观察幼儿的反应，遇到新的情况及时调整。发现原设计有不符合幼儿实际的地方，及时对设计做出修正。幼儿活动成果与过程的评价是调整计划的重要参考依据，因此，周期性的教育评价是必要的。根据评价的反馈信息分析美术活动安排的得失，进一步寻找最有效的教育方式，对于幼儿园美术课程与活动的不断完善必不可少。

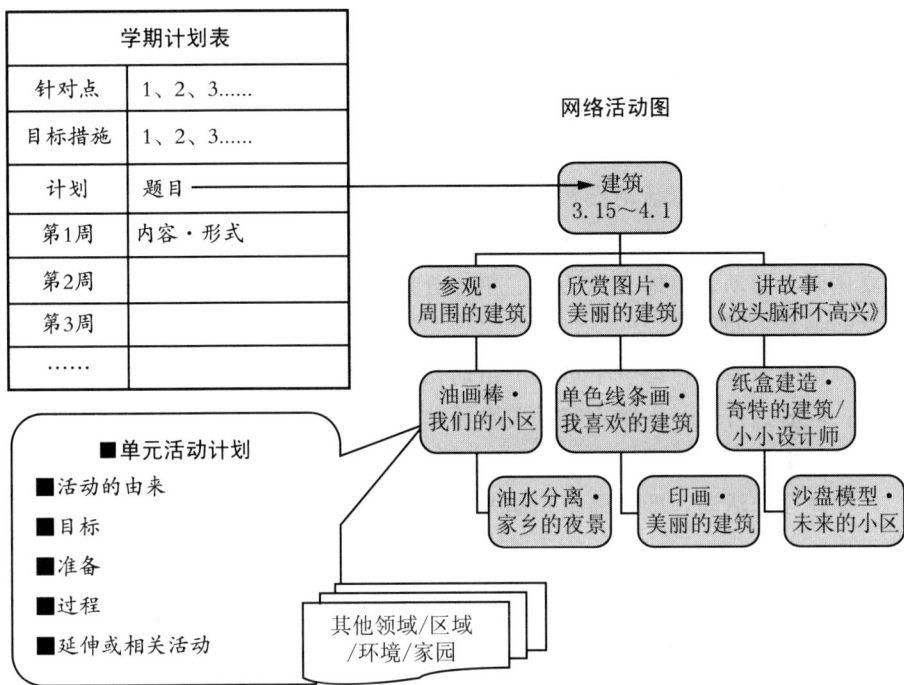

学期计划表	
针对点	1、2、3……
目标措施	1、2、3……
计划	题目
第1周	内容·形式
第2周	
第3周	
……	

网络活动图

建筑
3.15～4.1

参观·
周围的建筑

欣赏图片·
美丽的建筑

讲故事·
《没头脑和不高兴》

油画棒·
我们的小区

单色线条画·
我喜欢的建筑

纸盒建造·
奇特的建筑/
小小设计师

油水分离·
家乡的夜景

印画·
美丽的建筑

沙盘模型·
未来的小区

■单元活动计划

■活动的由来

■目标

■准备

■过程

■延伸或相关活动

其他领域/区域
/环境/家园

图 4-2 幼儿园美术课程设计的框架流程图

说明：

1. 学期计划可根据进程渐进制订。

2. 活动可以是单一独立的，也可以是综合系列式的。两类活动可以交叉安排。单一独立的活动主要针对幼儿的问题而安排。综合系列活动更具有发展与生成性，趋向于一定的期待与追求。

3. 每一个或一组活动的名称由"题目"表示。

4. 综合系列活动的网络图可以事先做出，也可以根据进程逐渐做出。网络活动中的各个活动具有纵横递进的关系。如图 4-2，以"建筑"为主题的网络活动，其横向从再现周围生活中的实物向着更具理想与想象的方向推进；其纵向由身边物体向着更广阔的景物扩展。

5. 可能的话，给网络图中的各活动做出大致时间表。

6. 每个活动应事先做出简要计划，即"单元活动计划"。

7. 单元活动计划中应包括延伸或相关活动，相关活动包括其他领域、区域、环境创设、家园共育。

第二节　幼儿园美术教育活动

　　幼儿园美术教育活动指教师有目的、有计划地组织幼儿进行的集体美术活动，是幼儿园美术教育实施的核心与主体部分。美术教育活动的组织形式有集体同步活动、集体合作活动、集体分别活动，不同形式的活动中教育要素之间关系不同。

　　集体同步活动，即一个班或一组幼儿在教师的带领下用同样的美术工具材料，同时进行同一主题内容的美术活动，也就是说幼儿们同时做着同样的事情。

　　集体合作活动，即教师组织幼儿群体为完成一个共同的美术主题做不同的工作。

　　集体分别活动，教师协助每个幼儿选择各自的主题内容，幼儿们同时做不同的工作。

　　不同的活动形式适用的范围和教育作用不同。采用什么样的组织形式，要根据主题内容、表现的方式方法和幼儿的发展水平来定。

一、美术活动的实施步骤

　　美术教育活动中的每个活动，无论是什么主题内容、表现方式、组织形式。它基本上都包含这样几个环节：教师在活动前的准备、幼儿的美术活动过程、活动后的作品展示与保存。

(一)活动前的准备

　　活动前的准备充分与否，是活动成功与否的先决条件。活动前准备包括幼儿的经验储备、教师对相关技能的熟悉，活动所用材料的配备，以及对幼儿座位的安排等。

1. 提前为幼儿储备经验

　　每一项美术活动，都应在幼儿有一定经验的基础上进行。必要时，教师应使幼儿获得或给幼儿补充相关的经验。

2. 预先熟悉相关技能

对活动中可能涉及的技能，教师要事先练习，体会其中的重点和难点，以便有针对性地进行演示、讲解。

3. 配备充足的活动用材

教师上课用的材料和幼儿创作与练习用的材料要事先准备好，并注意适当多准备一些，以备临时增加或损坏时用。

4. 安排好幼儿的座位

由于美术活动的特殊性，有时需要调整幼儿的座位。座位的安排首先应根据活动类型的需要，另外要考虑幼儿观看教师演示和光线照射角度的便利。除此之外，还要注意把能力特点不同的幼儿搭配在一起，互助合作，取长补短。

(二)活动的过程

一次单独的美术活动，其过程大致分为开始部分、基本部分(中间部分)和结束部分三个部分。

1. 开始部分

一般来说，开始部分由教师主导，引导幼儿一步步进入创作。这一阶段教师应做如下事项。

(1)将注意力集中于即将开始的活动。

活动开始时，教师需要组织幼儿迅速、安静地坐到座位上去，集中注意力于将要开始的活动。此环节可以采取听音乐的方法。教师弹琴，幼儿听着音乐，渐渐地将注意力集中到音乐上。曲子终了，幼儿安静地坐好。或者，教师也可以游戏的口吻向幼儿说："现在，我们小朋友像小花猫那样，轻轻地走到自己的座位上去坐好。老师听着谁走得又快又轻。"这样，一般幼儿都能快活地又轻又快地走到座位上，端端正正地坐好。教师不要催促、训斥幼儿，要正面引导，否则，容易破坏幼儿的情绪，影响接下来的活动气氛。

(2)激发兴趣，提出任务。

教师以语言或其他方式引起幼儿对活动的兴趣，同时提出活动任务和注意事项。由于即将开始的活动方式各有不同，有些特殊的活动还需要教师对幼儿进行分组。这一步要做得明确、干脆，时间不要过长。

(3)导入创作。

此时教师根据活动内容和幼儿的水平采取相应的方法引导幼儿进入创作，如观察感受、回忆经验、联想想象等。采取什么样的方法没有固定的模式，需要教师灵活处理。此一环节的主要作用是激活幼儿的思维，调动起幼儿的情感，进入创作的过程。

2. 基本部分

基本部分也就是中间部分，是整个活动的主体部分。此时，幼儿进入美术创作过程，教师的干预降到最低程度。这一阶段的环境气氛很重要，教师应营造一种积极又宽松的氛围，让幼儿在有鼓励、没压力的环境下构思与创作。

3. 结束部分

活动什么时候结束应根据活动内容的需要和幼儿的进展来定。一般来说，结束工作包括这样几个环节：

(1)查看活动进展。

当幼儿创作进行到一定程度，教师应开始查看幼儿的进展程度，以便适时结束活动。特别是小班，幼儿活动的有意性不强，不太意识作品的完成程度，在已经达到良好效果以后，还会随兴画下去，直到把画纸画满，弄成一团糟，幼儿才会快快离去。所以教师要留意他们的活动进程，在幼儿画到一定程度时，告诉他画得差不多了，可以把作品交给老师了。这样做也可以起到渐渐增强幼儿对画面效果意识程度的作用。

(2)收作品。

当大部分幼儿即将完成创作时，教师提前提出下一步的要求，如要求幼儿有秩序地将作品交给老师，然后把自己使用过的工具收拾好放到指定的地方，等等。

(3)赏析与分享。

分享环节为幼儿们在教师的组织下交流创作的成果与感受。教师可与幼儿一道谈对作品的看法。在此，教师要处理好与幼儿的关系，既要让幼儿充分发表自己的看法，又要把握住方向，围绕创作和作品交谈。不可教师一言堂或是由幼儿不着边际地说说了事。在赏析时，可由幼儿作者自己先谈作品的内容和表现形式，也就是画了什么，怎么画的。其他幼儿再谈作品的审美感受以及由作品产生的联想和想象，对作品的理解和评价等。

（三）活动后的作品展示和保存

幼儿的作品完成以后可以布置在专栏中供幼儿和家长观看。这对幼儿是一种鼓励，也是互相学习的好机会。展示过的作品应当好好保存，可分类或分人保存。学期末，由幼儿将作品带回家中或选其中一些作为资料留存在幼儿园。

二、活动方案的设计

活动方案指各单元活动计划，它直接关系到美术教育任务的落实。活动方案的设计因人而异，因活动而异。有经验的教师对活动的步骤环节掌握熟练，语言运用自如，可以集中精力考虑活动的主要目的、大的环节和一些关键点。缺乏经验的教师须对整个活动做周密的思考。另外，活动内容来源不同，需要考虑的项目亦有不同，如教师发起的命题创作，一般教师要考虑活动的名称、目的要求、活动的方法步骤、材料准备等。幼儿自由创作则不同，教师主要需考虑如何营造自由创作的气氛。教师对活动方案的设计主要包括：活动内容的选择、活动目标的制订、活动的准备、活动过程的设计、活动结束时的赏析分享要点。

（一）活动内容的选择

活动内容的选择为活动方案设计的开端。教师在选择活动内容时，应注意活动内容既要适应幼儿的年龄特点与经验、能力水平，又要具有一定的前瞻性教育价值。教师对活动内容的选择是一个反复思考权衡的过程。选择好活动内容，才能设计出良好的活动方案。

1. 什么是活动内容

在回答这一问题时，首先要对创作内容与活动内容作一区分。创作内容指作品再现或表现的物象、情节及意义等。活动内容不仅包括上述创作内容，还包括创作的方式，如绘画、拓印、泥塑等，即一般所说的美术形式。创作的内容与创作方式相结合，构成幼儿美术活动的内容。图 4-2 中每一个单元活动的名称都是由这两方面组成。只有两方面结合起来才能构成一项美术活动内容。

2. 活动内容的来源与初选

幼儿园美术活动内容的来源与初选的范围比较广泛，可归纳为以下四个方面。

(1)幼儿的日常生活经验。

幼儿的日常生活经验是创作内容的重要来源。然而幼儿的日常生活经验常是偶发的，不均匀的。因此，教师就面临对幼儿生活经验筛选和补充的问题。根据什么去筛选和补充幼儿的经验，最有效的方法，就是观察幼儿的表现。幼儿的关注、兴趣、困惑、不满，即是外在的标志。当部分幼儿关注一些生活与环境中的现象并产生兴趣时，说明这些现象接近幼儿当时的心理水平，有可能被同化于幼儿已有的心理图式。而当幼儿对某些现象困惑、不满时，同样也说明这现象接近幼儿的心理水平。不同的是，幼儿已有的心理图式无法同化它们，需要调整已有的图式以适应新的情况。幼儿的这两种表现都显示出教育的契机，教师应因势利导，提供相应的教育支持。适当的做法是选择幼儿关注、感兴趣的事物作为美术创作的内容，或针对幼儿的困惑与不满开阔他们的视野，丰富他们的创作经验。例如，有些幼儿在一定的发展时期，会对自己所画人物的动作不满意，又不知如何能画得更自然一点。那么，教师可以选择描绘人物运动作为活动内容，先帮助幼儿丰富关于人物活动的经验，然后采取一系列的方法引导幼儿体会和表现人物的动作。

(2)美术领域的教育内容。

美术领域的教育内容多偏重于美术的形式，与幼儿的创作能力与技能有更多相关。从这方面选取内容时，教师主要是觉察与分析幼儿创作中力不从心的地方，找出幼儿能力与技能方面的薄弱点；然后思考以什么样的创作形式可以提高幼儿的相关能力与技能；再进一步寻找出适宜的创作内容，设计出美术活动。例如，教师发现一些幼儿绘画中形象比较单调，组织画面的情节有困难，可以考虑哪种绘画形式更有利于幼儿关注不同形象的塑造，营造较复杂的画面。线描连环画可能是比较好的选择。线描省却了色彩，简化了需要幼儿关注的美术元素，将曲折的情节分解为几个画面表现，使单幅画面相对简单，而总体情节变化更加分明。这种创作方式对幼儿刻画形象和表现情节有很好的铺垫与激励作用。选定了创作方式后，继而考虑选取与之相适宜的创作内容。

（3）幼儿园统一安排的教育内容。

在我国，许多幼儿园会有一些全园统一安排的教育活动。对于幼儿园统一安排的教育内容，教师主要做两件事：一是在时间上跟进；二是选取与这些教育内容相关的美术形式，设计出相应的美术活动。

（4）其他领域的相关内容。

对于其他领域的相关内容，教师需要做的基本与幼儿园统一安排的教育活动一致，不再赘述。

3. 活动内容的确定与表述

活动内容的确定是一个多向度反复思考的过程。有经验的教师往往凭直觉能迅速找到最佳的活动内容，但是缺乏经验的年轻教师则不然。为了使广大的教师能够更有效地选择活动内容，下面简单归纳一下选择、确定活动内容的思路。

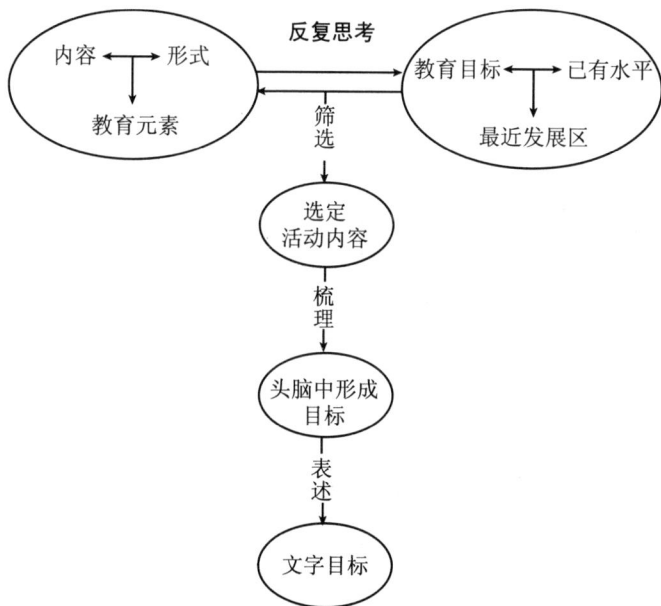

图 4-3　活动内容与目标形成图

当对创作的内容与形式做了初选之后，需要将活动内容确定下来。这时的思考主要包括两个方面：一方面找出创作内容与形式的最佳配合，探寻其中可能包含的教育元素；另一方面，面向幼儿长远的全面发展目标，评估幼儿当前的知识经验、能力、兴趣等已有发展水平，预测其可能达到的最近发展区。然后，以对幼儿的最近发展区的预期为标准，筛选出所含教育元素最具价值的创作内容与方式。最后选定美术创作的内容与方式。

在活动方案中，美术活动内容概括表述为"活动名称"。由文学题目与美术形式两部分组成，如："会飞的蝴蝶·折纸""美丽的小鸟·彩色铅笔画"。此外，活动内容的表述还细化于活动目标与过程中。

(二)活动目标的制订

活动目标的制订关系到活动方向与追求，需要教师做反复深入的思考并加以全面准确的表述。

1. 什么是活动目标

活动目标即活动的追求，是教育活动方案设计与实施的指向。教育活动方案中的各个环节、方法、要点，甚至实施中的现场发挥都要围绕活动目标展开与推进。

2. 活动目标的形成

在确定美术活动内容以后，经过对内容所包含的教育要素进一步的梳理归纳，在头脑中形成活动目标。在梳理的过程中，需要对活动内容中的教育元素进行筛选。筛选的标准依然是幼儿的最近发展区。筛掉与最近发展区关系不大的内容，选择与最近发展区最有价值的元素，组成活动目标。在这一筛选过程中，要注意所保留的目标内容应是完整、相互关联的。最终形成的活动目标应是一个连贯的整体，不应有缺失与割裂。

3. 用语言表述目标

当特定的活动目标在头脑中形成后，教师应将其用语言文字的形式加以表述。在用语言表述活动目标时应注意以下几点。

(1)总目标具体化。

活动目标应体现幼儿全面发展目标和美术教育的总体目标。但是，不能直接搬用总体目标，如："培养幼儿的想象力、创造力""培养幼儿的美感"等，而要把全面发展的总目标具体化为代表最近发展区的阶段性或当前目标。例如：在"会飞的蝴蝶·制作"中，目标之一"观察、欣赏蝴蝶的花纹、色彩的对称分布，体会色彩变化与花纹的对称美"。在此，观察与欣赏均有特定的对象与范围，不是只简单、空泛的一句"培养幼儿的观察力与美感。"

(2)具有可操作性。

在总目标具体化之后，具体目标的落实还需要通过实际活动来实现。因此，目标一定要表述得具有可操作性，简要说明在实现活动目标上要做些什么和达到什么程度。即创作的内容、技能技巧是什么，要达到什么程度等。上述"会飞的蝴蝶·制作"的另一目标"正确地使用剪刀，能够沿线剪出对称的蝴蝶，增强幼儿动手和进行简单装饰的能力。"清晰地规定了创作的内容为"蝴蝶"，所用技能为"剪"，操作的难度水平为"沿线剪"与"对称剪"。这样，"增强幼儿动手和简单装饰的能力"这一发展目标的实现就有了实际活动保证，而实际活动也具有了可依据的操作指标。

(3)规范的表述用语。

长久以来，活动目标的表述一直缺乏规范，空泛与随意性很大。为了保证书面活动方案被准确解读与执行，针对教师撰写活动方案普遍存在的薄弱点，下面提出活动目标撰写的语言句式要求。

①活动目标从活动主体幼儿的角度撰写。主语为幼儿。撰写时可以省略主语。

②活动目标通过实际行动实现，因此必须写明实现目标的动作行为。动作行为以特定的谓语动词表达，如画、捏、印等，所选动词应尽量准确。

③活动目标应包含动作行为的对象。动作行为的对象以宾语体现。注意，宾语要表述宽窄适度。如"画秋天"过于宽泛，没有显示出要再现的对象；"画出秋天树叶"偏于狭窄，难以构成画面；"画出秋天的景物"则比较适度，凡是具有秋意的景与物都可入画。

④有些活动目标需要写明幼儿活动进行的条件，如"在教师语言引导下完成"或"独立完成""合作完成""在观察事物的基础上完成"，等等，以区别活动性质与难易度的不同。活动的条件以状语或状语从句表达，注意反映活动的性质，切记套用格式。

(4)掌握表述的尺度。

撰写活动目标要特别注意尺度，即对目标所涉质与量的性质与水平的表述。对此可以通过不同的谓语、宾语、修饰语、状语的变化来实现。例如，"学习用深浅渐变的方式为小鸟涂出美丽的羽毛。"其中"学习"一词表明幼儿只是尝试运用深浅渐变的方法涂色，并不是要在这次活动中完全掌握、学会这种方法。"深浅渐变的方式"是动词"涂"的修饰语，表明这次活动中的涂色有一个不同以往的要求。"美丽的羽毛"为宾语，指出并限定了这种涂色法运用的范围和效果。如果需要的话，再加上条件句，"在教师的指导下……"，那么，就进一步表明这个活动只是一个新创作法的初步的尝试。尺度体现着目标的难易度，但是涉及目标尺度的表述不要写得过于精细，要有一定的冗余，以便能涵盖全体幼儿，给教师以灵活掌握的空间。

(三)活动准备的预估

活动准备中有三项内容需要事先做出计划，这就是幼儿的经验准备与活动用材的配备。活动用材包括教师用材与幼儿用材。

幼儿经验有可能出自偶然，更多来自教师的有意安排，例如，此前的美术活动、其他领域的教育活动以及美术的区域活动。对于幼儿已具备的经验，方案中应写明经验的来源。对于需要进一步获得的经验，应作出实施计划与安排，并写在方案中。

教师用材应注明数量和规格。有时，教师用材会有些特殊的要求，也需要在方案中加以说明。

幼儿用材的规格数量和使用人数要在方案中加以说明。

(四)活动过程的设计

活动过程设计是全部方案中最具实操性，且最需要教师发挥创造性的部分。教师应在深入分析活动内容，发掘其教育价值的基础上，创造出有效的活动步骤，将活动内容转化为幼儿的创作。在此，教师要设计好这一转化的方法与程序，并加以规范与清晰的表述。

1. 活动过程设计的项目内容

活动过程设计包括以下项目与内容。

(1)激起兴趣的开端活动。

可以为活动的开端设计一个小的活动，有时只是简短的几句话。国外的某些活动计划将此称为"开胃活动"，目的是激起幼儿对即将开始的活动的兴趣，把注意力集中到当前活动上。设计开端活动时须注意前后活动的衔接，自然地承上启下。

（2）导入创作构思的通道。

导入创作构思，即启动幼儿的头脑，进入创作思考。此处常以观察、回忆、发现、需要、问题等引出创作的主题，以发问的方式激发幼儿的思考。设计这一环节时应注意每一步的内容与先后顺序都遵循幼儿思维的规律，环环相扣，有悬念，有暗示，能使幼儿产生创作的灵感，构思水到渠成。

在小、中班的一些简单创作中，以上两个步骤可以合二为一，以一个活动达到既激起兴趣，又引发构思的目的。在此，游戏的形式或游戏的口吻是最佳方式。

（3）解决创作难点的方法。

一项创作，特别是内容与形式较新的创作会有一些程序和技术上的难点，教师应事先估计到，并设计一些方法帮助幼儿理解和解决这些困难的地方。常用的方法一般为动作演示与语言讲解，对此，要清晰说明操作要领以及语言解释的关键点。

（4）步入创作前所提的要求。

根据幼儿以往创作中的薄弱点和对新创作中可能出现的问题的预估，提出步入创作前的要求。此处所提要求一般以创作顺序、习惯为主要内容。

（5）创作中的关注点与对策。

同样，应根据以往创作中幼儿的薄弱点和对新创作中可能出现的问题，预设某些在幼儿创作中需要教师特别加以关注的地方，提出所设想的解决对策。

（6）赏析要点与分享方式的拟定。

教师在设计活动方案时，应根据选定活动内容和目标以及今后的引导方向，拟定出活动将结束时的赏析要点。下面是一位初任幼教工作的教师在自己计划中订出的赏析要点。

①形象是否易辨认——各主要形象有无不同点。

②线条是否顺畅——有无凝滞、断续的线条。

③涂色是否均匀——有无颜料堆积与杂乱的色块笔道。

④是否有自己的独特创新——与教师的提示、同伴的作品以及本人以前画的内容与方法有无不同和令人感兴趣之处。

⑤画面是否有美感——有无给人以生动、活泼、热烈、分明、鲜艳、素净、温和等感觉。

为了保证幼儿充分享受创作的成果，教师应根据创作的内容与形式设计好分享的方式，一般来说分享可以自述、谈话、作品展示、游戏等方式进行。分享环节的设计常被忽视，容易千篇一律走过场。对于这一环节，应像设计活动过程那样加以精心构思，使分享起到增进幼儿的美术兴趣、丰富美感和提高美术创作能力的作用。

2. 活动过程设计的表述与撰写要求

以文字表述活动过程设计时，从教师的角度撰写，主语为"教师"。教师自用的方案，主语可以省略。在表述幼儿的行为表现时，主语"幼儿"不能省略。如果是撰写用于交流或公开出版的方案设计，则要以完整句表达，不可省略主语。

活动过程中实操部分的撰写以直书教师的动作及相伴随的语言要点的方式呈现，即教师做什么、说什么，教师怎样做、怎样说。熟练而有经验的教师可以写得简单一些，经验不足的教师要详细写下。答案预期可以从幼儿的角度写，即幼儿将说与将做。

活动过程设计的表述要注意各环节的先后顺序合理，层次清晰，要点明确。

附：活动方案

百鸟聚会(绘画剪贴)

中国人民解放军总后勤部五一幼儿园　陈玉红

(一)活动目标

(1)观察实物与照片，发现鸟的形体特点，感受鸟的羽毛之美。

(2)描绘、剪贴鸟的形象，用简单图形和多种色彩表现出鸟的主要形体特征、细节和多彩的羽毛。

(3)学习合作完成壁画，体验集体创作的乐趣。

(二)活动准备

1. 经验准备

(1)教师或家长带领幼儿到动物园、花鸟市场、街心公园等观看鸟。观看中提示幼儿注意鸟的形体主要特征和基本组成部分及其动态。

（2）教师在前期活动和活动区中指导幼儿掌握彩色水笔和签字笔的绘画技法，以及沿轮廓线剪纸的方法。

2. 材料准备

（1）各种鸟的照片。

（2）黑色签字笔每人 1 支，12 色彩色铅笔 2～3 人 1 盒，剪刀每人 1 把，蓝色整开或其他颜色纸 1～2 张，白色 B5 图画纸每人 1～2 张，彩色手工纸每人 1～2 张。

（三）活动过程

1. 教师播放鸟的录像或照片，激发幼儿的绘画热情

教师："图像里的鸟多漂亮啊！让我们做棵大树，请小鸟们来这里聚会好吗？"

教师和幼儿一起把整开彩色纸剪或撕成长条，在墙壁上拼贴成枝干茂盛的大树。

2. 教师引导小朋友观察鸟儿的特征

（1）教师："请小朋友挑选自己喜欢的鸟儿图片，仔细观察 1 分钟"。

（2）教师："鸟的头部是什么形状？"——圆形。

"鸟的身体是什么形状？"——水滴型（根据图像）。

"鸟头上、身上的羽毛是什么形状的？"——半圆形（根据图像）。

"鸟尾巴上的羽毛是什么形状的？"——长条形（根据图像）。

"鸟的眼睛是什么样的？"——圆形的眼睛，周围有彩色的羽毛（根据图像）。

3. 幼儿绘画，教师指导

教师："小朋友可以选择白色图画纸绘画，用彩色铅笔画小鸟的轮廓，然后为画好的小鸟涂色；也可以选择彩色手工纸或白色图画纸，用黑色签字笔画线条的方法表现小鸟。"

教师："小朋友，当你画小鸟时，先把小鸟身体的大轮廓画下来，然后再画细节，再涂色，画得越仔细越好。"

教师："小朋友要注意边观察边绘画。"

4. 教师指导幼儿把画好的小鸟粘贴在墙壁的纸条大树上

教师："小朋友画的小鸟真漂亮，快快到大树上来聚会吧！怎样做

呢?"——把画好的鸟剪下来,贴到树上。

教师用相机记录幼儿画鸟、在大树上贴鸟的过程,并为幼儿与"聚会小鸟"合影。

5. 教师带领幼儿欣赏作品

教师:"小朋友,请仔细看一看,大树上有哪几种鸟?哪些鸟的样子是类似的?哪些鸟看起来与其他的鸟不一样?你为什么感到它们是不一样的?哪些地方不一样,是它们的样子,还是颜色或者姿势?"

教师:"你最喜欢哪只鸟?为什么?"

活动提示:活动后,将鸟的图片放在绘画区域,以便幼儿在区域继续"百鸟聚会"的创作。

(四)活动后的反思与记录

教师需要长时间的观察与不断地思考,才能了解幼儿或幼儿群体的美术创作与欣赏的特点、规律。同时,教师也需要不断积累教育经验,经常地反思,才能提高教育能力与教育质量。因此,教师需要在活动后进行反思,并做出记录。

1. 反思

在每次或每一阶段活动后,教师应对活动的全过程,包括内容的选择、目标的确定等全过程做出反思。反思包括过程的回放、梳理与感悟。这就需要教师尽可能回忆活动的全过程,特别是重点事件,然后,寻找现象之间的联系,最后发觉事情的前因后果、潜在因素、其他可能性,等等。

2. 记录

反思后,教师应做出记录。记录的内容包括对事实的梳理、得失分析、原因探寻和下一步的计划。很多时候,记录的过程也是反思的过程。在文字书写和对图片、作品整理的过程中,某些事件的意义会凸显出来,教师会有更多的感悟和理解。

写记录时要尽量记下活动的过程,这包括活动中幼儿的重点表现、教师的行为以及其他影响因素。另外还应记下自己的思考,即得失分析、原因探寻和今后计划的内容。

为了使记录更丰满翔实,便于交流和以后查阅,有时需要留存一些活动时的照片和幼儿的作品,与文字记录一同保存。有时活动是不断生成完善的,这就更需要事后及时的整理记录。记录也为教育交流、教研、科教提供了较直接的信息与素材。当记录用于非教师个人工作时，应写得更加清晰、规范。

附：活动案例与分析

线条装饰画（大班）

北京师范大学实验幼儿园　韩丹　黄珊

活动一：欣赏"线条装饰画"，绘画《我最喜欢的交通工具》

（一）活动由来

线条装饰画是绘画中的一种。它是以简单、明快的线条勾勒出物体的轮廓，再用变化的线条加以装饰。对于这种绘画，幼儿有没有欣赏的兴趣？能不能采用这种方法表达自己的经验和想法呢？"十一"归来，幼儿在假期生活分享中表现出对自己旅游中乘坐的"交通工具"很有兴趣，都争先恐后地说自己喜欢

图4-4　小鸡孵出来了　作者：张福芝

的交通工具是最好的！于是，我们先欣赏了作家画的线条装饰画《小鸡孵出来了》（见图4-4），然后以《我最喜欢的交通工具》为题，画了"线条装饰画"。

（二）活动记录

教师把画拿给每位小朋友看。

教师："我先请你们看一幅画。"

教师："谁来说一说，你看了以后有什么感觉？"

李秋怡："很优美！"

教师："为什么呢？"

幼儿："母鸡生小鸡，男鸡（公鸡）很高兴！"

李峥婷："公鸡的尾巴很漂亮，尾巴比母鸡的长！"

豆豆："母鸡生了小鸡。"

教师："那今天我们看到的这幅，和以往我们看到的画有什么不一样?"

夏天意："有许多花纹，漂亮极了!"

李钰："黑白的，只有它们(黑色、白色)时也很好看!"

宝宝："大公鸡尾巴上有很多很多线条，有折线，我都知道(这些)线条叫什么!"

教师："画家都用了哪些花纹?"

李秋怡："直线、弯线。"

教师："那请你来画一下。"(李秋怡走到黑板前画)

贾璇："半圆形、圆形、水滴形。"(在黑板上画出)

逗乐："像门一样的东西。"(在黑板画出)

宝宝："有长城线、锯齿线、小花线。"

教师："对，画家就是把线条和小图案连续地画出来。"(教师在黑板上画出)

教师："你们喜欢这幅画吗?"

幼儿："喜欢。"

教师："为什么喜欢?"

贾璇："因为其他地方都没有翅膀那么美!"

教师："为什么翅膀美呀?"

幼儿："因为它用花纹装饰过了。"

教师："画家都装饰了公鸡的什么地方?"

幼儿："鸡冠、翅膀、尾巴、脖子。"

教师："那为什么就把这几个部位装饰了?"

贾璇："要都是花的，就看不出是什么了!"

教师："今天，我们欣赏的这幅画是一种'线条装饰画'，它是用线条和图案装饰你画的画。它有两个特点:第一，线条装饰画一般只有两种颜色，为什么?"

幼儿："因为黑线都是花纹，在白纸上就好看了!"

教师："第二，线条装饰画一般把线条和图案都装饰在哪儿?"

李钰："有的地方画，有的地方不画。"

刘雨薇："画在重要的部位上。"

教师："对，这是线条装饰画的第二个特点，线条装饰在画的主要部位上。昨天，你们都讨论过'自己最喜欢的交通工具'是什么，现在请你们用线条和图案来装饰一种你最喜欢的交通工具。"

幼儿创作自己的画。

幼儿作品选萃：（见图4-5、图4-6）

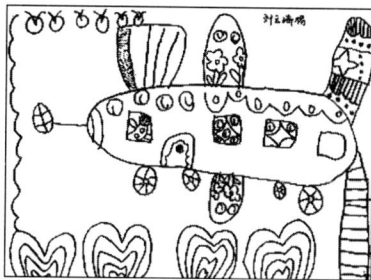

图 4-5　作者：刘云瑞格

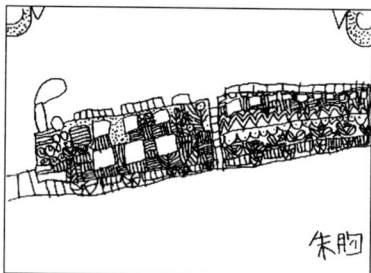

图 4-6　作者：朱昀

（三）教师自评

这是第一次上美术欣赏活动，我发现有很多幼儿愿意发表自己的意见。小朋友对画的欣赏多在图画的形象和情节上，没发现画在形式上的独特之处。在教师一层一层提问下，幼儿发现线条装饰画表现形式上的特点。

在创作中，小朋友们都选择了一种自己最喜欢的交通工具用线条装饰的方法来画。有些小朋友注意了用线条装饰交通工具的主要部分，而有些小朋友则把交通工具轮廓里全部画满线条花纹，这样，造型就看不清楚了。看来，部分幼儿虽从欣赏的画中认识到装饰要有详略，但要能真正理解并应用到自己的画中还有一段距离。

活动二：线条装饰画《我设计的秋季服装》

（一）活动的由来

在第一次线条装饰画的欣赏与创作之后，幼儿对此类型绘画十分感兴趣，经常在区域活动中画线条画。在我们班上，小朋友每月都将本月的适宜服装画在天气预报栏中。一次我惊奇地发现，十月的秋季竟然是一长排的用线条装饰的服装。我觉察到幼儿对线条装饰画兴趣很浓。于是就开展了第二次线条装饰画活动——《我设计的秋季服装》。

（二）活动记录

教师与幼儿讨论：

教师："我们现在进入了什么季节？"

幼儿："秋天。"

教师："秋天的服装和夏天的服装一样吗?"

幼儿："不一样!"

教师："有哪些不一样呢?"

夏天意："秋天的衣服厚了!"

张浩博："秋天要穿长袖的了。"

田园："我现在已经开始戴帽子了。"

李秋怡："秋天要穿毛背心了。"

教师："哦,看来秋天的天气冷了,衣服也要穿厚一点儿的了。那我们来看一看今天小朋友穿的秋天服装……贝贝,请你到前面来,我们看看贝贝今天穿的衣服,这件衣服是什么样子的?"

李秋怡："是件带帽子的衣服。"

教师："对,是件帽衫,都有哪些图案呢?"

贾璇："有像麻花一样的图案。"

教师："这个图案在哪儿?"

贾璇："在拉锁的这边。"

教师："那这件衣服上有几个这种图案呢?"

贾璇："两个。"

教师："另一个在哪?"

贾璇："拉锁的那边也有。"

教师："看来这个麻花的图案是对称的.拉锁的两边都有。除了这个像麻花的图案以外,还有什么花纹吗?"

达达："还有直线和弯线。"

教师："它们在哪?"

达达："在贝贝袖子那儿,而且两个袖子都有花纹。"

教师："看来袖子的花纹也是对称的。"

宝宝："我看到了一个图案不是对称的。只有一个。"

教师："哪个? 你能上来指指吗?"

宝宝："这个。"

右右："这是这件衣服的标志。"

王玮："对,是牌子呀,它不是花纹。"

教师："这是这件衣服的商标。贝贝这件帽衫的花纹虽然并不多,但都有一个共同点是什么？"

幼儿："花纹是对称的。"

教师："我们再来欣赏一下贾璇的裤子。"

李秋怡："她穿的是背带裤。"

教师："她的背带裤是什么样子的？"

李秋怡："背带上有图案，还有一个兜。"

刘桐："她的裤子（腿）上也有一个兜。"

教师："那另一条裤腿上有兜吗？"

教师："看来也有的服装设计的是不对称的。"

宝宝："她的裤子下面（脚）是翻着的。"

教师："对，她的裤脚是翻边的。"

林冰洁："另一个裤脚也翻边了，翻边也是对称的。"

（接下来，我们又连续欣赏了几名幼儿的服装，如圆领毛衣、尖领毛背心、裤脚有毛穗的裤子，帽子，主要欣赏其款式、条纹和图案。）

教师："我们刚才欣赏了那么多小朋友们的漂亮的秋季服装，你们还发现了那么多漂亮的花纹和图案，都是装饰在设计师想装饰的地方！今天呢，也请你们当一名服装设计师，用线条和图案来设计秋季服装。"

幼儿作品选萃：（见图4-7、图4-8）

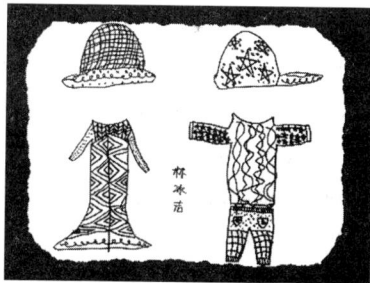

图4-7　作者：贾璇　　　　图4-8　作者：林冰洁

(三)活动分析

幼儿在天气预报栏的绘画启发了我。服装的装饰受客观真实性和实用性的约束很少。设计服装，既有利于幼儿从服装中发现条纹与图案的特点和规律，还能充分发挥幼儿的想象创造力，灵活运用各种线条和图案，设计出最美丽漂亮的服装。

欣赏同伴服装让幼儿注意到生活中有许多对我们绘画创作有价值的东西，从同伴的服装中发现丰富的款式，开阔了幼儿的思路。从作品中可以看出幼儿从欣赏中吸取了许多有益的东西。有的幼儿画的条纹很有规律，设计的完整大方，有的则大胆采用图案的不对称性，但又让人觉得看起来也很舒服、协调。有的小朋友还设计出了自己的服装系列，有自己的品牌、有自己的特点，虽然我们并没有欣赏皮带，但他在自己的品牌中设计出了自己喜欢的皮带。

从这次的作品来看，幼儿已经比较清楚地掌握了线条装饰画的特点，没有像上次一样把所有的条纹和图案平铺到作品中，连形象都看不出；而是有规律、有重点地装饰服装。

活动三：自由创意画

(一)活动由来

今天几位对"线条装饰画"有兴趣的小朋友准备在美工区再画一幅画，于是，老师把一本名为《儿童创意画》的书预先放在桌子上。

(二)活动记录

李思辰："这本书里都是线条装饰画！"(翻开书)

杨茜雯："真多！"

夏天意："怎么画什么的都有啊！"

教师："这些画都是一些像你们一样大的小朋友画的。"(小朋友们欣赏书中的作品。在看书的过程中，幼儿很有兴趣。有的说："这是恐龙耶。"有的说："这么多人呐！"有的说："他们也画飞机了！"当翻到一幅画时，有小朋友说："这是城堡"。)

教师："他们画的线条装饰画和我们画的一样吗？"

幼儿："一样。"

幼儿："不一样。"

教师："有哪些地方一样。"

杨茜雯："都是用线条装饰的画。"

林冰洁："也是黑、白两种颜色。"

王玮："他们也画飞机了！"

教师："那有哪些不一样呢？"

夏天意："他们不光画了飞机、汽车，还画了很多别的。"

达达："老师，你看，这个就不一样!"（手指"城堡画"）

教师："哪儿不一样?"

达达："用的笔不一样。"

教师："都用了什么笔?"

幼儿："粗笔和细笔。"

教师："粗笔画了哪儿?"

李思辰："粗笔画了外面的轮廓。"

教师："那细笔呢?"

李思辰："细笔装饰里面。"

达达："粗笔不是光画外面，还画了里面的窗户。"（手指"城堡里的窗户"）

教师："那用粗笔、细笔画的线条装饰画，与我们以前用一支黑笔画的线条装饰画看起来的感觉一样吗?"

幼儿："不一样。"

教师："怎么不一样?"

林冰洁："用粗笔、细笔画的线条装饰画，一下儿就能看出它的轮廓和里面有什么，可用一枝笔画的就没那么明显了!"

吴汉一："这幅画，粗笔画的轮廓，里面用细笔全部装饰的，还可看到它的主要特点。"

教师："非常好，林冰洁和吴汉一发现用粗笔与细笔画的线条装饰画是用粗笔来画每一部分的轮廓，用细笔画线条来装饰的。这样既可以用细笔在轮廓中进行全面的装饰，还可以看出画的东西各个部分的样子。那今天呢，我们也来用粗笔和细笔装饰'你最想画的一幅画'。"

幼儿作品选萃：（见图 4-9、图 4-10、图 4-11）

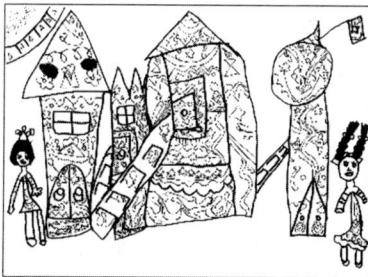

图 4-9　作者：杨茜雯　　　　　　　图 4-10　作者：贾璇

图 4-11　作者：杨珍瑜

(三)教师自评

这一次线条装饰画，主要请有兴趣的幼儿参加。装饰要点是用粗笔勾勒轮廓，用细笔画线条加以填充、装饰。

当幼儿在区域中看到《儿童创意画》这本书时，即对它产生浓厚的兴趣。我想这与他们已经有了一些"线条装饰画"的经验有关系。在欣赏作品时，他们看到了与自己同龄的小朋友的作品，既开阔了视野与思路，又看到不同于自己的装饰方法。在教师的提问引导下，幼儿发现可以用粗细不同的笔分别作勾画和装饰，这样既能突出事物的形象特征，又能把"线条"全部装饰在图形中，激发了幼儿用新方法创作的愿望。由于前一阶段的积累，这次绘画题材不定，给了幼儿更大的创作思维空间。

通过这一系列的线条装饰画活动，幼儿的线条流畅了，图案积累的也比过去丰富了，这对于幼儿在其他作品的创作中也有很大的好处。

"线条装饰画"案例分析　　　　张念芸

韩丹、黄珊老师组织幼儿画的线条装饰画，属于从美术形式入手引导幼儿创作，这组活动给了我们一些很有价值的启示。

一般来讲，从形式出发引导创作，由对作品的欣赏引出，因此，首先是选择好作品。教师在选择作品上很用心，她们选的作品非常典型，含有明确的美术要素。在接下来的欣赏指导中，教师更是充分地让幼儿感知和理解作品中美术要素的特点和组成规律。比如，教师在首次活动中，着重让幼儿了解线条装饰画中形象上面装饰了许多花纹；花纹装饰在形象的主要部分等。其后的两次活动也是这样，教师做得非常细致到位。幼儿掌握了装饰的规则，他们就有了创作的依据，这是此类活动必不可少的前提。

其次，这组活动有一个特别值得注意的地方，是在作品欣赏之后，教师没有让幼儿就作品内容作画，而是转向其他题材内容。这与我们常见的一些"欣赏＋创作"类型的活动不同。在这里，幼儿学习了艺术的语言，同时，又用所学的艺术语言表达了各自的生活经验和想法。如第一次活动时，幼儿弄懂装饰的规则之后，教师没有让幼儿循原画的题材创作，而是引导他们将思考指向了交通工具。为什么指向交通工具呢？因为前一时期，幼儿们讨论过自己在假期乘坐的交通工具，对交通工具有生动、丰富、清晰的印象。这一作法取得了好的效果和示范效应。第一次活动之后，幼儿自发地把自己掌握的装饰方法运用到了其他的形象上，于是有了后续的活动。这说明幼儿真正学会了一种艺术语言，他们能够把它迁移到更广阔的生活和事物上。

最后，"由浅入深，循序渐进"，用这句话形容这组活动是最适合不过的。把三次活动中出现的新要素排列一下，可以看出教师向幼儿展示的美术形式的渐进顺序。

第一次：简单花纹，连续排列，装饰重要部分。

第二次：对称花纹，商标图案，对称与不对称的装饰。

第三次：粗细线条，粗线画轮廓，细线画花纹。

在第一次活动中，作为起点的美术要素是初级的，这样幼儿比较容易入门。第二次和第三次活动增加了新的、较难的元素。这样，在不断有新要素、新难度出现的后续活动中，幼儿进行着有序的发现、探索和创造。

除了前面讲的这个表现形式顺序之外，还存在着另外一个渐进顺序，即创作构思的难度顺序。很明显，第一次活动中，教师指定了绘画的题材内容。但为什么不让幼儿随意画呢？我们知道，幼儿年龄小，生活和创作经验都不足。从形式引导幼儿创作，如果教师创作内容不加丝毫指导与提示，会有许多孩子想不出画什么。所以，教师提示了幼儿画他们熟悉又感兴趣的交通工具。在第二次的活动中，老师引导幼儿从他们熟悉的生活用品——衣服中发现了更多的、新的装饰形式，并把它运用到美化生活用品上。这样，幼儿了解到装饰与生活的密切关系。第三次活动，在幼儿有了渐进积累的基础上，教师从活动中开始时的中心位置淡出，她把新的画册放在桌子上，不再指定题材内容，让幼儿自己去发现，放手让幼儿大胆表现，画出"自己最想画的画"。从最后一次的作品看，幼儿绘画涉及的事物是广泛的，装饰线条与花纹是丰富美妙的。更重要的，我想，在这个系列活动中，培养了幼儿的主动发现、探索、热爱美和创造美的个性品质。

每个幼教工作者有自己的经历和角度，会从这组活动看出许许多多不同的东西。无论是正面的，还是负面的，都是思考、都是探索、都是发现，我们需要和幼儿一同成长。

第三节　幼儿园美术区域

美术区域也称为美术角或美术区，是一个供少量幼儿自由欣赏和创造的活动空间。教师在美术区域的作用主要是创设条件，幼儿可以在这里选择自己喜爱的美术作品欣赏或用自己感兴趣的工具材料画和做，表达自己的所思所想。

一、美术区的材料配备

美术区域需要配置美术欣赏的画册、图片和美术创作用的工具材料。这些东西中有些是常备的，有些需要定期或随时更换。幼儿经常使用的笔、纸和颜料等应是常备的。在定期和随时更换的部分中，有一部分内容和工具材料是从集体美术活动中转移过来的，它们可以使幼儿感兴趣的活动在区域延续下去。另外，还有些工具材料属于先投放于区域中，受到较多幼儿的欢迎时，再引入集体活动之中，使幼儿感兴趣的活动得到扩展。美术欣赏用的画册等则需要定期更换，这一部分内容的选配可以和集体美术活动相配合并适当拓宽。

二、教师在美术区的作用

幼儿在美术区的活动是他们自己选择的自由自主的活动。这对幼儿美术能力及个性的发展有着不可低估的作用。因此，教师要重视美术区域的创设，同时注意保持美术区自由、轻松、活跃的气氛，保证幼儿充分发挥个人的想象和创造。教师可以在美术区有针对性地与个别或少量幼儿做互动的美术活动。另外，由于幼儿在美术区中的活动是自由的，他们的表现更为自然真实，因此，教师应注意观察幼儿在美术区的表现，适时地给予有针对性的指导。教师在美术区发现的幼儿普遍感兴趣的美术活动可以引入集体活动，使之更充分深入地展开。

第四节 幼儿园美术环境

美术环境是幼儿园为幼儿的自由欣赏创设的外部条件，美术环境的主要作用是扩大幼儿的眼界，使之受到潜移默化的艺术熏陶，于不知不觉中受到美术的教育。

一般来说，幼儿园的美术环境分为大环境和小环境。大环境指各班活动室以外的公共空间。包括幼儿园的室外活动场地、建筑、走廊，有的幼儿园还有专业活动室等。小环境指各班专用房间，包括活动室、卫生间、睡眠室等。

一、建筑

幼儿园的建筑依经济、地区条件不同有不同设计。无论采用哪种式样，都应有一些幼儿喜欢的色彩、形状和图画，甚至雕塑。可以把墙壁、屋顶、屋檐、柱子、告示牌等涂成明快的色调，将门窗做成有意思的形状。另外，幼儿园的围墙要充分利用，有主题的画上系列的壁画，对营造幼儿园的审美气氛有很好的作用。

二、室外活动场地

幼儿园的室外活动场地的创设应以自然景物为主。首先要考虑绿化，种植四季树木花草，人造物作为点缀，可因地制宜地对地面做艺术加工，如铺上石子镶嵌的路或草坪。有条件的幼儿园可做一些缩微建筑。这些既是幼儿观察欣赏的景物，又可作较大幼儿写生的对象。

三、走廊与专业活动室

走廊与专业活动室主要是悬挂供欣赏的美术作品。至于挂些什么和怎样挂,除了考虑场地特点以外,在选择时既要考虑幼儿的审美需要,又要考虑作品的艺术性,也就是说所选的作品既要是幼儿喜欢能理解的,又要具有一定的艺术水平。

四、各班活动室

各班专用房间中活动室是环境布置的重点,在这里主要是展示陈设美术作品供幼儿欣赏。这些作品可以是艺术家创作的作品,也可以是幼儿或教师作品。怎样布置活动室没有定则,但仍需要注意以下几点问题:

(一)环境布置的空间安排

活动室的空间安排要精心考虑,应充分巧妙地利用空间,疏密结合,切忌杂乱,到处都堆得满满的。幼儿园与家庭或其他场合不同,幼儿占人群中的多数,他们的活动空间处于活动室的低处,因此活动室低处的空间非常宝贵,要尽量留给幼儿使用,摆放那些幼儿自己取用的材料。四周墙壁的底部可开辟一些地方让幼儿展示自己的作品。墙壁的中部粘贴或悬挂那些经常更换的欣赏物品,如配合创作活动的欣赏材料和幼儿的作品等。墙壁的高处安放长期欣赏的艺术品。天花板的下面可以悬挂一些双面、多面或立体好看又有趣的饰物,特别是在节日的时候,可增添喜庆的气氛。

(二)环境布置的形式

环境布置在形式上可以灵活多样,较好的活动室布置是平面式的墙壁布置、立体的展台式布置与空中悬挂相结合。布置的作品以立体造型、平面造型、实物照片、描绘装饰相结合为好。内容既要丰富,又要有主题,可以根据本班的教育需要或配合区域内容安排。

（三）环境布置的审美特点

环境布置的审美特点是一个容易被忽视的问题。长期以来，我国幼儿园中都是女性担任教师，在环境的布置上自然也非常女性化，优美文静的形象居多，较少有男孩子热衷的运动型力量型的形象。另外，一些教师喜欢选择自己童年时喜欢的传统形象，不太体察现今幼儿的审美趣味。现在幼儿普遍喜欢的智慧幽默、轻松明快的形象，很少出现在幼儿园中。活动室环境布置的风格应该有变化，既重视幼儿的普遍审美趣味，又要照顾到不同群体的喜好。

第五节　家园联系

家园联系即幼儿园与家长之间围绕着幼儿教育的沟通。

一、家园联系的必要性

幼儿园的美术教育为什么要与家庭联系呢？这是因为对于大多数幼儿来说，他们美术兴趣和能力生长的根源在家庭中。幼儿的美术教育不可能由幼儿园单独完成，幼儿园与家庭并行也不利于取得最大的教育效果，而幼儿园与家庭相配合则可达到事半功倍的功效。家园联系的工作有二：一是幼儿园与家庭沟通，以协调两方面的教育；二是取得家长的协助，有效地利用家庭中的教育资源。

二、家园的沟通与协调渠道

幼儿园可以开辟一些与家长沟通的渠道，如：

（一）家园联系专栏

教师可在班活动室门口的墙壁上设置家园联系专栏，在上面展示幼儿的作品，家长在接送幼儿的时候可以观看，了解幼儿在幼儿园都做些什么。

(二)家长开放日

开放一日活动,即家长开放日。家长可以在这一天观看幼儿的美术活动,更进一步了解幼儿园是怎样进行美术教育的。

(三)作品的发放

每隔一段时间,教师须将幼儿的作品整理出来,交给家长,以使家长更仔细地了解幼儿。

(四)每日接送环节

每日家长接送幼儿的时候都是教师与家长交流的好时机,教师可以在此时向家长了解幼儿在家中的情况:是不是喜欢美术,在家中画不画,做不做,做什么,做得怎样,等等。有时教师可以请家长把幼儿在家中画的、做的带到幼儿园给老师看,比较一下幼儿在家庭与幼儿园中的表现,看看有无不同,然后做出反思和调整,必要时教师可给家长提些建议。例如,在一次教育咨询活动中,有一位家长讲,她的孩子特别喜欢画单色线条画,而且在家里画得特别好,可是幼儿园里不画这种画。老师老说她的孩子不爱画画,画得不好,老给孩子告状。她问咨询专家该怎么办。咨询专家说,你把孩子在家画的画拿到幼儿园给老师看看,老师马上就会明白,事情就解决了。她一听,也觉得是个办法。其实有些看似难以解决的问题,一经沟通,很容易就能解决了。

三、取得家长的协助,有效地利用家庭中的教育资源

幼儿园的教育环境和资源是有限的,如若取得家长的协助,将获得一个很大的支持面。每个家庭有父母辈的家长两人,祖父母辈的家长四人,家长们各有自己的知识经验,能力专长,兴趣爱好。一个班三四十名幼儿,他们家庭中仅智力资源就有多么丰富,这是每班一两个教师不能相比的。适当地从中汲取一点点,全班幼儿都可受益。在美术教育中有哪些事情需要请家长协助作呢?

(一)帮助幼儿获得直接经验

直接经验对幼儿美术创作很重要，让幼儿多一些见闻，多一些活动，他们创作愿望会大大增加，内容也可丰富起来。幼儿园组织幼儿外出多有不便，若请家长在节假双休日有目的地的带自己的孩子参观游览或参加一些活动，家长和幼儿都会很乐意。在一对一的亲子活动过程中，幼儿那些独特的好奇心和问题可以得到很好的满足和解答。

(二)协助幼儿搜集资料

间接经验对于幼儿美术创作也是必不可少的，在围绕某项事物创作期间，请家长协助幼儿搜集一些有关的资料，汇集起来，会非常丰富。例如，一个幼儿园中班以昆虫为题材进行美术活动时，幼儿从家中带来了各种各样的图片。其中一组图片真实地记录了蚕的蜕变过程，很吸引幼儿，就是一位家长从电脑中调出并打印出来的。

(三)为幼儿园提供创作所需的废旧材料

根据材料的性状进行创作是培养幼儿美术创造力的又一方面。请幼儿把家中废弃的包装箱、盒、塑料瓶、布头、线头等捐助给幼儿园，可大大丰富创作的材料，也使幼儿懂得节约和关心集体。总之，家园联系可以使幼儿园的美术教育更有效。

在幼儿园美术教育中，以上各方面是一个相互联系的整体。

第五章　学前儿童美术欣赏与指导

欣赏的实质在于交流与共鸣。美术欣赏搭建了幼儿与外界、艺术家及同伴的交流平台，也为幼儿的美术创作提供素材与灵感。此类活动的指导注重通过感受、想象、理解和表达等活动方式，实现交流与分享，增加对未知的理解，丰富情感与审美趣味。

第一节　幼儿欣赏的特点

一、审美倾向与注意

幼儿的欣赏具有选择性和倾向性。受感知能力和内在情感的制约，幼儿会被作品的某些特点所吸引，受其感染并理解其含义；也会对作品反应冷淡，视而不见。这就是我们平常说的幼儿喜欢或不喜欢某些作品。这种选择和倾向决定着幼儿的审美注意指向什么样的事物，注意事物的何种属性，注意的集中和持续的程度。

（一）对象

通常，什么样的事物容易引起幼儿忘情地注意呢？在大千世界之中，幼儿的眼睛偏爱那些与他们生活经验、性格特点接近的东西。这是幼儿欣赏上的共同特点。这一点在不同年龄的幼儿中有不同的体现。以欣赏作品为例，年龄小的幼儿会注意活泼可爱的小动物形象。将小动物的外形和动作特征与幼儿对比，不难看出，它们与幼儿很有相似之处。大些的幼儿会选择描写儿童生活的作品，其中的人物与他们接近，对稍大的幼儿有吸引力。随着幼儿长大，他们的生活和知识经验面扩展，欣赏的范围渐渐扩大，日常生活、劳动、运动和神话、科幻作品都会引起他们注意。到达一定年龄后，男孩、女孩的欣赏倾向显出差别。女孩子偏重有生命的物体，男孩子则更热衷于机械、运动型、力量型的形象。

（二）形态

除了上述物象、内容上的选择性以外，幼儿对事物的形态或作品的表现形式的注意也具有选择性。总体来说，幼儿的注意力比较容易指向边界清晰的独立形象。特点突出、与周围事物反差大、运动的物体特别容易引起幼儿的注意，而静态、成群、成片、延绵不断的物体则难以引起他们的注意。随着幼儿年龄的增长，他们注意的广度和深度会增加，能够注意到事物间相互联系而产生的有趣性，会注意到事物更多层次与细节产生的微妙感，更会被事物的曲折变化与未知悬念深深吸引。

二、审美认知

幼儿对客观物体或作品形象，无论是审美注意还是认知，都有一个从单一孤立、分明突出，向着多重联系、曲折过渡不断发展的过程。

（一）物象和情节

两三岁的幼儿欣赏时，感知与认识的对象一般都是单个物体。例如，观看画册时，他们会说出单个物体的名字和动作，说明他们能够识别画面中独立的形象。但是，他们看不出画面中形象之间的联系，更不能区别主要形象和次要形象。他们不会把若干形象组成的画面看做一个整体。幼儿往往被好玩、有趣、色彩鲜艳的形象所吸引。有时，拿着一本书，看着看着，幼儿突然会说，"还有鱼呢。""有小鸟呢。""小蜜蜂，嗡、嗡、嗡。"成人仔细找时，才发现书的底角上有两条鱼，边上有两只鸟。这些形象构成了事件产生的独特环境背景，然而，幼儿却看不出这种联系，他们看到的只是一个个单独的形象。

四五岁的幼儿能看出少量物体或形象间的简单关系，但他们不会把事件与环境相联系，也不会将事件与事件串联成连贯的情节。如果作品反映的事物与他们的生活接近，他们能概括出简单的情节片段，用简单的并列句表达出来。例如，他在跑，他也在跑，他踢球……但往往说得不够连贯，有时会主次顺序颠倒。

六岁的幼儿大都能看出人物、事件、情景之间的特定关系，而且能连贯地描述。例如，他们能说出在什么地方，什么样的人，在做什么，甚至包括在什么时间。欣赏作品时，他们还能看出画面形象的空间联系，如什么在前，什么在后，谁远些，谁近些，等等。如果遇到上述踢球的情景，他们会说："一群男孩子在踢足球，穿红衣服的男孩和穿黄衣服的男孩在抢球。穿红衣服的男孩在前面，快要踢到球了。穿黄衣服的男孩使劲追他……"表明他们能够将人物、事件与背景看作一个空间与时间上的连贯整体。

(二)形式和形态

年龄小的幼儿偏于知觉物体的大形象，往往忽略细节。随着年龄的增长、经验的积累，幼儿除了知觉对象的整体外，还会探寻对象间的关系与细节。因此，为低龄幼儿绘制的图画书多是动作分明的大形象，采用单线平涂的画法，以鲜明的线条勾画形象轮廓，较少陪衬与细节描绘。为低幼儿童绘制的作品更是采用无背景的画法，因为没有背景的干扰，能一目了然。而年龄大些的幼儿能分辨主次形象，将主要形象从背景中区分出来。因此，为大些的幼儿绘制的图画书则会有更多的看点和层次，更细微地描绘，以此给幼儿丰富的视觉感受，使他们产生联想和共鸣。

一般来说，对那些过分变形夸张、形象古怪或故意模仿儿童手法的作品，幼儿既不喜欢，也难于理解。幼儿对中国画中的泼墨大写意的形象感知困难，辨认不出画的是什么。幼儿不能体会模糊、虚的表现手法传达的意境。这类作品对幼儿不具有吸引力。

在幼儿末期，有些幼儿能评价作品，如好看不好看，像不像，等等。但是他们讲不出为什么，讲出原因理由的鉴赏性评价要在学龄期，接受一定的审美教育后才会出现。

三、美感特点与表现

(一)幼儿的美感与良好的情绪体验相联系

幼儿的心理分化程度低，对事物的感受和情绪反应都比较泛化。他们一时的主观情绪很容易投射到客观事物上。因此，在积极情绪下幼儿易对事物产生美感，在消极情绪下易产生反感。幼儿身体健康，有安全感，个体需要得到满足时，情绪常常是积极愉快的，这时容易对周围事物产生美感。

(二)幼儿的美感较为表浅

幼儿的年龄小，知识经验不足，心理积淀少，往往因事物的外在明显特征产生美的愉悦。如幼儿喜爱鲜明、艳丽的颜色，对色调的协调不敏感。如果没有审美教育的影响和教师的指导，幼儿只会运用几种现成的纯色描绘与涂色，而不会调配颜料涂出深浅和色调变化色彩，让画面产生较细腻的美感。在欣赏中亦是如此，如幼儿常常被环境中闪亮、对比强烈的色彩或形象所吸引，表现兴奋。

他们对事物的内在美的感受，对美的不同类型的比较与选择，即鉴赏性的美感，在学前晚期开始萌芽。

(三)幼儿对美的感受具有行动性的特点

幼儿心理的内化程度低，他们不能静观对象，用内心去呼应事物。幼儿在感受事物时总喜欢看一看、摸一摸、听一听、闻一闻，通过多种感官和活动的探索得到美感。同时，他们对美的感受直接地以动作、表情、语言和活动等方式表达出来。例如，看到图画中一个美丽的娃娃，幼儿便要亲一亲她，喂一喂她。幼儿欣赏美时总有一定的动作活动相伴随，具有行动性的特点。

第二节　自然景物的欣赏

　　自然景物的欣赏即是对自然美的欣赏。自然景物是自然界中非人工创造的现象与物体的总和。作为欣赏对象的自然景物之美，是自然界本身的客观属性以及人们对这种自然属性的主观感受的统一。

一、自然景物欣赏的内容

　　幼儿对自然景物的欣赏包括动物、植物、自然风景等。

　　动、植物的种类繁多。幼儿欣赏的动、植物以他们周围环境中的为主，扩展可至公园、植物园、动物园和旅游等外出参观地的动、植物。动、植物的欣赏着眼点一般在个体，即独立的动、植物，欣赏其形体、色彩、质地、动态与变化之美。如一条游来游去的小鱼，一株摇曳的小草，一只色彩斑斓的猛虎，一棵枝叶横生的大树……

　　自然风景指人们所能见到的大地与天空中的万物及其运动变化的整体外貌。同样，幼儿对自然风景的欣赏也主要以其生活与活动所及范围为主，间或可扩展至外出旅游地。自然风景欣赏的着眼点在于物体的多样与整体，即若干或成群、成片的物体之关系意味。如蓝天白云、晚霞落日、乡间小路、湖泊山影、百花蜂蝶、草场羊群……

二、自然景物欣赏的意义

　　自然美丰富多彩、千变万化，既有宏大惊险，也有细腻无声，其形态跨度之大非人工所能相比。呼啸直下的瀑布，一马平川的草原，给人以强大的震撼；绿叶的纤密纹理、雪花的晶莹剔透，让人叹为观止。

　　自然美之特征不仅在形色，还有质地、声音、气味等与之同在。俗话说，美景如画，鸟语花香，正可谓自然美之形、声、味融合一体之写照。自然美的这一综合性特点也是迄今人工所未能达到的。

　　自然美是大自然长期运动演化生成的结果，包含有无数的已知与未知的信息。大到浩瀚星空的深邃与神秘、地形地貌的恒远与奇异；小到花鸟鱼虫色泽之绚丽与魅惑、冰雪霜露之纤莹与茫茫……自然美之永恒与深远是人为永不能达到的。

由于自然美的丰富性、综合性，对自然美的欣赏可以调动幼儿的多种感官，丰富其审美趣味。同时，自然美中蕴含的永恒与神秘，更使欣赏中既包含灵动的感性，也包含深沉的理性。对自然美的欣赏是任何人文欣赏所不可替代的。

三、自然景物欣赏的途径与方法

(一)走进大自然

幼儿对自然的欣赏首先是走进大自然。教师应创设条件让幼儿更多地接触大自然。户外散步，观赏幼儿园周围的自然景物可作为经常性的审美活动。带领较大的幼儿布置花坛、种植花卉、建立自然角，更能使幼儿领会自然之美。郊游、采集是幼儿季节性亲近自然的必要方式。在特殊的季节与气候带领幼儿仰望星空、俯瞰大地，寻找春天、发现秋迹，沐清风、踏白雪，可让幼儿最大限度地领略自然界之美。

(二)以多种感官体味自然之美

由于自然之美的丰富性与综合性，对自然的欣赏必然有多种感官参与。教师应提示幼儿有意识地调动不同感官体味自然之美。例如，欣赏花木草丛时，请幼儿用鼻子轻轻吸气，说一说，闻到了什么气味，静静地听一听，听到了什么声音。

(三)用语言、动作和创作交流对自然美的感受

当幼儿感受到自然之美时，他们会产生表达的需要，情不自禁地发出声音和动作。教师应因势利导，鼓励幼儿表达内心的感受。当幼儿缺少语言表达的词汇时，教师须向他们做适当提示。例如，形容花朵不只是"好看"，还有"美丽""鲜艳"等。当幼儿手舞足蹈的时候，教师可向他们演示那些更具有表征性的动作。例如，以挺身举手表达对高耸的大树惊奇之感，以手臂的波动表示水流的动态，以旋转身体模仿风吹过的样子……另外，幼儿对自然美

的感受还可以通过美术创作来表达。

(四)分享艺术家对自然的审美体验

为了升华幼儿对自然景物的审美体验，教师可借助于艺术和文艺作品帮助幼儿领略大自然的美，分享艺术家对自然的审美体验。倾听与朗读描写自然景色的诗歌是最好的办法之一。例如，骆宾王的"鹅、鹅、鹅，曲项向天歌，白毛浮绿水，红掌拨清波"。形态鲜明、有声有色，即是最好的一例。再如，"白日依山尽，黄河入海流。欲穷千里目，更上一层楼。"是登高观景最好的助兴诗句。

第三节　社会生活的欣赏

社会生活欣赏的实质是对社会美的欣赏。社会美是人的本质力量在人自身生存发展中形成的人和自然、人和人之关系与过程中的感性显现。人的本质力量即人的自由自觉的创造才能、智慧、意志、情感等。人们能从自身的创造中觉察到人类的自由创造力量，产生关于社会美的感受。

一、社会生活欣赏的内容

《美学百科全书》词条写道："社会美为存在于人类社会生活中的美""社会生活的多层次、多侧面形成了丰富多彩的社会美。社会美首先表现在人类改造自然和社会的实践过程中，其次表现在实践活动的产品中，人的美是社会美的核心。"[1]

社会美的形态是丰富多彩的，作为幼儿欣赏对象的社会美领域主要有工作与学习、节日与庆典、游戏与运动、休闲与娱乐等。

(一)工作与学习

工作与学习是人类最基本的实践活动。工作的原始形态即是劳作、劳

---

[1]　汝信，李泽厚主编. 美学百科全书. 北京：社会科学文献出版社，1990。

动,是人类改变客观世界和自己的生存与谋生的手段。随着科技进步,人类的劳作日益智能化,劳动分工日益精细化,人类的许多谋生手段脱去了原始粗粝的外壳,逐渐演化成各种精致的工作。当劳动日益复杂和精细后,原本蕴含于劳动中改变自我的学习成分分化出来,变为独立于劳动过程之外的准备——学习。学习是个体吸收人类已有知识经验,进行自我建构过程。劳动与学习的共同特点在于主体与客体的相互作用。

幼儿对工作与学习的欣赏在于,劳动与学习中人们表现出的努力、进取、勇气、严肃、认真、专注等状态;还有工作学习场景散发的情景气氛,如图书室安静无声、医院里洁净有序、商店里人流不息、厨房中厨师紧张忙碌……

(二)节日与庆典

节日是生活中值得纪念的重要日子。各民族和地区都有自己的节日。一些节日源于传统习俗,如中国的春节、中秋节、清明节、重阳节等。一些节日源于对某人或某件事件的纪念,如中国的端午节、国庆节、儿童节等。另有国际组织提倡的运动、指定的日子,如劳动节、妇女节、母亲节。每个节日都有其来源和形成条件。传统节日的形成过程,是一个民族或国家的历史文化长期积淀凝聚的过程,它和社会的发展一样,是人类文明发展到一定阶段的产物。中国的传统节日形式多样,内容丰富,是我们中华民族悠久的历史文化的重要组成部分。随着时间推移,节日的内涵和庆祝方式也在发生着变化。

庆典是在盛大节日或群体共同值得纪念、庆祝的时刻所举行的活动。在庆典活动中会由有象征意义的仪式渲染气氛,以加强群体的共同精神信念和情感凝聚。

幼儿对节日与庆典的欣赏主要在于了解不同节日的含义和庆祝形式,感受不同节日的气氛。例如,国庆节是国家的生日,用挂国旗、升国旗等仪式庆祝。中秋节是收获和团圆的节日,大家用赏月和吃月饼来缅怀这个日子。中秋节又是一个极富人文关怀的节日,充满人情味。人们由对富足、圆满的感怀而思念此刻缺席的亲人、友人等。

(三)游戏与运动

游戏与运动是典型的社会关系与生活情景的缩影。在游戏与运动中，与幼儿美术欣赏有关的重要审美元素：人物形象(角色)、人的动态、人物关系、人物背景会集中和鲜明地展现出来；不同的元素组合还会构成各种特定的情景氛围。例如，一场体育比赛，紧张的表情、有力的动作、人和人的对抗、兴奋的观众等，传达出比赛的激烈气氛。再如，游戏"捉迷藏"中，人物欲露欲藏的表情、躲躲闪闪的动作、若即若离的玩伴、急缓起伏的节奏、相遇与相错的悬念，无不散发出紧张与欢乐的幽默气息。凡此种种，都可成为幼儿极好的审美内容。

(四)休闲与娱乐

休闲与娱乐是人们对自己的创造成果和自身力量的享受。其特点是人们从功利化的日常生活中超脱出来，进入到自由的、具有人文内涵的活动。如饮食。日常生活中的饮食是给身体补充能量，延续生命的手段。但当人们品尝美食、聚餐时，就超越了普通的饮食原本的功利性，进入到享受食物的色、香、味，分享进餐的快乐。而当行走成为旅游时，就把以身体当作工具驱使，变为对自身力量体验、获得自由行走的乐趣。休闲与娱乐的人文内涵是幼儿欣赏这类活动时不可或缺的重要内容。

二、社会生活欣赏的意义

审美的心理条件之一是从日常生活的功利性中脱离出来，与欣赏对象保持一定距离。而社会美恰恰与日常生活密不可分，结果社会生活之美常常难以被人所感受。对成人来讲，通过审美教育，从社会生活纷杂的功利性中脱离出来，把身在其中的生活作为对象来审视，有助于内心的宁静和心灵的净化。幼儿与成人有所不同，他们生活中很少功利性，但是他们于生活中常常是自我中心，人我不分，物我不分。对幼儿来说，学习让自己处于旁观者的地位，把社会生活作为对象来欣赏，有助于他们克服自我中心，增强自我和主体意识。

社会美的核心是人。每一个人既有其外在风貌，又有其内心世界。作为欣赏对象的个体的人从外到内各不相同，人的各种关系和活动场景也各有区别。因而，幼儿对以人为核心的社会美的欣赏，可增强其感知与内心的敏感性，增进对人的理解、同情与包容。

对社会生活美的欣赏除了以上对幼儿人格形成的助益以外，还有助于幼儿的社会认知和文化陶冶。

三、社会生活欣赏的途径与方法

(一)观察典型的社会生活场景

幼儿对社会生活的欣赏应从观察那些典型的社会生活场景开始。教师须有选择地为幼儿打开社会生活的大门和幼儿的双眼。对社会生活的观察从幼儿周围的日常生活开始，逐渐向外扩展。例如，教师可以带领幼儿参观幼儿园的资料室，感受那里安静严肃的气氛；参观幼儿园的厨房，看厨师如何忙碌、看厨房中弥漫蒸汽和红红的炉火；还可以组织运动会，当好小观众；逢节日时，组织幼儿开展庆祝活动或请家长带幼儿观览节日景象。

(二)假扮社会角色，开展情境游戏

假扮社会角色，开展情境游戏是幼儿以模仿来同化观察到的社会生活情境的过程。在这一过程中，幼儿不但实现着他们对社会生活的认知，同时也重温了观察欣赏过程中的情感体验。在成人的审美中，这一过程是内化的心理活动，而幼儿则要以外显的行动来实现。对幼儿来说，这一过程既有认知的必要性，也有审美的需求。因此，教师应在观赏特定的社会生活情境之后，创设条件或组织活动帮助幼儿实现对相关社会生活情境的重温。这时，假扮社会角色、开展情境游戏就是最好的方式。

(三)以作品再现社会生活场景

当幼儿被某种社会生活情境所打动，他们往往产生再现这一生活情境的冲动和表达内心感受的需求。以作品再现生活情境与假扮角色、开展游戏都出于这一同样的冲动。不同的是以作品再现生活情境具有更多的创造成分，幼儿通过创造艺术符号实现对社会情境的再现。为了满足幼儿表达愿望，教

师需觉察幼儿表达的需求，帮助幼儿将审美意象明朗化，寻找到适宜的艺术语言，将内在感受外化为美术作品，实现表达与分享。

(四)借助艺术作品深化对社会生活的感受

为了深化幼儿对社会生活的审美体验，教师可借助美术和文学作品提高幼儿对社会美的敏感性和对社会现象的认知水平。例如，米勒的《喂食》，通过母亲一勺一勺轮流给三个坐在门槛上的孩子喂饭的情境展现了温馨的母爱和亲情。这样的作品会启发幼儿对日常生活中亲历的同样情境的情感呼应。再如，童话《龟兔赛跑》，可以让幼儿更好地体会比赛的紧张、焦急和胜负未知的悬念。很多时候，艺术作品会为幼儿打开眺望社会生活美的窗口。

第四节　美术作品的欣赏

美术作品的欣赏是艺术美欣赏内容之一。美术作品是艺术家精神创作的成果，是人类文化的结晶。

一、作品欣赏的内容与种类

幼儿美术作品欣赏的内容广泛，大致可以分为以下三类。

(一)一般性的美术作品

一般性的美术作品为成人作者创作的美术作品，包括古今中外各类题材的美术名作，各种绘画、雕塑、建筑和工艺美术品。这些作品具有较高的艺术性，对培养幼儿的审美能力最有帮助。

(二)以儿童为对象而创作的作品

以儿童为对象而创作的作品是根据儿童的理解和欣赏特点而创作。这类作品多以图画书的形式出现，最为幼儿喜爱和接受。

(三)儿童的作品

儿童作品是儿童作者创作的作品。这些作品与幼儿的思想感情联系紧密，幼儿最感亲切。幼儿欣赏的儿童作品包括国内外儿童的优秀作品和本园、本班幼儿较好的作品。欣赏儿童作品对提高幼儿的美术兴趣和创作水平很有帮助。

二、作品欣赏的意义

(一)美术作品记载着历史

美术作品是人类情感和智慧的结晶，它勾画出人类历史的轮廓。就今日所知，人类的描绘活动可以追溯到数千年前的古石壁画。那时，人类的祖先曾在洞穴和陶器上作画，记录下他们生活中的重大事件，这比文字记载的历史要早得多。人类的描绘活动源远流长，世世代代从未间断过。时至今日，人类创造了无数的美术作品，它们是人们对世界的感觉和想法的一面镜子。出于世界各地艺术家之手的美术作品，讲述了许多有关信仰、生活、风俗、历史事件、地理风貌和著名人物的故事。艺术作品记录着人类文明的脚步，是人类文化宝库中的璀璨明珠。

(二)美术作品经艺术家精心锤炼而成

艺术作品是艺术家用他们心灵与生命捕捉和铸炼而成。唐代著名画家张璪曾说："外师造化，中得心源"，此语精要地表述了那一艺术繁荣时期画家们的创作途径。清初著名画家原济有一句名言："搜尽奇峰打草稿"，认为只有这样才能"深入物理，曲尽其态"，达到写景与抒情的物我交融的境界。他画的山水情态万千，即使普通景物，经他的画笔，也如佳境。许多画家为了得到一个准确表现物态的简约图形倾注大量心血，甚至孜孜不倦地追求一生。如郑板桥曾说："四十年来画竹枝，日间挥洒夜间思。冗繁削尽赛清瘦，画到生时是熟时。"再如，大家都知道的世界著名画家毕加索，在画公牛时，几易其稿，最后得到一个加一笔多，减一笔少的精炼的公牛形象。这一图像既再现了公牛的形，又传递了公牛的神，可谓独一无二的毕加索手笔。

(三)美术作品完善人们的视觉和心灵

美术作品展现了人们不太留意的世界的另一面,它开辟了另一个看世界的窗口。近二三十年来,西方印象派绘画渐渐为我国人民所理解和喜爱。细细想来,那些作品上闪耀着的光点和色斑,不就存在于大自然之中吗?为什么人们平时不曾发现呢?是我们的视觉有缺陷吗?不是的,是我们的眼睛已经习惯于功利的观看,习惯于简单地捕捉实用的信息。而画家以他们的敏锐视觉和冥思苦想,挣脱了功利的眼光,揭示出大自然无比灿烂的另一面。欣赏过梵·高的《向日葵》的人,常会为这种生长在乡间田野中的普通植物欢欣鼓舞。美术作品揭示人们视而不见的美,完善人们的眼睛。

美术作品净化、升华人们的心灵。伏尔加河上的纤夫一代代,日复一日,年复一年那样艰难地生活着,好像是一件像日出日落一样自然的事情。有谁留意过这里沉重的苦难呢?但当他们的生活被俄国画家列宾搬上画布时,世人的冷漠便被打破了,良心自然提出一个问题:"这样的生活合理吗?"美术作品是艺术家对人们良心的提示。提示给人们那些他们平日对之淡漠、视而不见、纠缠其中、说不清、意识不到的东西。面对美术作品,人们会不由自主地审视自己的内心和生活。

总之,在对美术作品的欣赏过程中,幼儿可感受和理解美术作品蕴含的艺术家个体与人类的经验、情感和观念,了解美术知识,学习美术的语言和词汇。欣赏优秀的美术作品对个体审美趣味的培养和审美心理结构的构建起着至关重要的作用。

三、作品欣赏的指导方法

固然,面对一幅好的美术作品,无须解释,幼儿便能产生直接的感受。但是,要他们对作品的精湛艺术形式和丰富的内涵有所理解,产生丰富的联想,并用艺术的语言和词汇准确地表达出来,甚至进一步地发展审美能力,就需要成人在幼儿欣赏美术作品的,根据其年龄特点给予指导。下面介绍几种指导方法。

(一)谈话欣赏法

谈话欣赏法是老师以语言为中介启发幼儿,与之交流对作品的感受和看法的方法。谈话欣赏是一个互动的过程。此方法分为三种水平,初级为讲解,中等为问答,最后是表达。选取哪一种方法须根据幼儿的年龄和欣赏水平而定。开始主要是教师讲解,加一些少量的提问。这样的方法适用于幼儿园的小班幼儿。以后过渡到问答,教师以提问来引导幼儿欣赏,这适合于中大班的幼儿。大班后期,教师可以根据作品内容,先做一些欣赏提示,然后让幼儿自己欣赏,最后用语言或其他表达方式表达自己的感受。

有些教师在进行谈话欣赏时不知如何下手,下面提供一些示例供参考。

1. 指导幼儿欣赏一幅作品的方法

(1)叙述作品内容。

欣赏一幅作品从观看开始,先引导幼儿观看和分析画中的主要事物,看看画中有哪些主要人物或动物,他(它)们在做什么、说什么,然后分析他们的具体特征,他们之间的关系,他们和环境的关系。下面是针对《汝拉山区的牧羊女》(见图 5-1)这幅作品设计的问题,在欣赏其他作品时,可以参照来做。

图 5-1　汝拉山区的牧羊女(莱昂·布荣)

"这幅画画了一个放羊的小姑娘,小羊很淘气,你能看出小羊要干什么吗?"

"小姑娘是怎么做的,你是怎么看出来的?"

"小姑娘为什么要使劲拽着小羊,不让它往前走呢?小羊为什么偏偏又要往前走呢?"

"近处的地上长着青草和野菜,是不是还有蔬菜和庄稼,长在什么地方,怎么看出来的?"

"远处的山顶很平,谁能看出山顶上有几棵树?"

"山脚下有农舍,它可能是谁的家?"

"画中除了小姑娘还有别的人吗?她在做什么?她可能是小姑娘的亲

人吗?"

(2)分析作品的形式和风格。

分析作品的形式风格主要是分析作品的线条、图形、构图、明暗关系、色彩和效果。对不同作品可以设计不同的讨论问题。如果一幅作品的色彩是最主要的因素,就应把重点放在色彩上。如果线条是重要的因素,重点就应放在线条上。

①构图。

从形式上分析作品应先从构图开始。这样使幼儿对作品有一整体感。针对《吸水》(见图 5-2)这幅版画,可以提这样一些问题:

"这幅作品最独特和最有趣的地方是什么?"

"你觉得这幅画是一幅美丽的图案?还是在向我们叙述一个故事?"

"这幅画的主体部分是什么?"

"画家是怎样构图的?采用的是放射式、螺旋式、三角式、水平式、垂直式、封闭式,还是外展式的?"

图 5-2　吸水(蒙希平)

"我们沿着画中的主线(主体)观看,让它带着我们走。现在从中间开始,让我们围绕着这个中心观看。那是一只缩成一团正在打瞌睡的鸡,它的两侧有两只鸡抬头往上看。看什么呢?噢!屋顶上的雪融化了。水开始向下滴。滴到哪里去了呢?往下看。画家很会用他的画指引我们的眼睛。谁看到了地上融化的雪水和水中的倒影?哪些图形代表鸡舍,哪些图形代表篱笆?"

②线条。

根据幼儿的年龄和水平可以专门讨论线条。下面的提问供选择:

"画中的线条是纤细的,还是粗壮的?是平滑的,还是毛糙的?是流畅的,还是断断续续的?是圆润的,还是直挺挺的?这些线条给人什么样的感觉?"

"这些线条看起来是不是很相像?"

"看看这些线条的长短、方向、颜色是不是有不同的地方?"

③图形。

在讨论图形时，可以做以下问题：

"画中的物体是不是稳当地立在画面上？"

"画中的物体是柔弱的、粗糙的、还是强壮的？"

"有没有平缓的图形？"

"看看这些图形的大小、方向、颜色上有什么区别？"

"有没有被有意变形的图形？经过变形的图形给人什么样的感觉？"

"整幅画中有没有重复的图形？"

"画中是不是有些图形看起来离其他图形特别远？"

"画中是不是有些图形紧紧地挤在一起？"

"画中远处的东西看起来和近处的东西一样清楚吗？"

④色彩。

在讨论色彩的时候，可以提这样一些问题：

"这幅画的主色是什么？是因为它是最明亮的，还是因为它是使用最多的？是因为它处于中心的位置，还是因为不同的图形中都有这一色彩？这一颜色是用明显的线条与其他色块隔开的吗？"

"是否有某种颜色与周围的颜色形成鲜明对照？"

"画中的颜色是和谐地融合在一起的吗？"

"有没有重复的颜色？在哪些地方重复？画中是不是有很多重复的颜色？"

"画中的颜色是闪亮的，还是昏暗的？"

"画中的颜色表达了什么样的情绪？"

⑤明暗。

讨论明暗关系时，可以提以下问题：

"这幅画最明亮的地方是哪里？最暗的地方是哪里？明和暗之间对比是否明显？"

"光是由什么东西发出的？是灯光、火光、月光，还是阳光？"

"画中有阴影吗？影子是柔和的、浓重的、还是黑暗的？影子拉得很长，还是斑斑点点的？"（清晨或黄昏阳光斜照物体时，就会在地面投下长长的影子，而阳光透过树叶的投影就是斑斑点点的。）

"画中的光和影看起来自然吗？"

（3）对作品做出情感上的共鸣。

在欣赏美术作品时，可以仿照下列针对《角斗》（见图 5-3）这幅作品的提问，编一些问题引导幼儿回忆自己体验，进入画中的情景气氛。

"你看到过暴风雨之前的景色吗？那是什么样的？"

"画中的两只牛在做什么？你觉得可怕吗？"

"画中的人们在做什么？你觉得他们的心情是怎样的？"

"你觉得将要发生什么事情？事情会怎样解决？"

图 5-3　角斗（雅克·雷蒙·布拉斯卡萨）

"如果你在场，你会做些什么？"

"根据这幅画的内容编一个故事。"

（4）了解画家情况——他的生平、作品的风格和最擅长的题材。

以顾恺之为例，可以酌情向幼儿介绍他的情况或讲他的故事给幼儿听。

顾恺之是我国东晋时杰出的画家，是中国绘画史早期的代表人物。他是无锡人，生活的年代大约在公元 345—409 年。据说，当时的人们称顾恺之为"三绝"——才绝、画绝、痴绝。他的诗、赋、画都很出色。

顾恺之有着卓越的绘画才能。他画人物非常重视眼睛的描写。传说当时京城要修一座寺庙，庙里的住持向城里读书做官的人募捐。一般的人答应捐献的钱没有超过 10 万的，可是顾恺之一下子就答应捐献 100 万。他那时还是一个贫穷的青年，大家对他这种与众不同的举动十分吃惊。顾恺之却坦然地对住持说："只要你们给我粉刷一堵墙壁让我画画，我自有办法。"住持照着做了。顾恺之用了一个多月的时间，在墙壁上画了一个佛教信徒的像。当这幅画快要完工，只等给人物点眼珠子的时候，他吩咐住持说："第一天来看的，你可以请看我画的人捐 10 万，第二天来的可捐 5 万，到了第三天，就可以随意捐助。"到了正式接待观众的第一天，他当着大家的面为画上的人物点眼珠子。点好眼睛以后，画上的人物顿时神采焕发，光照全寺。看画的人大加赞赏，不多时就捐足了 100 万钱。

顾恺之的作品十分丰富，题材内容也非常广泛。可惜，由于年代久远，他的作品保存下来的极少。现在能看到的主要有《女史箴图》《洛神赋图》《列女仁智图》三件作品的摹本。这些摹本现在成了研究我国早期绘画的珍贵资料。

古今中外的画家有许多既有教益，又有趣的事例。把它们讲给幼儿听，可增加幼儿的知识与文化积淀，理解某些独特的美术手法，增加欣赏作品时的美感。

2. 指导幼儿欣赏不同题材内容、形式风格的作品的方法

人们往往对幼儿的审美需要认识不足，提供给幼儿的作品大多十分简单幼稚，且偏重于物象和情节的描写，觉得这样才有的可讲。结果作品欣赏变成了图片讲述。实际上，幼儿需要欣赏不同题材内容和各种形式风格的作品。以下为指导幼儿欣赏不同类型美术作品的要点。

（1）写实作品。

①启发幼儿，使他们发现其他小朋友没有发现的奇妙的东西。

②让幼儿从各种不同角度欣赏作品，如由上往下、由远及近、由近及远。

③让幼儿试着叙述作品的情节。尽可能让每个幼儿说一遍，把故事说完整。

④重新命名，并说出重新命名的理由。

⑤看作品几分钟，然后移开目光，尝试回忆并叙述所看到的作品内容。

⑥每人轮流想一句话描述作品。

⑦让小朋友设想自己是一位画家，想一想会对作品作什么补充或变动。

（2）抽象作品。

①选数张作品。让一个幼儿描述作品的内容，其他幼儿闭上眼睛听。然后大家把眼睛睁开，看一看刚才那个小朋友描述的是哪一幅作品。

②让幼儿浏览所有的作品，然后对作品分类。

③说一说画中都有什么颜色，每种颜色代表的意义。

④仔细察看画中的图形，看谁能发现图中的三角形或白色的屋顶。

⑤哪幅画是安静的？哪幅画是喧闹的？请指出来。

⑥试着指出画中只用过一次的颜色。

（3）画像。

①仔细察看画中人物的面部表情，想一想他像不像自己认识的人。你觉得这个人是父亲、母亲，或是别的什么人？给他起个名字。

②觉得这个人最近在做些什么？

③一个小朋友扮演画中的一个人物，让另一个小朋友去拜访他。

④想想看，画像与照片有什么不同？

⑤画中的人是否在故意摆姿势？你怎么知道的？你觉得他在想什么？

⑥如果在公共汽车上遇到他，你愿意坐在他旁边的位子上吗？

⑦如果这个人过生日，你会送给他什么样的生日礼物？

⑧这个人有工作吗？他靠什么生活？他看起来友好吗？

（4）雕塑。

①要重新布置一下活动室了，你觉得应把这座雕塑品摆在什么地方最合适？

②节日快到了，假如可以把一件雕像接回家，你愿意接哪一件？

③想象自己是一只小虫在雕像上爬，你会发现些什么？你觉得雕像会有什么感觉？

④如果有可能的话，你想对雕像作什么变动？

⑤模仿雕塑品，自己做一件。

（5）风景画。

①这幅画中的天气是怎样的？你是怎样看出来的？

②你愿意去画中的那个地方旅游或居住吗？

③这幅画是一年中的什么季节？一天中的什么时候？

④假如你到那里去，你想先去其中的什么地方？

（二）综合欣赏法

综合欣赏是将其他形式的艺术作品与美术作品结合起来欣赏。选一些与美术作品有关或能加强其感染力的歌曲、诗歌、故事配合美术作品一起欣赏，会使幼儿体会到相同的事物或情感在不同艺术形式中的呈现，从而展开丰富的想象。

1. 同时欣赏法

边欣赏美术作品，边听音乐、诗歌、故事。例如，观看中国画《鹅》的同时，给幼儿朗读古诗《鹅》，并讲骆宾王怎样作《鹅》这首诗的故事。

2. 终点升华法

在欣赏美术作品即将结束的时候，听一首有关的歌曲、诗歌或故事，加强和升华欣赏效果。

3. 相互联想法

由歌曲、诗歌、故事联想有关的美术作品或反过来由美术作品联想有关歌曲、诗歌和故事，使幼儿对艺术的共同规律有所感受。

可以将数张美术作品展示出来，再放一首歌曲或诗歌、故事，让幼儿从美术作品中选一张作歌曲或诗歌、故事的插图。反过来，先出示一幅美术作品，让幼儿回忆以前听过的歌曲、诗歌或故事，然后演唱、朗读或播放，作为美术作品的配乐、配词。

这种方法，要在欣赏了一定数量的各类作品之后才能使用。同时，作品须是以前分别欣赏过的，不能是曾经配合着欣赏过的。因为，运用这种方法的目的是让幼儿自己去寻找不同艺术之间的联系，而不是回忆曾建立的联系。

(三)游戏法

游戏法即是用游戏的方式进行美术作品的欣赏。运用游戏法的好处在于，能使幼儿在有趣的活动中不知不觉地熟悉美术作品，了解美术的各种形式和风格。下面介绍几种美术欣赏的游戏。

1. 找朋友

复制十二对美术作品卡片，一类为一对。可以按作者来分类，就是说，每对作品包括一位作家的两件作品，如徐悲鸿的马与鹰，齐白石的虾与蟹，等等。也可以按画种分类，如风景画、静物画、人物画、装饰画、摄影等。还可按作品的形式风格分类，如泼墨写意画、工笔重彩画、写实作品、抽象作品、印象作品、点彩作品等。游戏时，把全部卡片混在一起，背面朝上放在桌上。请一名幼儿翻开卡片。事先规定好一次可翻的张数，如可连翻四张。翻过四张之后，看看其中有没有成为一对"朋友"的同类卡片。如果有，他可以继续再翻。如果没有，他应当把翻过的卡片重新背朝上摆好。轮下一名幼儿。对年龄小的幼儿，开始做时，可以只给六对或四对卡片，随着他们对作品的熟悉，再逐渐增加卡片的数量。

2. 拼图

把复制品沿对角线剪开，成为两个三角形。方形的纸卡作衬纸，将剪开的复制品三角形的长边与纸卡的一边对齐贴好,制成一张张带有三角形图画的卡片。玩的时候,把所有卡片都背朝上放在盒子里。请一名幼儿从卡片中抽取一张,放在桌子中央。放好后,他再接着抽取第二张,把它放在第一张的旁边。如果恰好两张三角形的图片组成了一张作品,他就得分,否则没分。可以给一名幼儿几次机会,然后,轮下一名幼儿。做这个游戏的时候,要告诉幼儿拼好的图形不能随便挪动。当所有的卡片都抽完以后,游戏就结束了,幼儿可以比一比谁得分最高。

3. 抢答

准备一组卡片,请一名幼儿前去悄悄抽取一张。让他仔细看上数分钟,看好后向全班描述他看到的形象。如动物的大致形体特征,皮毛的颜色、耳朵的形状、蹄子或爪子的大小、鼻子的位置等。可以这样来说:"我有一个大大的身体,四条腿粗又粗,好像四根大柱子。我的皮很粗糙,上面有一道一道的皱纹。我的耳朵大又扁,好像两把大蒲扇。你们猜我是谁?"他说完以后,猜到的幼儿要迅速举手,请举手最快的幼儿回答他描述的是什么。然后,翻开卡片看一看是否正确。猜对的幼儿得分。这个游戏可以促使幼儿认真地观察,掌握动物最主要、最具个性特点的特征和用准确生动的语言进行介绍。抢答游戏也可用来观察描述作品以外的其他事物。

以上玩法不是一成不变的,教师可以根据实际情况创造新的游戏。另外,为使游戏常玩常新,教师要注意收集游戏用的材料,如名画的复制品、风格独特的摄影作品,还有挂历、广告、杂志上的好作品。

第六章　学前儿童美术创作技能学习与指导

第一节　绘画

幼儿的绘画基本可以分为前绘画期和绘画期。

在前绘画期，幼儿的涂涂画画没有表现的意图，属于单纯的画线活动。此时，幼儿不能画出准确的线条和形状，形成所谓"涂鸦"。但正是这种涂涂画画增强了幼儿手的力量，锻炼手的灵活准确性，建立了手、眼、脑之间的协调，让幼儿认识、储存了大量的图形。在前绘画期，幼儿主要是通过玩玩做做，获得游戏的乐趣，同时发展视觉的感受力和手的灵活性，为下一阶段的到来，为真正的绘画做好准备。

在前绘画期，幼儿会于涂涂画画中，在纷乱的线条中认识一些形状。在表象功能进一步发展的条件下，幼儿会发现涂画的痕迹和记忆中的某些事物相像，从而重复这些形状，用它们代表记忆中的某些事物。这时，幼儿便进入了绘画时期。进入绘画期之后，幼儿的绘画能力迅速发展。接近学龄期时，很多幼儿能够画出令成人惊叹的作品。在幼儿期，孩子们能够取得优异的绘画成果。但任何成就的取得都与教师精心指导和幼儿对各项创作技能的学习密不可分。下面将逐一介绍幼儿应掌握的各项绘画技能和相应的教师指导方法。

绘画在幼儿美术中占有重要位置。各类美术创作设计的一些基本要素，如造型、构图、设色等都可见之于绘画。因此，下面介绍的绘画指导方法，不仅适用于绘画，同时也适用于其他各类创作，对幼儿美术创作具有普遍适用性。

教师进行绘画活动设计时要注意根据活动的内容和目的，有选择地运用绘画指导的方法。在指导幼儿绘画时，要特别注意发掘幼儿的经验，激发幼儿对形象的联想与想象，牢记每一个活动不仅仅是技能的训练，不是以技能推动创作，而是以创作带动技能的提高；注意通过有意义的内容，引导幼儿对绘画形式与画法的理解；注意利用绘画材料的特性，启发幼儿对绘画形式的敏感性，觉察绘画形式与内容的相互关系。

一、造型的指导

造型即用美术的媒介创造出图形或形象。造型对于美术创作必不可少，是创作的基础。造型能力也是实现创作的关键能力。造型如此重要，但对幼儿来说不需要很高的造型技巧，即能进行创作，而且，在创作的过程中幼儿的造型能力会随之提高。教师可在幼儿的创作过程中对他们进行如下指导。

(一)引导幼儿观察、理解物体的形体结构

如前所述，幼儿美术创作中形象来自于视觉经验，因此，对事物的外形特征的观察是造型的必要前提。观察是有目的、有策略的感知，而幼儿在感知事物时却缺乏像成人那样的目的性和策略性，不能自觉地组织自己的视觉。幼儿在观看物体时，往往注意了整体就忽略了局部，注意了局部就忘掉了整体。有些幼儿倾向于整体知觉，观察时会过于笼统、粗略；另一些幼儿倾向于局部知觉，观察时会过于琐碎、抓不住要点。因此，需要教师对幼儿加以指导，使他们知觉到创作所需的重要信息。

不同的年龄班的幼儿，创作所需的信息不同，观察的要求也不同。对于小班幼儿，只要求他们在教师的引导下观察物体的大致轮廓外形，形成一个基本的视觉印象。对于中班幼儿，则不仅要求他们要看到物体的整体轮廓，还要求他们要看到物体的基本组成部分及其形状、大小、结构、颜色等。对于大班幼儿，则要求能比较全面、细致地观察物体的形状、大小、结构、颜

色的细微变化和区别，以及物体的动态。

为了让幼儿能获取到有用的信息，在具体的观察过程中，教师可以采用几何图形概括、特征对比、形象比喻等方法，帮助幼儿抓住事物的突出特征。如大象的鼻子长、腿粗，兔子的耳朵长、尾巴短，狐狸的嘴巴尖、尾巴像扫帚等，即是对事物特征的概括与比喻。

(二)引导幼儿再现

很多时候，幼儿感知物体之后，面对画纸，仍不知怎样下笔。其原因是幼儿头脑中虽有了事物的表象，但还没有在头脑中把表象以美术媒介的式样加以再现。针对这种情况，教师可采取一些方法加以引导。

根据一些教师的经验，在感知之后不直接进入创作，而是在感知的基础上渐进导入创作，其程序如下：

1. 抚摸物体

在观察物体时，教师带领幼儿边观察边用手轻轻抚摸它。如果是无法抚摸的物体，可以将手伸出，随着视线作想象性抚摸。

2. 模仿物体

教师带领幼儿以身体动作姿态模仿物体。如果物体是静态的，就以身体姿态表示物体的特征，如高高的杨树，可以将身体作向上伸展的动作，一扇小小的门，可以以身体收缩来表示。如果物体是动态的，可以动作进行模仿。幼儿对此十分擅长。

3. 用语言描述物体的形

例如，"大熊猫浑身胖乎乎的，看上去像一个大皮球。它的眼睛、耳朵、嘴和四肢的毛都是黑色的。尤其是它的眼睛周围一圈黑的绒毛，就像戴着一副黑眼镜。它的眼睛又圆又亮，就像两个黑色的玻璃球。它的腿又短又粗，走起路来一摇一摆。"又如，"大象有一个大大的身体，四条腿粗又粗，好像四根大柱子。大象的皮很粗糙，上面有一道一道的皱纹。大象的耳朵大又扁，好像两把大蒲扇。"

4. 用手在画纸上空书物体的样子

空书的动作不可马虎，先从大轮廓开始，待大形象有了之后，深入到细节，让形象在头脑中一点一点清晰起来，好像浮现在纸上，呼之欲出。

5. 图形拼摆

图形的拼摆有多种。一种是用纸撕出形象各个部分的纸型，然后在画纸上拼摆组合，待满意时，将纸形粘好。另一种是使用黏泥做出形象的各部分，同样在纸上拼摆组合。由于黏泥可以反复塑造，在拼摆的过程中，幼儿可以不断改变泥的形状。这样幼儿面对的失败压力小，尝试的余地大，所以黏泥拼摆也不失一个好办法。再一种是利用废纸盒、纸筒等现成的形体进行建造。由于这些材料的形是现成的，幼儿所作的只是选择。在选择时，幼儿需要发现材料与所要再现物体形状的一致性，这十分有利于幼儿对物体形状的概括，同时，由于造型过程的简化，可以使幼儿更集中注意形象的整体关系。以上三种方法，既是帮助幼儿实现再现的过渡手段，也可产生独立的作品。

6. 迁移于不同的表现媒介

经过以上步骤的引导，幼儿对于物体的形体结构与造型的关系已充分把握，稍加指点就可以运用各种不同美术媒介加以表现。

以上方法可以根据幼儿造型能力的弱点和造型需要，有针对性地选择组合运用。不需要在一项创作中使用所有的方法。

(三)通过系列活动掌握物体的造型

系列活动可以帮助幼儿从一件事物丰富的样式中掌握它的一般造型特点。例如，几何形是建筑物和交通工具的造型特点，可以让幼儿通过"建筑艺术欣赏""我们的幼儿园""我的家""天安门""住宅小区""未来的房子"等系列活动掌握建筑物的造型。[①] 这样，解决好造型问题，幼儿在创作中就游刃有余，就不会因为不会描绘某个形象而使创作搁置。

二、构图的指导

构图是根据主题的需要把有关的物体形象恰当地安排在画面上，以表现事件情节、环境气氛等。为了使幼儿的画面有序、生动，能把自己的意图通

---

① 孔起英. 学前儿童美术教育. 南京：南京师范大学出版社，1998：193.

过构图传达出来，教师需要在幼儿创作和欣赏的过程中对其作一些指点。

(一)观察物体的空间关系

物体的空间关系指现实的空间关系。观察现实空间时，教师应引导幼儿认识物体之间的相对大小、高矮、上下、邻近、分离，进一步可以再加上内外、前后、远近等空间关系。

(二)通过欣赏作品了解作者是怎样构图的

在欣赏作品时，教师可以引导幼儿分析画面形象相互之间的关系，看作者是如何处理这些关系的。这就包括主要形象与次要形象的位置、大小关系，主体与背景的关系，形象与背景的颜色关系，等等。在分析的过程中，还应让幼儿体会、理解到作者处理画面的意图，它给观看者什么样的感觉。

(三)巧妙安排画面

再现人物关系和事件情节是幼儿绘画构图的主要目的。幼儿的年龄不同，构图的方式不同，为了能将上述两项再现清楚，教师应遵照幼儿构图水平进行指导。教师可以向幼儿传授一些简单的构图方法，如先在画面上设置一个中心，主要形象放在中心位置上；如果是并列式构图，其他形象可一字排开；如果是散点式构图，则围绕主要形象布局。另外，主要形象要画大，重点刻画、细致描绘，使其明显突出；其他形象概括处理，成为紧密联系的整体。

三、色彩的指导

幼儿运用色彩有两种方法，即涂染法和线描法。

涂染法指不勾画形象的轮廓线，直接用笔蘸颜料涂画出形象。采用这种画法能很快在画面上出现色块，因而能引起幼儿对绘画活动的兴趣。

线描法是指先用线条勾画形象的轮廓，然后再涂上颜色的方法。这种画法简练、概括，能清晰地表现物体的特征。

无论运用哪种方法，色彩运用中都要处理好以下几种关系。

(一)色彩与造型

色彩与造型就是用色彩构成图形或塑造形象。一般来讲，教师在指导上，不必要求幼儿使用固有色描绘物体，只需要求他们在描绘事物时，颜色有区别就可以了。因为有区别，就不能都画成一种颜色，就要色相不同。赤、橙、黄、绿、青、蓝、紫，不同的物体用不同的颜色来画，形象自然就显现出来了。在此基础上，鼓励幼儿大胆用色，他们就能画出很漂亮的儿童画。进一步可以增加关于深浅色区别的要求，让幼儿画得更有层次一些。

(二)色彩与构图

除了不同的事物用不同的颜色来画以外，教师应引导幼儿运用色彩区别主次形象，以满足构图的需要。有两种方法：一种是幼儿最常用的，繁简对比，即把主体形象画得色彩丰富，将背景涂成较单一的色彩。另一种是色彩的对比，包括色相和明度的对比，如在蓝色或绿色的背景上画出红色、黄色的形象，在浅颜色的背景上画出深颜色的物体，在深颜色的背景上画出浅色的物体，等等。

(三)色彩与表达

色彩除了用以造型和表现空间关系以外，表达情感也是色彩的重要功能。在幼儿稍长时，会面临怎样用色彩表达情感的问题。教师可以在这方面对幼儿做些启蒙，如尝试探索运用简单的色彩配合规律表现情感。教师可提示幼儿，想要画出很带劲、痛快的感觉，可以用纯一些、互不相同、看起来区别大的颜色来画；要想表现轻轻的、柔柔的感觉，就用那些不太纯、有些类似、区别不太大的颜色画。这样，幼儿可以实践运用对比和协调的手法传达情感。

另外，可以运用画家的作品。选择那些以色彩表现情感的各种典型作品，让幼儿在欣赏中感受色彩所传达的情感，他们将受到启发，领会色彩这一表达情感的美术词语，并将其融入自己的绘画语言中。

有一点需要注意，在以近似色做较细腻表现时，需要给幼儿提供具有细微色彩变化的画笔。遇到这种情况，配备可调配的颜料会是个好办法。由于颜料可随意混合，可调配的颜料可以产生出无穷的色彩，幼儿可由此获得更丰富的颜色感受。

第二节　装饰与美化

装饰与美化当属遵循美的形式规律进行的创作，对于幼儿学习与掌握美的形式，抒发与培养幼儿的美感有极好的作用；同时，对幼儿手的动作的发展，耐心、细致、整洁、有序等良好习惯的养成等都有很大的好处。严格地说，装饰包括平面装饰和立体装饰，本节所讲为平面装饰，即运用各种花纹、色彩按照图案的组织规则创作装饰画或对各种物品纸形进行美化。

教师在设计装饰与美化活动时应注意尽可能选择各种不同的创作材料和技能，以便幼儿通过多样化的操作掌握装饰规律，了解装饰的广泛用途，同时欣赏到不同材质和技法产生的美感。

一、装饰元素与规则

装饰美化有明显的规律性，具体体现为装饰的规则。掌握基本的装饰规则有助于幼儿进行大胆的装饰创作。幼儿在创作中要学习的装饰规则有图案花纹的变化、图案构成的组织形式和图案色彩的配置。由于装饰画的规律性较强，教师在引导幼儿装饰创作过程中应注意学习的循序渐进性。

(一)图案花纹

图案花纹的学习顺序是：从简单的点状或放射花纹开始，到对称花纹、倾斜方向的花纹，最后学习一些自然界的花草、树木、虫鱼和具有民族特色的花纹，如螺旋纹、羊角纹、云头纹、回纹等。(见图6-1)

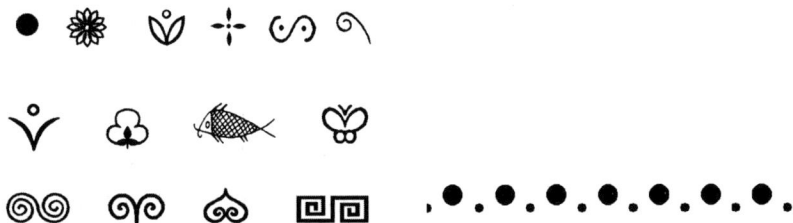

图6-1

图6-2

（二）图案纹样组织形式

图案纹样组织形式的学习先从花边开始，即二方连续图案——以一个单位纹样为基础，向任意两个方向连续重复排列（见图6-2）。因为二方连续只涉及两个方向，因而相对容易掌握。接下来是学习中心放射、同心圆、四角向心、角花、综合等图案构成形式（见图6-3）。在初步掌握组织形式的基础上要求幼儿花纹排列的位置、距离、色彩等均衡有规律。

图6-3

幼儿所学装饰图案的外轮廓应从规则的开始，顺序大致是：长条——圆形——正方形——长方形——三角形——菱形；然后，装饰轮廓不规则的、复杂的生活用品的纸形，如花瓶、毛衣、裙子、手套、面具、拖鞋等。

（三）色彩配置

装饰美化是幼儿学习运用色彩的好机会，因为在装饰美化中，色彩的运用完全不受物体固有色的限制，而只求美观。幼儿可尽情挥洒，同时体会色彩美的规律。

在对幼儿进行指导时，教师先要理解色彩规律。一是色彩的分类。对比色，指不含共同色相的诸色；同种色，指色相相同而明度不同的诸色；类似色，指含有共同色相的诸色。二是图案色彩的配置效果。对比色相配的图案，色彩分明而强烈；同种色相配的图案，色彩柔和细致；类似色相配的图案，色彩含蓄沉稳。教师心中有数，就可以有的放矢地指点幼儿。

教师指导幼儿配色，首先还是要求幼儿要画得有区别。例如，当幼儿初次进行图案色彩配置时，教师可提供给他们鲜艳的对比色，通过醒目的画面对比引起幼儿对配色的兴趣。以后教师再渐渐引导幼儿学习同种色与类似色的配置，要求幼儿画出色彩的深浅和色调。当幼儿掌握了图案色彩配置的基本方法后，教师就可以给幼儿提供更多种类的颜色，让幼儿自由地选择配色。在幼儿独立配置色彩时，教师要引导幼儿注意主体与背景色的区别，即色相、明度和色调上要不一样。色调区别包括暖色调和冷色调、明色调与暗色调、艳色调与灰色调等。

在色彩的运用和其他装饰美化方面，教师要特别注意尊重幼儿的意愿，避免以成人的趣味干扰幼儿天真的表达。

二、学习的途径与方法

(一)通过欣赏理解装饰规则

对于上述规则的学习，可以通过欣赏的途径来进行。

1. 观察欣赏自然界中蕴含的美的规律

例如，人体的对称性、红花绿叶的对比性、水流的连续与节奏等。

2. 观察欣赏生活中人造物的装饰

例如，服饰、生活用品、环境饰物上的图案等。

3. 欣赏专门的图案装饰画

通过欣赏帮助幼儿理解装饰规则，教师首先要注意所选取的欣赏对象应该具有典型的装饰美，每次学习集中在一个方面的内容，给幼儿留下深刻的印象。其次注意幼儿的年龄特征，用浅显易懂的语言来引导他们学习一些知识与原理，切忌生搬硬套深奥的专业的装饰术语。例如，图案花纹的变化规律之一，夸张法的学习，就不必告诉幼儿"夸张法是指一种对物象外形特点、神态、习性等进行适度的夸大、强调，使其形象特征更能显示出形式美的手法"，而只需用实际的事例分析，如外形处理上圆的更圆、方的更方、胖的更胖、瘦的更瘦、大的更大、小的更小。通过这样的解释让幼儿逐渐理解什么是图案装饰花纹的夸张。①

(二)在创作中掌握装饰规则

装饰规则的学习应与创作相结合，可以通过各种淡化造型的创作使幼儿

---

① 孔起英. 学前儿童美术教育. 南京：南京师范大学出版社，1998：204.

体验装饰规则。如引导幼儿盖印章、图形拼贴、折叠染纸，让幼儿在这些更多依据规则的创作中感受图案装饰的规律——对称与均衡、对比与调和、节奏与韵律、连续与反复等。在幼儿充分体会装饰规则的基础上，再创作较复杂的图案装饰画。

第三节　撕纸与剪纸

撕纸与剪纸都是分割面状材料的技法。通过分割去掉多余的材料，保留下构成形象的材料，这是撕纸与剪纸的相同之处，也带来了两者在创作方法和效果上的许多共同点。撕纸与剪纸的不同之处在于，剪纸通过操作工具——剪刀完成对材料的分割，而撕纸则是徒手而为。这一区别，使得撕纸与剪纸在具体操作和效果上各不相同。

撕纸与剪纸是最经济、简便的美术创作手段，只需最低程度的材料和工具即能创造出形象，进行多种多样的表达，满足广泛的用途。撕纸与剪纸的造型都十分简洁，图、底分明，没有多余的细节和层次过渡。这与幼儿普遍运用简单形造型的特点相吻合，幼儿理解和掌握起来都不困难。幼儿创作的撕纸、剪纸作品很具稚拙之感。似乎只有在幼儿的手中，撕纸与剪纸才真正呈现出它们的原初状态。因此，撕纸与剪纸被广泛地运用于民间美术与儿童美术中。

设计撕纸与剪纸活动应注意幼儿手的动作的锻炼，让幼儿掌握撕与剪的操作要领和规则，另外注意增进幼儿对纸形的感知力，在此基础上进行撕纸与剪纸创作，通过不断的发现，体验活动的乐趣。

一、撕纸的手法

撕纸最大的特点在于它把手指作为工具，用双手手指配合撕出所需图形和形象。用手撕出来的形象，轮廓蓬松、柔软、毛茸茸，具有自然、浑厚、稚拙的独特美感。

教师先要指导幼儿学习撕纸的基本方法，大拇指和其余四指分别放在纸的两侧，两手相对捏住要撕的部分。撕的时候，两手向相反方向用力。每次撕口不要太长，一点一点撕出所需要的形象。不能撕开一点小口后，就顺势撕下去，这样撕不出特定的形状。

撕纸的方法有自由撕、沿线撕和折叠撕几类。一般来说，开始学习撕纸时，可自由撕。逐渐地，教师引导幼儿学习沿线撕和折叠撕。撕纸能最大限度地锻炼幼儿手指的动作控制能力。

二、剪刀的使用法

剪纸的主要工具是剪刀。创作者用剪刀将面状材料剪成所需形象。

教师指导幼儿学习剪纸的第一步，是引导他们学习怎样使用剪刀。方法是：大拇指和其余四指分别伸进剪刀的两个柄环里。通过大拇指与四指的张合，使剪刀随之开合，把纸剪开。幼儿所用剪刀以儿童专用剪刀为好。这种剪刀的头是圆的，剪刀的开合跨度与幼儿大拇指和其余四指张合的跨度正好合适，幼儿能够把手指伸进柄环，撑开剪刀，使之开合，剪开材料。幼儿使用这种剪刀也较为安全，不易疲劳。幼儿剪纸所用纸张，一般来说，以不薄不厚的手工纸、复印纸或报纸一类的纸张为宜。

三、撕纸、剪纸造型技法

在学会撕纸手法和剪刀使用法的基础上，教师可指导幼儿学习以下撕、剪纸造型技法。

(一)目测撕、剪

目测撕、剪，即在没有画稿的纸上依靠目测撕、剪出形象。幼儿靠目测撕、剪出的大多是条缝、几何形和一些轮廓线简单的形象。由于目测撕、剪没有严格的限制，撕、剪起来比较自由，因而多被用于幼儿初学撕、剪纸。在幼儿年龄稍长，有了一些撕、剪纸经验后，教师可要求他们在心中考虑好自己要撕、剪的形象，然后靠目测撕、剪。目测撕、剪既可用于最基础、最简单、最少目的性的撕、剪纸，同时也是撕、剪纸追求的最高境界。

(二)沿线撕、剪

沿线撕、剪，指按照纸上画好的轮廓线，撕、剪出所需要的图形和形象。轮廓线可由教师画，也可由幼儿自己画。通常，幼儿年龄越大，自己画的成分越多。无论是教师画，还是幼儿自己画，均须注意所画形象应大些，轮廓线要简练些，不能有太多的凹凸。教师可在美术区中陈放一些废旧画册或挂历，供幼儿在游戏时间里练习沿轮廓撕、剪。撕、剪下的形象可供粘贴用。

(三)折叠撕、剪

折叠撕、剪，指将纸折叠后撕、剪出纹样。折叠撕、剪出的纹样具有对称、均衡感。折叠撕、剪既可以目测撕、剪，也可以是沿线撕、剪。折叠撕、剪的第一步是将纸折叠，由于幼儿手部肌肉发育不成熟，纸的折叠层数不宜太多，一般以折叠2~3层为宜，叠的层数太多，幼儿有可能撕、剪不动。长条纸反复折叠后，可撕、剪出花边；正方形或圆形纸围绕中心放射折叠后，可撕、剪出团花。

(四)阴、阳撕、剪

阴剪以剪后的镂空处显示形象。阴剪时要"剪剪相断"，就是剪刻后构成形象镂空的点、线、面不要连通，而要彼此相断，否则纸会脱落。以阴剪手法表现形象时，大多注重影像的刻画，也就是说，大多注意图像外形的效果。(见图6-4)

图 6-4

阳剪以剪后的纸面显示形象。阳剪时，为了保持画面的完整性，要"剪剪相连"。"剪剪相连"就是剪刻后构成形象的点、线、面要相互连接，不能剪断。运用阳剪手法剪的作品，十分重视"线"的表现力。以"线"表现结构，区分空间，表现物象的质感、量感、运动感。(见图6-5)

为了追求丰富的艺术效果，在许多作品中经常同时运用阴、阳剪法。有的以阴剪为主阳剪为辅，有的以阳

图 6-5

剪为主阴剪为辅。阴、阳剪法并用的作品多以阴剪手法表现主要物象轮廓或主体部位，以阳剪手法表现细节或次要部位。

(五)掏空剪

掏空剪指在纸型上剪出细节，方法有二：

其一，局部捏折纸面，从折叠边入剪，向里剪，最后再从折叠边剪出。拿掉剪下的纸块，将纸打开，出现对称的阴剪镂空图形。

其二，局部捏折纸面，从折叠边入剪，剪一小口。把剪子伸入口中，剪出需要的形状。剪好后，去掉剪下的部分，把纸打开，出现不规则的阴剪镂空图形。

教师在指导幼儿撕、剪纸时要注意：

第一，在撕、剪纸顺序上，目测和沿线撕、剪要先从大的轮廓开始，再撕、剪小的细节，逐渐修成形。而折叠撕、剪则要按照从里向外、从小到大、从细到粗、从局部到整体的顺序来撕、剪，最后再整修。

第二，在用剪刀剪纸时，无论是目测剪、沿线剪还是折叠剪，教师都应提醒幼儿，剪的时候左手要配合着右手的动作转动纸片，防止边剪边拉造成形象周围不整齐。

四、撕纸、剪纸的种类

一般来讲，无论是民间撕、剪纸还是儿童撕、剪纸，在创作思路上都可以分为两种类型：图案撕、剪纸和绘画撕、剪纸。下面分别对两种撕、剪纸做一简单介绍。

(一)图案撕、剪纸

这里所说的图案撕、剪纸，即是那种运用图案的手法和组织规则创作的、非具象或具象程度很低的撕、剪纸。比如，撕、剪纸花边、团花，就属于这一类型。图案撕、剪纸的花纹多是规则或不规则的几何形，它们以重复、对称等规则组合、排列在一起。图案撕、剪纸的特点是简洁、分明。幼儿在实际操作的过程中，可以真切地体会到图形的重复、对称是如何形成的。

(二)绘画撕、剪纸

所谓绘画撕、剪纸，指那些更多地运用绘画手法创作，如撕、剪出人物、动物、植物等，有一定写实性的撕、剪纸。这类撕、剪纸的表现内容广泛，只要掌握基本的撕、剪纸方法，幼儿可撕、剪出多种多样他们感兴趣的、生活中的事物。

五、注意事项

第一，教师不能要求幼儿一下撕、剪出一个完整的形象。很多时候，幼儿只是撕出主要形象或形象的主体部分。在创作的过程中，教师可以提醒他们借迹造型、添画，装饰出一幅完整、丰富的画面。

第二，教师每次提供给幼儿的纸不宜太大。因为无论多大的纸，幼儿也只是从中撕下一小块И。过大的纸撕起来既不方便，也造成浪费。

第三，撕、剪纸时，剪下的碎纸屑要放在指定的容器里，要保持桌面、画面、地面和衣服的整洁，养成良好的卫生习惯。

第四节　拼贴

拼贴属于平面造型。幼儿拼贴主要有粘贴、剪贴、撕贴等形式。设计拼贴活动要注意发展幼儿手的动作和对于图形的认知，以及通过纸形激发想象与联想，进而进入到独立、有情节的拼贴创作。

一、粘贴

粘贴指用现成的点状、线状、面状材料粘贴出凸起的形象。粘贴对于发展幼儿的触觉和质地感有很好的作用。

(一)粘沙

粘沙是在画好的形象上涂上胶水或用胶水涂画出形象，然后在画出的形象上撒细沙。撒匀、撒满后，抖去多余的沙，画纸上会出现一幅沙画。粘沙的材料不局限于细沙，似沙状的小颗粒材料，像盐、小米等都可使用。材料不同，粘出的效果也有不同，可以根据创作内容和目的巧用材料。

(二)树叶拼贴

树叶拼贴属于典型的利用自然材料的手工制作，是幼儿园开展较多，深受幼儿欢迎的美术活动。

在树叶拼贴活动之前，可以而且有必要开展一些铺垫活动。如收集各种形状和颜色的树叶，欣赏树叶奇特的形状、天然的叶脉纹理及其丰富的色彩，将树叶分类，压平保存，等等。这些活动会给予幼儿必要的、丰富的操作经验。

正式活动中，树叶拼贴的要点有二：一是拼摆出形象；二是将形象粘贴好。

拼摆出形象，实际上是幼儿产生创意、构思形象与画面的过程。教师要引导幼儿反复、仔细观察树叶的形状、色彩等，找出它们的特点，启发幼儿思考每种树叶与什么东西相像，如银杏树叶像扇子、裙子，枫叶像金鱼的尾巴，柳叶像一叶小舟，等等。也可以由质地进行联想，有的树叶光滑细腻，有的灰暗粗糙。可以利用树叶的特性做成不同的东西。

有了初步的想法之后，教师引导幼儿将树叶在底纸上拼摆。当拼摆满意了，在每片树叶的反面贴上双面胶或涂抹上胶水，再放回原位，用一张干净纸盖住，抹平压实，作品就完成了。

在进入粘贴之前和粘的过程中，教师要注意提醒幼儿：胶水不要涂得太多，适量即可；胶水涂抹在材料的背面，涂抹要均匀；粘贴时将涂好胶水的材料轻轻拿起，把背面，即抹了胶水的一面朝向底纸轻轻放好；再拿一张干净纸覆在上面，轻轻按压；要将所有材料都粘好，作品才算完成。

二、剪贴与撕贴

剪贴或撕贴都需要先对材料做剪或撕的加工，然后将加工过的材料按照创作需要拼贴出形象和画面。

(一)剪贴

剪贴指用剪刀将材料修剪成所需要的形状,然后拼贴出形象。普通的剪贴材料是各种纸、布、树叶等。剪贴的难点首先在于剪,因为剪的过程不仅含有用剪技能,还含有绘画造型的成分;其次是拼贴形象,这依然是既涉及拼摆和粘贴技能,又涉及绘画造型与构图技能。剪贴所涉及的与绘画、剪纸、粘贴等相同的创作要素可参考前述相关内容。这里仅指出一点,一般来讲,幼儿是在边剪边拼摆的过程中完成创作构思,因此应让幼儿充分地修剪和拼摆材料,待拼摆满意时,再将材料一一粘上,完成作品。

(二)撕贴

撕贴是用手将材料撕成所需要的形状,然后拼贴出形象。撕贴的材料一般是易撕的纸张,其韧性不能太强。撕贴的撕法参见撕纸,拼贴方法参见粘贴与剪贴。

三、注意事项

第一,尽量由幼儿自己创作图像。

第二,一次粘贴活动中,不宜有太多种类的材料。

第三,画面形象的轮廓要简单,不宜有太多的细小凹凸。形象的数量也要少些。

第四,材料与底纸的颜色成对比,以便突出画面形象。

第五,尽量利用自然物本身的形状、颜色及其他特性。

第六,先确定主要的、大的形象,再补充次要的、小的形象。

第七,涂抹胶水时应注意分成小部分,一部分一部分地来涂抹。涂抹应均匀,不能到处乱抹。

第八,除了技能上的指导以外,在粘贴中要注意培养幼儿良好的操作习惯。如不乱抹胶水,保持手、衣服、用具和作品干净,剪剩的材料放入容器中,等等。

第五节　印与拓

印、拓(tà)是古老的技艺。严格地说，印和拓是两个概念。印，是用印章等浮雕物蘸上颜料盖在平面材料上，印出痕迹，形成文字或图像。拓，是在刻铸有文字或图像的器物上蒙一层纸，捶打后，使纸凹凸分明，再在纸上涂墨，使文字图像显现出来。印出的图形和拓出的图形有一个很重要的区别，就是印出的图形与印章上的图形方向相反的，呈镜面效果；而拓出的图形则与原件上图形的方向一致。但是，印和拓又有一个非常重要的共同点，就是它们都能够复制形象。这是这两项技艺得以留传，并演变发展的原因。

印与拓不适于描绘细节和呈现细微的层次过渡，但是在表现物体的大轮廓和结构上能产生强烈的效果。所以，一方面，印或拓绘制的形象简洁分明，视觉效果强烈，与幼儿绘画造型特点十分一致，幼儿理解和掌握这一技法较容易，作品也能保持印、拓的原有味道。另一方面，比起通常的绘画，印、拓过程中的工具材料、操作的环节要多一些。造型相对简单，操作量相对大。这正好适应了幼儿好动，喜欢摆弄物体的特点。印非常容易让幼儿联想到自己的经验。把印章在印台上按一下，再印到纸上，幼儿由此想到他的指印，他们在雪地中留下的脚印，泥泞道路上的车辙……通过不断地重复印出自己做的花纹，他们还能体会到"重复、节奏、连续图案"等初步的美学规律的含义。对于低幼儿童，印和拓尤其是有趣、有益的活动。

教师设计印、拓活动时须注意尽量采用不同的材料，使幼儿通过对不同材料的操作掌握印、拓的一般规则，体验印、拓的妙趣以及不同的材质和技法产生的独特效果。

一、印

(一)印法与步骤

一般来说，完成一幅印制品要经过三个步骤：第一步，做一个类似于浮雕的印章。比如，找一块马铃薯在上面刻出图案，也可以用橡皮或塑料泡沫板。第二步，把做好的印章在印台上蘸一点印油或颜料，也可以用刷子蘸上颜料涂在印章的表面。第三步，把印章按到纸上，移开印章后，纸上就出现了印痕，也就是要印的图形。

(二)印的材料

1. 印章

印可易可难，适合各年龄的幼儿。低龄幼儿初学时，可先不做印章，直接用手印。当幼儿掌握了印的基本程序之后，选一些小的物件作为印章，如小瓶盖、积木块、橡皮等。利用这些小物件原有的形状印出色块，稍加组

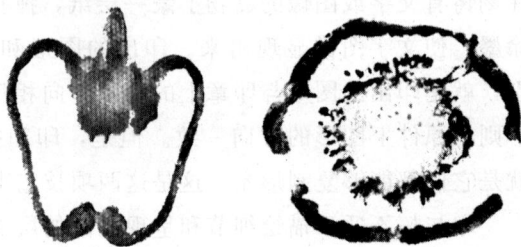

图 6-6

合可以印出很好看的图案或形象。当幼儿较熟练地掌握了印的步骤后，可以自制印章。开始时，只需对印章材料的外轮廓作些修整，如将蔬菜切开，利用切面印出印记(见图 6-6)；进而在把蔬菜切开后，将切面的轮廓切削成其他形状；最后，才是在切面上进行刻画，做出真正的浮雕印章。

2. 印台

教师需要为幼儿准备简易的印台，自己灌注上印油。一个印台一种颜色，这样幼儿就有可能进行广泛的设计。幼儿用的简易印台比起一般成人用的印台要大许多，做一个颜料印台大约需要六层餐巾纸或两三层毛巾布。把做印台的纸用水润湿，平铺到一个浅盘中。印之前，在印台上注入水粉颜料，用刷子抹开面积有印章那么大即可。幼儿每印一次，在印台上蘸一下，有时中途需要补充一些颜料。

3. 纸张

用来印画的纸可以是各种各样的，彩色纸、白纸都行。如果用油印，最好不用渗透性太强的纸。彩色墨水、颜料以及墨的印制效果都不错，各有各的特点。在布上印时，可以使用油印或是用丙烯颜料。在深背景上印白色的图形，更别具风格。

(三)印法巧用

印的方法很多，也很灵活。可以在一张画纸上印一个单独完整的图形，经过裱贴成为一幅作品。也可以把一个图形重复多次，形成连续的图案。在幼儿园中可以几名幼儿各用一块材料，刻上小虫、汽车、房子等，然后大家在一大张纸上印，形成一幅"壁画"。印之前，先拟订一些标题，比如，"公园中的花朵和昆虫""小汽车和大卡车在高速公路上奔驰""丛林中的动物们""动物园"等，大家围绕标题创作各自的印章。印画可用作便笺、贺年卡、画册的插图、封面。连续印出的图案可以做盒子、纸筒的包装，还可以做书皮纸。

二、拓

(一)底样

拓首先需要一个底样，上面有凹凸的图形。和印一样，拓的底样制作可简可繁，可易可难。最简单的方法是选现成的材料作底样，只要材料上的凹凸基本等高，在一个平面上就可以，如硬币、积塑片、树叶都是非常好的拓画材料。树叶的曲折轮廓和细密的纹理经过拓，可以清晰地显现在纸上。自制底样简单的方法是，随意剪一些纸块，或将剪纸剩下的碎纸分散粘在画纸上，这样拓出来的画好像是抽象作品。如果将纸块拼摆出形象和图案，可以拓出再现和装饰性的作品。用民间剪纸的方法，可以剪出复杂、漂亮的底样。

(二)拓法与步骤

拓的步骤是：先把做好或选好的底样放在平滑的桌面上，覆一张稍薄、韧性好的画纸在底样上，然后把普通铅笔或彩色铅笔、蜡笔、油画棒放倾斜，在画纸上横向来回涂抹。这类笔在涂抹时，由于遇到纸下面图样的边缘处受阻，会留下较多的颜料，形成相对较深的笔痕，于是，随着涂抹，底样的轮廓会渐渐地呈现出来，形成拓画形象。

总之，把拓印应用于幼儿美术中，可以产生丰富多彩的活动。每当幼儿看到拓印出的作品时，他们都会很惊喜，同时，他们也会发现能拓印出的图案是无穷无尽的。

第六节　染纸

　　染纸是将吸水的纸折叠后浸于水性颜料，染色后打开，形成色彩交融的美丽纹样。染纸可让幼儿了解颜料的渗化性，感受色彩交融所产生的变化，以及色块重复排列带来的美感。

　　一般来说染纸的方法与程序变化不大，并且一项活动可以反复去做，但每次做都可产生意想不到的效果，使幼儿体验到染纸的特殊妙趣。

一、染纸材料

　　染纸的材料和工具主要是吸水性强的纸（生宣纸、餐巾纸、毛边纸等）、水性颜料、毛笔等。为了增强渗透的能力，可在颜料里滴进少许白酒。

　　染纸的指导中，教师首先要让幼儿了解材料的性质和特点。例如，让幼儿用生宣纸、卡纸等不同性质的纸以及粉质颜料和水性颜料来浸染。通过尝试，让幼儿知道须用吸水性强的生宣纸与渗透性强的颜料才能染出漂亮的作品。

二、纸的折叠法

　　染纸的偶然成分较大，对效果的控制主要通过对纸的折叠实现。常见的折叠方法有"反复对折"（见图 6-7）、"米字格折""田字格折"（见图 6-8）和"自由折"等。折叠方法不同，染色后呈现的色斑排列样式也不同。

　　教师在指导幼儿时，要提醒他们将纸折叠得整齐、压实，不宜折得太厚等。

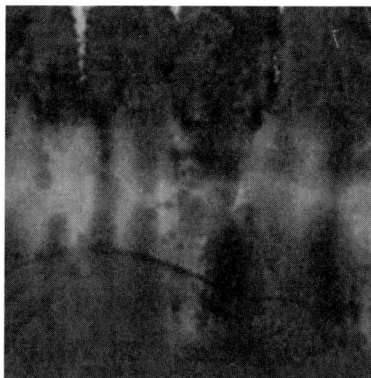

图 6-7

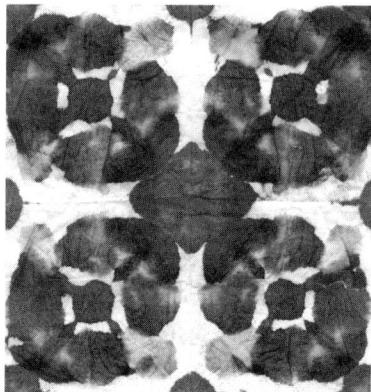

图 6-8

三、染色法

染色是染纸实施的核心环节，一般分为渍染和点染两类。

(一)渍染

渍染是指将折好的纸插到颜料里，让纸自动地吸入颜料汁。一般染纸是从折好的纸的突出端点开始，将其浸入颜料中，当一个端点浸入的颜料适量后将纸提出，把其他的端点再浸入颜料中。其间，可以变换颜色，也可以将纸再加以折叠，形成更多的端点，染出更复杂的花纹。如果是从折好的纸边缘染起，须将颜料放在盘中，这样才好将纸边平放入颜料中。

教师在指导幼儿进行渍染时，应注意把握染色时间的长短，由于颜料的渗透性和纸的吸水性，如果要染 1/3 的长度，那么就必须在水色还没有渗到 1/3 处时把纸提出染料，这样才不至于超过预先设想的染色面积。

(二)点染

点染是指在渍染时颜料不易渗到的部分，用毛笔蘸染料加以染色。点染有时不容易一下把纸染透，如遇未染透，可在同一部位的反面或将纸掀开在里面再进行点染。①

四、作品的完成与整理

(一)揭开染纸

成功地染出美丽的作品还有一道重要的程序，即完整地把折叠着的染纸揭开。办法是先把染纸晾至接近阴干，然后揭开；也可用干净的吸水纸放在染纸上压吸，再揭开。初学染纸时，许多幼儿由于缺乏经验又心急，将染好的纸揭烂，致使前功尽弃。为了避免和减少这种情况，教师要对幼儿加以提醒和演示，必要时要动手帮助他们，或者请幼儿互相帮助。

(二)平整染纸

纸经颜料浸染后会变得褶皱，简单的办法就是趁湿把纸贴在平滑的板上，以玻璃板最好，抚平、晾干后，纸很容易揭下来，而且非常平整。另一方法是用熨斗(非蒸汽熨斗)把干透褶皱的染纸熨平，这一工作只能由教师来做。

(三)利用染纸再创作

染纸成品可经简单装裱成为独立的欣赏品，也可用作再创作的材料，如用来剪纸。染纸剪出的剪纸别具风格、轻盈美丽，用作拼贴，可使形象获得丰富细腻的色彩层次。

第七节　编织

编织，即是用线、绳、带子等交织制作工艺品。这是一项古老的工艺，基本的编织法则从古至今没有更改过。早在石器时代的人就掌握了用稻草、芦苇和其他自然物编织篮子的技术。后来，史前人开始用纤维来编织，并用

---

① 孔起英. 学前儿童美术教育. 南京：南京师范大学出版社，1998：204.

来做衣服。

幼儿可以用简易的方法进行编织，织出一片片织物，然后做成实物或装饰品。幼儿会沉醉于编织穿来穿去的操作过程，对色彩、纹理和图案的要素越来越敏感，手指也将发展得灵活自如。

在学习编织的过程中，教师应让幼儿观赏其他时代和其他文化以及古人的编织品，感受那些可资借鉴的编织式样，欣赏其富于创造力的表现。这对幼儿是一种极好的文化艺术的熏陶。

设计编织活动时需注意让幼儿掌握编织的基本规则和技能，体会编织的图案和纹理的特殊效果，了解编织品的用途。

幼儿学习编织可从纸编织开始。初学时，不要求用纬线在经线上下交错穿梭编织。可以给每个幼儿一个宽 12 厘米、长 20 厘米厚纸做的底纸，将底纸竖放，在顶端居中钉上四条宽 2 厘米、长 18 厘米的纸条，其中 2 条为浅色，2 条为深色，一深一浅地排列起来，这些纸条为编织的经线。再剪 8 条黑色的宽 2 厘米、长 12 厘米的纸条。编织时，先用一只手将深色的纸条掀起，然后用另一只手将黑色纸条放进去，一条一条放，直到 8 条纸都放进去，就编完了。教师把浮在上面的两根竖纸条钉在底纸上，让它们压住其他的横纸条。另外松着的两根纸条由幼儿粘上。

可以用编织这种方法教幼儿学习字母、数字和色彩，例如，在竖放的白色纸条上，标上字母、颜色的名称或数字。让幼儿辨认纸条上的红色字、紫色字或橘红色字，按颜色或按字母、数字掀起第一条和第三条、第二条和第四条。

当幼儿年长一些，有一些编织经验以后，可再学习纬线在经线上下交错穿梭的编织方法，以及其他更复杂的编织法。

第八节　折纸

折纸是我国民间传统手工活动之一，其特点是按照一定的程序，将平面的纸折叠成立体的形象。折纸不仅可以锻炼幼儿手的动作的灵活性，也培养他们目测的能力、空间知觉能力和对图形变换的思维能力。折纸取材方便，白报纸、挂历纸等薄而有韧性的纸均可用来折叠。

一、基本折法

折纸有一些基本的折法，按照一定顺序、采用不同的基本折法去折，就可折出想要的形象来。幼儿所要学习的折纸技法，按难易顺序排列有：对边折、对角折、集中一角折、集中一边折、双正方折、双三角折、四角向中心折和组合折等(见图 6-9 至图 6-16)。教师在安排折纸内容时，应依所含基本折法的难度，由易到难地选材。

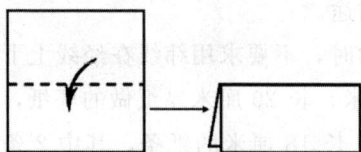

图 6-9　对边折

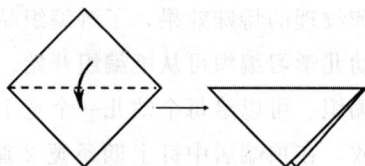

图 6-10　对角折

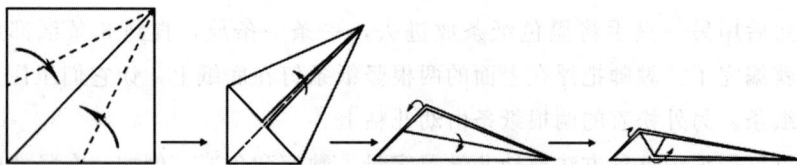

图 6-11　集中一角折

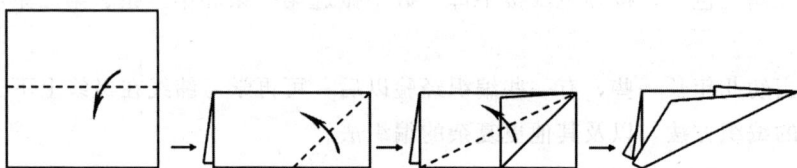

图 6-12　集中一边折

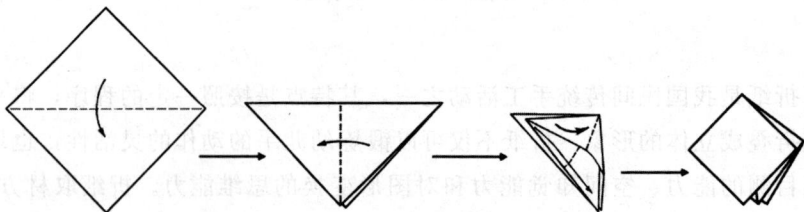

图 6-13　双正方折

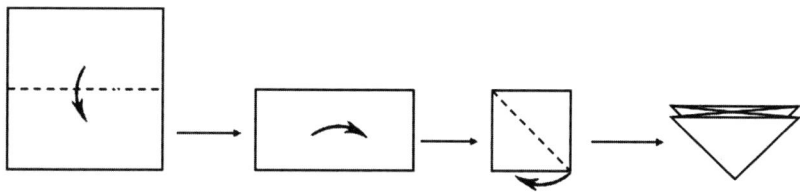

图 6-14　双三角折

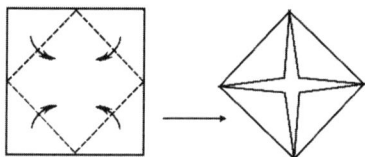

图 6-15　四角向中心折

图 6-16　组合折

　　掌握了基本折法和有一定折纸经验后，可不拘泥于现成的折法，在基本折法的基础上想象创造，折出新形象。

二、指导的途径与方法

(一)演示折纸

　　教幼儿学习折纸时，需要教师做演示。演示时，教师用的纸要大些，有正反面；手的动作要明显，每折一步都要指明、说明折叠的依据和标准部位；语言要简练。伴随着演示，教师应告诉幼儿每个基本折法的名称和规则要求。

　　在幼儿跟随教师演示折叠时，教师要提醒幼儿按规则折叠，即对齐、对准、抹平、压实。让幼儿知道，如果对不齐、抹不平，折出来的物体形象就容易歪歪扭扭、松松垮垮，既不美观，又不结实。

　　初学时，教师应先有目的地选几种简单形象教幼儿折叠，以便幼儿学习并掌握使用频率较高的基本折法和术语，以后，随着折叠形象难度和复杂程度的增加，进一步教给幼儿更复杂的技法和术语。

(二)看图折纸

折纸有个特点，折完一步以后，前面折的部分即被掩盖，很不容易从已折出的样子中看出折叠的步骤来。因此有些幼儿会跟不上教师演示的进度，在学习中遇到困难。看图示折纸是解决幼儿快慢不一的好办法，更可培养他们独立学习、工作的能力。

教师可事先画好步骤图，图上线条要简明。先教幼儿认识和熟悉折纸符号，培养幼儿的识图能力。在幼儿第一次学习看图折纸时，教师可边教识图边演示，让幼儿理解步骤图上的折叠符号。待幼儿理解图示后，逐步过渡到仅演示难点，其他部分让幼儿自己看图折叠。在幼儿自己看图折叠时，教师可出示一个折好的样品，使幼儿对要折的形象有一个整体概念，对照样品有目的地折叠。

折纸的种类很多，且有许多现成的教材。选择或设计折纸活动时应注意使幼儿体验到平面材料如何变化为立体造型的过程。活动产生的折纸作品不仅可以观赏，还可以用作游戏，使幼儿充分享受折纸的乐趣。

第九节　纸造型

纸造型是指运用各种普通纸张或图画纸、卡纸一类略硬的纸，通过团、折、剪、粘贴、组装等技法制作出立体的形象。通过制作可使幼儿认识纸从平面到立体的变化，发展其空间知觉能力、联想能力、造型能力。纸造型有一定的难度，最好在幼儿园大班进行。

设计纸造型活动时应注重创意。通过变化纸的空间特征，创造出各种各样的形象，使活动有助于发展幼儿的空间想象力和创造力，同时体验纸的形体变化的妙趣。

一、基本技能

（一）制作基本型

教师指导幼儿制作时，先要指导他们制作基本型，如圆柱体、正方体、长方体、圆锥体等，这是纸造型的基础。（见图 6-17）

基本形体

图 6-17

（二）"减法"与"加法"

"减法"即对基本型做剪、挖、切等加工。如做出与某种动物头形状相类似的基本型，在基本型上面剪出洞，作为动物的眼睛或嘴（见图 6-18）。再如，在基本型上剪出窗和门，做出各种各样的建筑。

减

图 6-18

"加法"即在基本型的上面进行粘贴、粘接、镶嵌、插接、盘绕、组合等加工。例如，在圆柱体上面贴上弯曲的纸条就成了小桶；在圆柱体的旁边贴上弯曲的纸条，便成茶杯；将圆柱体直立，在下部贴上门窗制作成有趣的动物之家；将直立的圆柱体的上方剪开成条，卷弯成树枝状，再用彩色纸剪成树叶贴在上面，就成了各种花木或果树。[①]（见图 6-19）

加

图 6-19

很多时候，制作一件纸造型作品是"减法"与"加法"的综合运用。例如，用长短不同的圆柱体制作动物的头和身体，用"减法"剪出眼睛、嘴巴等，用"加法"贴上尾巴、耳朵、眼睛、鼻子、胡须，用小棒插入做脖子。再如，用正方体、长方体制作电器、家具、房子、交通工具、机器人等，也是既要用减法，也要用加法。

---

① 孔起英. 学前儿童美术教育. 南京：南京师范大学出版社，1998：204.

二、创意

在学会制作基本型的基础上，教师应指导幼儿进行联想造型，即根据基本型想象所要创作的形象。当有了初步的想法以后，教师可以指导幼儿学习用"减法"或"加法"对基本型做加工，制成作品。

幼儿进行制作时，也可利用纸盒、纸筒等现成材料作基本型，根据其基本型进行想象，对其做加减、组装处理，制作成纸造型作品。

第十节　泥塑

泥塑是幼儿最常见的立体造型活动，它运用双手操作和简单工具将泥塑造成立体的形象。泥塑在锻炼幼儿的手指肌肉动作的灵活性，发展幼儿手眼协调能力，培养学前幼儿的空间知觉和立体造型能力方面有很好的作用。

设计泥塑活动时需注意使幼儿感受各种泥塑材料的特性；结合不同造型学习泥塑的基本技能，发展立体造型能力；在塑造各种不同的物体形象与动态的基础上，构成具有一定情景的群塑。

一、基本技法

(一)了解泥塑材料性能与用途

泥工的材料和工具主要有黏泥、橡皮泥、面团、泥工板、竹刀以及其他辅助材料。教师指导幼儿学习泥塑的第一步是让他们了解泥塑材料的性质和用途。例如，知道黏泥是柔软的，可以任意变形，能够互相粘接；知道泥工板是塑造时放泥用的，小竹刀是用来刻画细节和修整作品的。

(二)掌握捏泥手法

教师应结合创作指导幼儿学习泥工的基本手法。这些基本手法有搓长、团圆、拍压、捏、挖、分泥、连接、抻拉等。

1. 搓长

将泥块放在手心中，双手配合前后搓动，可以搓成圆柱形物体。

2. 团圆

将泥块放在手心中，双手向相反方向旋转，揉成球状物体；或将团圆的泥稍拉长后，搓成卵圆形。

3. 拍压

将团好的圆球，用手掌拍压成扁平的泥饼，或将团好的圆球、搓好的圆柱体在板上轻轻拍压成有棱角的立方体、长方体。

4. 捏

用大拇指和食指配合，捏出物体的细小部分。

5. 挖

在圆球基础上，用大拇指按压，挖出孔后修整成圆形中空物体，或在立方体基础上，用工具将中间泥挖去，修整成方的中空体。

6. 分泥

按所要塑造物体基本部分的比例，将一块整泥凭目测分成若干部分。

7. 连接

将所塑物体的各部分粘接在一起，成为一个整体。较大块泥的粘接，可以用砌合的方法，即在泥的一端挖孔，另一端加长，然后埋入孔中，砌合成形。或用细竹棒插入两头粘接处，使之支撑成形。

8. 抻拉

从整块泥中，按照物体的结构抻拉出各部分。

(三)塑造基本型

运用以上基本技法可塑造出球体、椭圆体、圆柱体、立方体、长方体、中空体和组合体等基本几何形体。指导时，教师可先用语言启发幼儿动手尝试练习，仔细体会动作和基本型之间的关系，在此基础上，让幼儿观察教师如何用上述基本技法塑造基本型，使其准确地掌握塑造技法。

(四)使用辅助材料

为了使泥塑更加生动、有趣、逼真，教师应指导幼儿学习使用泥工的辅助材料，例如，豆类可以做出动物的眼睛，羽毛可以做公鸡的尾巴，牙签可以将物体的两部分连接起来等。

(五)构成情节

在幼儿具有一定泥塑创作的经验和能力时，教师应引导幼儿学习塑造若干形象，组合成有情节的泥塑群像。

(六)着色

在幼儿园大班，为使泥工作品更加美观逼真，可对泥塑进行着色描绘。方法是在作品干透后用水粉色上色，先涂白色作底色，干后再用其他颜色描绘。用于描绘的颜色，可以用形象的固有色，也可以只考虑美观而用装饰色。着色时不宜来回反复涂抹，否则颜色会浑浊不清。

二、黏泥的制作与运用

一般来讲幼儿园泥塑使用的黏泥有土黏泥、橡皮泥、面泥等。这些材料有的可以在市场上购买，有的须自己制作。

(一)土黏泥

土黏泥经济方便，但使用前需要加工一下。方法是将收集来的泥土放入桶中兑水化开，搅成黏稠的汤状，让泥土中的植物根须等杂物漂浮起来，用工具捞出或漂出；再将泥沉淀几小时，当清水澄出时，把水舀出，留下黏泥；取出桶中上层的细泥留用，将桶底的泥渣倒掉；再对泥做一些加工，在泥中加少量的盐和油，糅合均匀；和好的泥封存在塑料口袋里备用。

(二)橡皮泥

橡皮泥干净、使用方便，市场有售，是幼儿泥工的常用材料。但橡皮泥冬季易发硬，夏季易发黏，因而适宜在春秋两季使用。

(三)面泥

面泥制作简便、干净。配方是：1 杯食盐、1/2 杯玉米粉、3/4 杯水。

把所有这些原料放在容器中，混合搅拌均匀后加热。加热时，用一木勺不断搅拌，直至材料粘合成一团，面泥就做好了。将泥盛出，放入盘中冷却。冷却时用一潮湿面巾覆盖其上，防止干裂。待面泥冷却后，稍加揉匀即可以投放使用。

若要制作彩泥，可事先放一些耐高温颜料在原料中，但这要分色加热，制作程序比较麻烦。为简便起见，可在面泥制好之后，分块放入颜料揉匀。无论在事先还是事后放入颜料，都要考虑颜料的干湿度。当使用水性颜料时，要相应减少放入的颜料量，以防面泥过软。

面泥的缺点是夏季易发酵，有条件的幼儿园可将制好的面泥冷却后用塑料薄膜包裹严实放入冰柜保存备用。不具备条件的幼儿园，教师应按土黏泥、橡皮泥和面泥的不同特性，决定使用的季节。在制订教育计划时，可以考虑将使用面泥的塑造活动安排在凉爽和寒冷的季节进行。

三、注意的事项

第一，泥塑完成以后，需要晾干才能牢固，成为永久性作品。晾干时要注意将幼儿的作品放在通风阴凉处阴干，以防作品干裂或发霉。

第二，展示和保存泥塑作品比起绘画作品要难一些，需要一些空间和容器，尤其是作品数量较大时，教师会觉得很难办。这种情况下，教师可让幼儿带一些泥塑作品回家。另外，有些泥工材料是可以重复使用的，若重新使用泥料需要毁掉原来的作品，这时，教师应与幼儿商量或不当幼儿的面作处理。有条件的幼儿园，可以先给作品拍照再处理，避免伤害幼儿对作品的感情。

第十一节　综合制作

综合制作，即在一次活动中运用多种技能与工具材料进行创作。综合制作对于幼儿的动手能力、想象力、创造力的培养有非常重要的意义。

设计综合制作活动时须注意：合理选用材料；让幼儿通过对材料的操作感受材料的特质，展开想象；于作品完成之时享受成功的乐趣。

一、收集材料

综合制作中材料的收集和选择十分重要。教师应组织幼儿广泛而有目的地收集材料，及时将材料分类保存，在需要时选择适当的材料进行制作。

二、基本技法

(一)修剪材料

综合制作的一项技能是对材料进行修剪，使之适于造型的需要。例如，在纸盒造型中，将一个纸盒通过切割制作成动物躯体的样子。

(二)接合法

在综合制作中，连接是非常重要的一种技法，教师要将其作为重点、难点对幼儿加以指导。连接的方法有：

一是粘合法，即用胶水、糨糊、橡皮泥等将造型所需的各局部连接在一起。

二是缝合法，即用针、线等进行连接。

三是接合法，即用订书机、双面胶等进行连接。

四是插接法，把材料切开，将另一部分插入，使之连接在一起。

三、创意

在综合制作中，教师除了教给幼儿必要的造型技法外，应把指导的重点放在引导幼儿想象上。启发幼儿发现材料的特质，即材料的形状、质地、颜色的特点；思考利用材料的这些特质可制作什么；照自己的设想，应选择哪些材料更合适。让幼儿在这样的探索中发展他们的想象力与创造力。

四、注意事项

第一，提供给幼儿的制作材料要丰富多样，但不是堆砌很多的材料，要提供有表现力的材料，让幼儿与材料充分接触。

第二，综合制作可与游戏结合起来。一是可以在游戏情景中进行制作，二是可以用游戏的形式来开展制作，三是可以将制作的成果当作游戏的道具。

第三，养成幼儿良好的工作习惯。

第七章 幼儿园美术综合探索活动引导

综合性学习是世界教育发展的一个新特点，是美术课程应该具有的特征，也是有待探索和创新的一个难点。这一新领域提供了美术学习各领域之间、美术与其他学科、美术与现实生活等方面相综合的活动，以丰富的内容和形式激发幼儿的审美情趣和艺术创造力，通过不断地探索实现艺术创作。

美术创作是人的审美创造活动。它是一种复杂的审美认识和审美表现活动，同时也是一个从审美认识到审美表现、从艺术构思到艺术传达的过程。完整的美术创作过程，一般包括两个阶段：第一阶段是作者创作构思阶段。通常以作者对生活丰富的观察、感受、体验为起点，融入审美理想、精神情感，经分析和提炼，形成基本的艺术构思。第二阶段是作者的艺术传达阶段。作者运用一定的材料媒介、技艺手段和美术语言，将在艺术构思阶段形成的审美认识和审美意象表现出来，物化为美术作品。

幼儿从事的美术活动同样具有创作的特征和过程，不同的是他们的认识、构思、表达的过程相互交织，更加交融，表达的内容更是他们幼小心灵对这个世界的独特认识，传达的方式更具有他们的智慧特点。幼儿的美术活动虽然有其独特性，但从本质上来说同样属于创作，因此幼儿的美术活动应围绕创作展开和深入，不可以用临摹或写生来替代。对于幼儿的创作，教师最好的指导方式是引导。所谓引导，即教师创造一定的条件，使幼儿通过观察、感受、体验等获得创作所需的经验，萌发表现的愿望，进而步入艺术构思，最终用美术的手段加以表达。简言之，就是设法开启幼儿美术创作的第一个阶段，协助幼儿进入创作的第二个阶段。

如何实现上述引导幼儿美术创作的过程呢？根据教育实践者和研究者近几年的探索，概括出以下途径与思路：从表现内容出发引导创作、从表现形式规律出发引导创作、从材料特性出发引导创作、以表现的内容和形式相结合的方式引导创作。

第一节　从表现内容出发引导幼儿创作

什么是表现内容？通常，我们将构成作品的物象、事件、情节的指称含义及其表现意义和主题称为作品的内容，所有这一切在物化为作品之前，我们称其为表现内容。在这里，所谓指称含义指作品中描写的对象，表现意义则指这些对象和情节在作品中呈现出来的情感和情绪，主题指作品的中心思想、作品的主旨。

从表现内容出发引导幼儿创作即是把内容作为创作的出发点。这是指导幼儿创作的核心路径，也是其他创作指导思路的基础。指导这类创作，可从以下几个方面做起。

一、确定内容

从内容出发引导幼儿创作，对于教师来说，首先要选择和确定创作的内容。在实际教育过程中，教师通常会面临两种情况：一是班或园已经拟订了一个时期的教育主题，于是需要在主题之下决定美术教育的内容。另一种情况是幼儿对某些事物产生了兴趣，那么这些事物将成为美术创作的内容，这时，需要澄清题旨，确立主题。总之，无论是哪一种情况，选取内容的时候，以下几点是必须注意的。

(一)精选表现的形象和事件

教师在决定表现内容的时候，正确选择美术表现的主要形象和事件是非常关键的一步。

形象之重要，原因在于美术是视觉艺术，没有一个明确的形象就没有描绘的对象，幼儿就不知画什么。例如，许多教师喜欢随季节选择主题，春天或者秋天，但是季节是大自然的一种弥漫着的、无边无际的整体状态，不是某个具体事物。如果只提出春天或秋天的题目，不进一步选择能代表这些季节的形象，幼儿便无从画起、做起。特别是对于偏于抽象的主题，一定要找到能体现它的意义的具体形象。

事件之重要不亚于形象。研究发现，幼儿的思维是以叙事，也就是故事的方式展开。没有事件，幼儿难以展开思维。有幼儿曾说："没有故事的画，不算好画。"因此，确定形象时，要注意其中须包含或能引起一定的事件，切忌空泛。仍以季节性主题为例，能体现季节特点的形象可能就是植物，但是植物自身不会运动，比较难于形成事件，所以，孤零零地画植物往往很难引起幼儿的兴趣，产生好作品。有些教师注意到这点，曾在画植物时，根据幼儿思维的特点，将植物拟人化，再配合故事启发。这样幼儿的思维活跃了起来，大胆想象，画出了许多具有神奇功能的植物。经验表明，对于偏于静态的形象，一定要设法扩展它的想象空间。

(二)贴近幼儿生活

对于表现内容将涉及的生活，幼儿应有亲身的体验。同时，这种体验还要使幼儿印象深刻，曾经打动过幼儿；幼儿有情感上的经历，或悲或喜，或有趣好玩，不是模模糊糊的琐事。例如，在一个幼儿园，曾以"爱妈妈"为主题绘画。当时，教师向幼儿提出了这样一些创作参考题目："我和妈妈印象最深的一件事""我最想和妈妈一起做的事""我最想帮妈妈做的事""和妈妈一起出去的时候，我应该怎样做""妈妈回来晚了，我应该怎样做"等。初看之下，这些题目确有一定难度，但由于题目包含有幼儿自身的生活，幼儿能联想到自己的经验，所以下功夫思考，结果画出的作品内容很充实，也很有趣。

(三)生动有趣

要生动有趣，所选内容须含有矛盾变化，不可画"一比一"的死形象。例如，许多美术教材，左边画一栋房子，右边留出空白让幼儿照样也画一栋房子，而且仅仅画一栋房子，不用画别的，因为，房子周围的景物都已经画出来了。再如，画汽车时，教师教幼儿画一个大长方形，然后把大长方形的一角去掉一点儿，画上两个圆形做车轮，再画上车窗，作品就完成了。其实，有许多与汽车有关的有趣事物，但是教师没有将其纳入幼儿的创作。像这样枯燥乏味的内容，不能引起幼儿的兴趣。生动有趣的表现内容，要包含一定的矛盾变化，而这个矛盾又要是幼儿能理解，合乎这个年龄幼儿的情感和认识的特点，这样才会引起幼儿的兴趣，才能激发幼儿创作的愿望。

(四)有想象的空间

有想象的空间，就是所选内容有一定的发散性，能引起幼儿的联想和想象。例如，还是关于季节的主题。在一个《画秋天》的活动中，活动开始的时候，教师先提出"画秋天"的题目，然后，教师把幼儿在户外活动时捡回的树叶发给幼儿，让幼儿观赏这些叶子，仔细地抚摸这些叶子：树叶有不同的形状，各种各样的颜色，还有细细的叶脉，等等。随即，教师让幼儿画美丽的秋天，结果许多幼儿想不出画什么。有些幼儿选择离开教师所提的内容，画自己想画的画。始终依照老师所提内容画的幼儿非常失败，根本没画出什么东西来。其实，这个结果是必然的，因为单纯地描绘落叶既难度大，又缺乏联想的线索，把幼儿的手脚捆绑住了，如何能画出"秋天"呢。

秋天的一个明显的特征是树的叶子会变黄。在北方，入秋之后，随着秋风吹过，树叶会一片片落下。对照上述画秋天的例子，如果不是仅仅画树叶，而是从落叶展开联想，效果就会大不一样。曾经，有位教师这样做，她对幼儿说："秋天到了，树上的叶子的颜色在变黄。一阵秋风吹过，有些叶子落了下来。飘啊飘，叶子落到哪里去了呢？会发生什么事情？"她让幼儿思考、讨论一下，然后把自己想的画出来。这样的引导语让很多事物可以入画，每名幼儿可从中找到自己的表现内容。有选择的余地，有包容性、发散性，幼儿便可发挥创造优势。这一事例进一步说明，描摹单一、静态的物体对幼儿来说既无趣，又非其所长，且有碍于其创作思维的展开。正确的做法是选择那些能引起想象的、活跃的形象与事件作为幼儿创作的内容。

(五)内容和形式相配合

美术的表现形式与所用工具材料密切相关，不同的工具材料会产生不同的形式效果。由于幼儿使用工具材料时不会刻意营造特殊的效果，因此，其作品的表现形式往往直接出自于所使用的工具材料。简言之，在幼儿创作中，工具材料决定了作品的形式。因此，当我们表述"内容与形式相配合"内涵时，间或会以工具材料代指"形式"。很多时候，人们误以为任何工具材料可以表现任何题材内容，其实不是这样的，对幼儿来说，尤其不是这样。各种工具材料都有其最适合表现的题材内容，在表现某些特定的内容时具有优势。只有工具材料与表现内容相宜，才能取得好的表现效果。对幼儿来说，更是如此。很多时候，创作能否取得好的表现效果，取决于内容与形式的相宜程度，所以，教师在选择表现内容时，就要充分考虑到幼儿力所能及的表现方式与其是否相宜。前面讲的描绘树叶表现秋天的例子，不但缺乏想象的空间，也不适合幼儿所能运用的表现方式。有的时候，我们看到一些儿童画画得非常美，总以为是孩子有天分，老师教得好，其实，这里有一个秘密大家很少去想，就是内容和形式的配合，只有内容和形式配合得好，才能出好作品。①

二、开展系列活动

从内容出发引导幼儿美术创作最好以系列的活动的方式进行，多个相互联系的活动围绕一个内容层层推进，深入展开，可以分为如下几个阶段进行：

(一)获得最初的经验

在活动开始时，教师应设法使幼儿获得足够的经验。一方面，教师可以引进幼儿已有的经验。另一方面，鉴于幼儿生活环境的局限，生活经验不足，教师需要指导幼儿观察周围的生活，组织他们参加力所能及的劳动、有趣的文体活动和外出参观游览等。大社会、大自然是幼儿获得创作经验的最好课堂。在幼儿经验准备充足的情况下，教师引导幼儿围绕经验进行美术创作。这可以成为系列活动中第一个阶段的子活动。

---

① 参见本书附录二 教育实际问题解析——以多样之美激发不竭的创造力。

(二)收集资料，扩充知识，欣赏作品

系列活动的第二阶段是广泛收集与内容有关的资料，扩充知识。对象包括美术作品(照片、图片、录像)、文学作品、科学知识等，同时，打通美术活动与其他领域的教育，开展认识、欣赏和探索活动，让幼儿有尽可能多的知识经验储备。这一阶段的创作采取个别自由活动为好，让幼儿在无拘无束、自由自在地探索中掌握美术形象，使经验与知识融会贯通，为其最终的创作积累和铺垫。

(三)引入相关表现媒材与手段

在幼儿对所要表现的对象有了深入地了解并把握形象的结构之后，教师可以尝试引导他们用不同的媒材和方法进行表现。这样可以使幼儿体会在表现同一内容时，不同媒材的特点，学习根据表现内容选择材料和工具，增加对美术媒材特性的了解与敏感。

(四)导向创造性表现

创造性表现是一种想象成分较多的美术创作，是对前一阶段以经验和知识为表现内容的超越。教师应在幼儿有一定积累和萌发出创造愿望的情况下，因势利导地将幼儿引向创造性表现。创造性表现可以借助于其他艺术形式，如选择与内容有关的故事，用美术的方式表现故事的内容，或者根据内容，自编故事，再表现出来。进一步，可以发展成综合艺术活动，如戏剧表演。这时美术化为整个活动中的一个环节，可以画布景、做道具服装、化装等。

三、在活动的过程之中给予指导

引导从内容出发的美术创作，最主要的方法是在幼儿的创作过程之中给予指导。过程中的指导包括两方面：一方面，从生成的角度，教师需将一个系列美术活动展开并引向深入；另一方面，是现场面对面的解决问题。要真正做好幼儿创作过程中的指导，教师要做到以下几点：

(一)具备背景知识经验

幼儿创作过程之中的指导没有事先的设计安排，随机进行，这样，就要求教师有一定的背景知识经验，以便能够根据幼儿当时的情况做出反应。教师的背景知识经验包括幼儿发展的理论知识、美术知识与技能、幼儿美术发展规律的理论知识和感性经验以及对每一个幼儿的了解。作为教师须勤于学习、思考和积累。

(二)注意观察幼儿的表现

幼儿的每一个表情、言行都代表着他内心的活动，教师应细心地体察、倾听。在体察和倾听的同时，迅速地思考幼儿遇到了什么样的问题，出现了什么新的契机，是否应该给予指导或导向新的活动。

(三)学会等待

人的创造性活动需要足够的时间来思考、尝试。在幼儿进行美术创作的时候，教师应给予幼儿充分的探索时间，不要一发现问题就迫不及待地告诉幼儿该怎样、不该怎样。幼儿经常在尝试思考一会儿以后会自己解决问题，而我们的老师却在幼儿全神贯注地思考时打断了他，这是很可惜的。

(四)营造宽松的气氛

在幼儿美术创作的过程中，教师不仅要做显性的指导，还需要营造一种利于创造的气氛，即心理的环境。宽松的气氛使幼儿有活动的自由和信心，不胆小犹豫，能够大胆地尝试、创造。为此，教师要对幼儿抱肯定的态度，让幼儿感到教师对他们的想法和做法感兴趣，他们的想法和做法是值得尊重的、有价值的，他们可以放心地去做。也正是在宽松的气氛中，教师才得以观察到幼儿真实的表现。

附：活动案例

从表现内容出发引导幼儿的美术创作

"我和鸟儿是朋友"和"军犬"两组系列活动均属于从美术内容导入创作的实例。这两组活动充分显示出幼儿从获得最初的印象到创造性地表现的各个阶段，同时提供了在这一过程中教师宝贵的指导经验。"我和鸟儿是朋友"侧重展示了系列活动的各个阶段，从中可以看出教师是如何根据幼儿的进展调整、推进这一系列活动达到创作的高峰——幼儿最终创作出"鸟的一家"组画和"鸟的乐园"群雕模型。"军犬"对教师与幼儿的互动作了充分的叙述，特别是从"军犬"的木偶制作一段中，可以看出教师怎样一步步小心翼翼地引导幼儿完成了木偶的制作，实现了他们用木偶表演的愿望。

我和鸟儿是朋友（大班）

总参管理局幼儿园 富威

活动由来：

3月28日上午，我们班的师生到北京百鸟园游玩，发现一只绿头鸭困在了高空网上。孩子们立即叫来了工作人员，经过一些波折，这只绿头鸭终于被送进了医务室。在整个解救过程中，孩子们表现了极强的责任心和同情心。于是，我及时抓住幼儿的关注点，以此作为一次活动的内容，同时结合大班幼儿美术活动特点与规律，发动幼儿收集有关鸟的资料，组织"我和鸟儿是朋友"的主题活动，引导幼儿在活动中进行大胆的想象与创造，充分表达他们自己的情感和经验。通过活动，幼儿美术技能技巧也得到进一步发展。

活动一：绿头鸭的故事（一）

（一）活动目标

（1）表现出在百鸟园解救绿头鸭的经历，培养对鸟类的爱心。

（2）动手制作连环画。

（3）在观察的基础上，充分表现出绿头鸭的主要特征。

（二）活动准备

（1）幼儿在百鸟园的事件经历的有关资料。

（2）彩笔、图画纸、订书器。

（三）活动过程

（1）幼儿参考照片回忆在百鸟园所发生的事件的整个过程。

（2）教师引导幼儿将事件分成段落，进行绘画。

(3)幼儿观察绿头鸭图片,在作品中准确表现绿头鸭的外形特征。

(4)幼儿为作品起名字,自己动手装订成画册。

(5)教师鼓励幼儿将故事画册拿给同伴看,并用自己的语言讲述故事。

(6)教师对活动进行讲评,表扬绘画过程中认真观察、注意细节的幼儿。

(四)效果分析

活动中,幼儿能够大胆编出事件的全部过程。个别幼儿将事件过程作了更为细致的表现,并发挥想象画出了绿头鸭的最终结果,但绘画质量比较粗糙,线条过于简单。有些幼儿注意了一些细节,如教师拍照的动作,人物当时所处的位置,高空网的形状等。

由于故事内容是幼儿亲身经历的,所以他们对活动有很大的兴趣和积极性,作画过程中,幼儿明显表现出专注和兴趣。此次活动效果较好,幼儿的兴趣点和好奇心得到了满足。

活动二:绿头鸭的故事(二)

(一)活动目标

(1)大胆想象与创作,并表现出形象细节。

(2)共同完成一幅作品,培养分工合作精神。

(二)活动准备

(1)幼儿在百鸟园所经历的事件的有关资料。

(2)前次作品。

(3)彩笔、图画纸。

(三)活动过程

(1)幼儿翻阅第一次作品,讲述整个事件的全部过程。

(2)教师鼓励幼儿进行大胆想象,说一说自己希望绿头鸭后来会怎样。

(3)指导幼儿对画的细节部分做细致表现。

(4)分组作业,几名幼儿共同完成一幅画,表现绿头鸭被解救后会有怎样的经历。有问题大家协商解决。

(5)将幼儿作品分组逐一展示,共同为画起名字。教师对幼儿积极参与绘画活动、共同商量作画行为予以表扬。

(四)效果分析

从画面质量看,此次作画较前次有很大提高。集体创作可以集思广益,使幼儿有充分的时间进行思考,画面更加丰满。幼儿通过大胆想象,画出绿头鸭病愈后归队等情景，充分表达出幼儿的美好心愿。从整个互动过程看，达到预期目的。

活动三：小鸟的一家

(一)活动目标

(1)充分发挥想象力与创造力，用"美术语言"再现文学作品《小鸟的一家》的主要内容。

(2)通过想象，表现出小鸟的形象与动作。

(3)树立保护动物，爱惜珍禽的意识。

(4)分工合作完成一幅作品，培养合作行为。

(二)活动准备

(1)原始文字材料《又有五只朱鹮起飞了》。

(2)彩笔、大画纸。

(三)活动过程

(1)教师为幼儿介绍故事资料背景材料，激发幼儿的兴趣。

(2)欣赏作品，为故事划分段落。

(3)分组作画，引导幼儿分工合作。

(4)指导幼儿为小鸟设计形象，充分发挥想象力与创作力。

(5)每组派一名代表，讲解画面，讲述该段内容。教师做记录。

(6)针对每组幼儿大胆想象和分工合作予以鼓励和表扬。

(四)效果分析

通过每个幼儿的努力，全班幼儿集体创作出六幅作品。他们大胆想象出鸟儿生活的环境和鸟儿的尾部形态，使画面显得生动、可爱；同时，幼儿的绘画能力也有了一定的进步。①

由于此活动延伸了前两次活动的内容，同时又结合了新的故事内容，所以活动能充分吸引幼儿的注意力。活动过程中，幼儿都表现出了很大的积极性，且情绪一直处于兴奋的状态，所以效果很好。

活动四：我为鸟儿做新衣

(一)活动目标

(1)按意愿用绘画、刺绣、剪贴等技巧装饰鸟。

---

① 作品见本书附录一 幼儿美术作品赏析案例——鸟的一家。

(2)培养对美的表现力。

(二)活动准备

(1)师生共同收集和欣赏鸟类的图片、照片。

(2)三组工具材料:

刺绣组:绣花绷子、画有鸟的布、针、绣花线。

剪贴组:大纸样、彩纸、剪刀、胶棒。

绘画组:小纸样、彩笔。

(三)活动过程

(1)教师以春天到了,小朋友都换上了新衣,鸟儿要换新的羽毛为引导,激发幼儿为鸟儿做新衣的兴趣。

(2)幼儿自选活动内容与材料,大胆想象进行装饰。

剪贴组作为重点指导:

①剪裁图形,花纹布局。

②活动常规,节约用纸。

③合作意识。

(3)教师简评幼儿作品,幼儿讨论彼此的作品。

(四)效果分析

剪贴组的幼儿配合较好,能够按需要剪下材料进行装饰,并能废物利用,从碎纸中间挑出合适的材料。但由于图形过于简单,没有用到以前做过的四瓣花、六瓣花、二方连续等图案花纹。刺绣组的幼儿在技巧上较以前有进步,针脚均匀,并能够变化使用不同颜色的线进行装饰。绘画组的幼儿大部分运用线条进行装饰,所装饰的图案比较简单,缺乏色彩。个别幼儿只注重数量,忽视了质量。如果教师不剪纸样给幼儿,让幼儿自己画轮廓,可使幼儿不感到拘束,运笔会更为自然。

活动五:鸟儿的乐园

(一)活动目标

(1)尝试使用黏泥进行塑造。

(2)大胆地想象与创造,塑造鸟的外形。

(3)练习使用毛笔、水粉给捏好的鸟上色,提高审美能力。

(4)增强爱护鸟类的意识。

(二)活动准备

(1)布置展台。

(2)黏泥、泥工工具、羽毛、各色水笔。

(三)活动过程

(1)幼儿玩泥,在玩的过程中了解黏泥的特性。

(2)幼儿大胆塑造各种鸟。教师指导幼儿用工具整理棱角,使之圆滑,并按需要使用辅助材料进行美化。

(3)上色时教师提醒幼儿注意:

①按自己的意愿给鸟设计外衣。

②如果有需要可以参考图片。

③活动常规。

(4)教师请幼儿为大家介绍自己做的鸟,说一说它叫什么,喜欢吃什么,住什么地方,并将其放进展台。

(5)幼儿互相欣赏作品,讲一讲优点和不足。教师进行总结。

(四)效果分析

在玩的过程中,幼儿对黏泥的特性有了一定的了解,有强烈的愿望捏出自己喜欢的鸟。他们充分发挥想象力与创造力,塑造了形象各异的鸟,并按意愿进行了上色。在讲述的过程中幼儿表现出很大的积极性,讲述内容比较丰富,口语表达能力有所提高,不仅能够讲出优点,还能提出不足。在活动中教师对幼儿使用工具指导不够,使工具在此次活动中没能充分发挥作用。

活动总结:

此次"我和鸟儿是朋友"主题美术活动开展得比较成功,实现了预期的目标。由于及时抓住了偶然事件和幼儿的兴趣点,在整个活动中,幼儿一直处于积极兴奋状态,充分参与。在活动设计上为幼儿留有余地,使幼儿的想象力与创造力得到了充分的挖掘与发挥,大胆地表现出自己的经验、情感与心愿。幼儿讲述作品,教师奖评作品,增强了幼儿参与活动的自信心,同时达到互相学习,提高审美能力的目的。在活动过程中,幼儿的绘画、剪贴、刺绣、泥工等技能得到了充分的锻炼与提高,在运笔、用色、构图、造型方面较以前有较大进步。有三次作业通过幼儿合作完成,这能使幼儿建立合作意识,对幼儿社会性起到了促进作用。制作展台"鸟的乐园"使幼儿内心充满成就感,加深了幼儿对鸟的认识,增强了幼儿爱护鸟类的意识。尽管本次主题活动开展得比较成功，但仍存在缺点与不足，如教师组织幼儿进行观察时，指导得不够细致，使幼儿在操作中不敢大胆放手，对工具材料的使用的指导有所欠缺，在今后的工作中应给予重视和改进。

军犬(大班)

北京师范大学实验幼儿园　蔡丽丽

一、获得经验

秋游活动中，幼儿看到了精彩的军犬训练，给他们留下了深刻的印象。回来以后，一些幼儿用画笔记录下军犬的模样。与此同时，引发了讨论，幼儿提出了很多疑问。因而大家决定回家查资料，来丰富关于犬的知识。由此也引出了我们的下一阶段的活动。

二、资料的收集与知识的扩充

(一)活动一：资料的收集与分享

第二天，幼儿从家里带来了自己从不同渠道、途径查询来的资料，他们互相介绍和传阅资料中有关犬的知识，并提出以下问题：

(1)狗的什么器官最灵敏？为什么？

(2)狗为什么会摇动尾巴？

(3)狗为什么会四处撒尿？

(4)为什么天热时狗总是把舌头伸出来？

(二)活动二：讨论——如何展示我们对军犬的了解

教师提问："你们想把自己对军犬的了解展示出来吗？我们用什么方法呢？"

幼儿回答："把它的功能画下来。""做成宣传板放到外面展览。""写出来。""邀请别的班的小朋友来我们班看我们带来的书和光盘。"

教师提问："这么多的办法，那我们先做哪样？"

幼儿回答："画画，因为大家都喜欢看画，许多小朋友都不认识字。"

(三)活动三：第一次画狗器官的功能

在绘画中我发现，幼儿无从下笔，绘画完成得很艰难，想画但不会画。

画出的作品，他们自己都不满意。

（四）活动四：为进一步表现狗做好准备

我给幼儿找来了很多关于狗的绘画图书，让幼儿分析、观察图中狗的各部分形态，研究狗的绘画方法。

（五）活动五：第二次画狗

通过对狗外形的充分分析，这次幼儿的绘画从线条上来讲流畅了许多，而且表现狗的四种器官形态也是非常逼真，同时幼儿间也形成了互动。

（六）活动六：布置宣传板

我和幼儿一起将这些画按照器官的不同作用进行了分类。有两名幼儿提议应该有文字的说明，于是，孩子们各自分工，有的写，有的剪，有的和老师一起布置版面，还给宣传板起了个好听的名称——"神奇的狗器官"。通过活动培养了幼儿的分类及进行合理安排版面的能力，同时幼儿之间也有了合作意识。

（七）活动七：光盘使活动又掀高潮

一天，一名幼儿拿来了《哈拉狗》的 VCD 光盘。光盘中的片子介绍了狗是人类的好朋友，它们能够帮助人类完成很多的工作。于是，我便放给大家看。在看的过程中，我观察到每名幼儿都是目不转睛地在看，并不断地发出了赞扬和钦佩之声。在讨论中，孩子们表现得异常兴奋，互相说着犬的不同本领，并且表示他们还是愿意用画笔来表现他们所看、所想到的一切，于是，引出了我们的下一个活动，同时也掀起了认识狗、画狗的新一个高潮。

（八）活动八：绘画——狗是我们的好朋友，学习合作画画

看完 VCD 光盘，幼儿迫不及待地又画起了狗帮助人做事的画，有 1 个人画的，也有 2～3 个人合作画一幅的。于是，教师与幼儿讨论如何画好合作画。

教师提问："想合作一起画画的小朋友，如果你画一笔，我画一笔，这样好吗？"

幼儿回答："不好！"

教师提问："哦！不好，那这样画的结果是什么？"

幼儿回答："会很乱！""什么都没画好！"

教师提问："那我们应该怎么画？"

幼儿回答："一起商量好了谁画什么，然后再画。"

于是，老师给幼儿提供了大幅的纸张、水彩笔、油画棒、水彩颜料等绘画工具，并让幼儿确定好合作伙伴和绘画内容之后，进入了绘画的过程。

幼儿在愉快的氛围中完成了合作画。他们把自己的作品搬上了活动室的墙壁，并且每一幅画都有自己的故事。

三、多种表现媒材与手段的引进

活动：多种形式做立体小狗

在活动区活动时，孙雨歌自己用三个折好的小裤子组合成一只小狗，同伴们都围过去看，表示要向她学习折小狗。

这时教师问，"除了可以折叠拼插出小狗以外，还能够用什么办法制作出立体的小狗？"

幼儿回答："可以用纸盒来做。""用橡皮泥捏。"

这下幼儿的情绪兴奋起来，于是便进入了区域，开始进行多种形式的制作：有的折叠小狗；有的用纸盒组装嘴巴能活动的小狗；有的制作泥塑小狗。

四、导向创造性表现

(一)创编警犬抓小偷的故事

观赏了"秋天"组幼儿的创编故事表演后，引发了警犬组幼儿的讨论。

有名幼儿说："其实，我们也可以编一个警犬抓小偷的故事，来表演给他们看(秋天组)。"

另一名幼儿说："对，这倒是个好办法。"

还有的幼儿说："我也想演。"

从幼儿的讨论中不难看出，由于游戏同伴间的学习，激发了这组幼儿的表演欲望，创编了警犬抓小偷的故事，引发了下面的一系列活动。

故事概述：

一个小偷去抢银行，正当他装钱的时候，有一个聪明的职员按响了报警器。于是小偷匆忙逃走，他却把自己的打火机丢在了银行。此时警察接到报警后便牵着警犬来破案。经过侦查，警察发现了打火机，警犬根据其气味抓获了小偷。

(二)分组活动

1. 木偶的制作与表演组

活动一：木偶的初期制作

木偶组的幼儿利用硬纸盒画出了故事中的三个主要角色：警犬、警察和小偷，并将其剪下做成纸板木偶。在木偶的背后和另一个硬纸板之间用胶条粘了几根毛线，于是他们完成了最初的提线木偶制作。但是木偶的胳膊和腿却都动不起来。为了解决这个问题，幼儿们进行了多次的探索与尝试。

活动二：研究制作如何让木偶的关节动起来之一

他们商量后，要了几个大头针，各自把自己木偶的腿和胳膊剪了下来，然后他们用大头针把剪下来的四肢与木偶的身子固定在一起，四肢和尾巴借助于手倒是能左右活动了，可是大头针太长了，晃着晃着腿和身子分家了。

活动三：研究制作如何让木偶的关节动起来之二

他们又要来了图钉，图钉倒是不会让木偶的关节与身子分离，但只能用手操纵，关节才能左右地动，提线的作用又没有发挥出来。这次失败后，幼儿们有些灰心。于是教师提醒道："你们想想，不用钉子类的材料行不行？用软一些的材料呢？"听了教师的提醒，一名幼儿说："那用毛线把它们给系住。"于是他们开始了用线打结的办法。

活动四：研究制作如何让木偶的关节动起来之三

今天，他们利用针把穿过来的线两头系在了一起，由于毛线本身具有的弹性，用提线这么一拉，木偶还真是有些动起来了。幼儿高兴地拿给教师看，教师表扬了他们，并好好操纵了一下。其实教师发现，这里还是存在问题。为了不再让幼儿有挫折感，教师没有在这时给他们提出来。

活动五：用线打结的方法改进木偶

教师肯定了幼儿的做法并说："我发现了一个问题，为什么木偶的腿、胳膊只能朝一个方向动得好？而往另一边却不是很好？"郭加看了看说："这边有这个毛线挡着了。"于是教师又问道："那怎么办？"曾正说："只有剪断它了。"教师说："剪断了，木偶的关节和身体还怎么固定呢？不这样系，那怎么连接？"郭加说："那就一边打一个结呗。"于是郭加进行了演示，并使木偶的关节彻底轻松地动了起来。

最后，木偶组的幼儿把他们的成果进行了展示。

2. 戏剧表演组

活动一：道具的制作

在今天制作之前，幼儿自己商讨和确定了自己想饰演的角色，然后大家根据自己的角色进行了初次的道具制作。

活动二：初次排练

初次排练前，教师和幼儿共同讨论了表演时应遵守的规则后，幼儿拿着自己的道具投入到排练中。排练过后，幼儿说出了很多的不足并深深感到道具的缺乏。于是，又引发了进一步的制作道具。

活动三：二次制作道具

幼儿发现道具的缺乏以后，今天他们又投入到道具的制作中，使故事所需要的东西更进一步的丰富和完善起来，同时也更增加了故事的趣味性与真实性。

活动四：继续反复排练及改进

幼儿满怀着表演欲望，又进行了排练，每次演完之后幼儿都要进行讨论，然后再来。经过艰苦的排练，终于可以演给"秋天组"的小朋友看了。

活动五：正式表演——"警犬抓小偷"

正式表演了，幼儿按照他们排演的过程有条不紊地表演着，受到了秋天组及木偶组小朋友们的欢迎。

3. 泥塑组

大二班的幼儿用胶泥捏的狗放在教室外面展览，孩子们欣赏过后引起了浓厚的兴趣，于是他们也要求用胶泥来捏狗。

这次活动正好是"家长开放日"，因此家长们也加入到孩子们的行列中。虽然说我们的活动内容是捏狗的故事，但到了最后，教师发现幼儿不仅仅捏了狗，还捏了恐龙、小鱼、乌龟、大象等好多动物，活像一个动物园。更有的幼儿捏起小人、马等。从幼儿捏的东西可以看出，他们在这前一阶段活动中获得的经验和技能得到很好的迁移。

自此我们"军犬"的主题活动，也在家长和幼儿的共同努力下结束了。

第二节　从表现形式出发引导幼儿创作

除了从内容出发引导创作以外，还可以从表现形式，如线条、图形、构图和色彩的组织结构及特征出发引导幼儿进行创作。不同的表现形式蕴含不同的意味。例如，粗重的线条会给人以强壮的感觉，多被用于刻画那些粗大、有力的事物；轻细的线条给人以细柔的感觉，常被用于描写纤细、柔弱的物体。图形、构图也是如此，圆形给人以圆满自足、方向不定的感觉，常用于活跃内敛的中心物；三角形则给人以稳定而尖锐的感觉，常用于突出、警示的事物和情景。色彩的形式一般呈现为色调，我们都知道，有冷色调、暖色调、灰色调、艳色调等，色调对于传达情绪情感具有更直接的效果。

从形式出发引导幼儿创作，即是从特定的美术形式规律引出相关的美术内容。然而，从形式出发引导创作并不是将某些美术形式规律孤零零地直接呈现给幼儿，而是从欣赏作品开始，从作品中感受、理解美术形式及其意味。在幼儿对形式有所感悟的基础上，导向生活和经验，发现相关的内容，然后进入创作。这样一个过程可以反复循环，不断注入新的相关要素，向前推进成为系列活动。

引导这一类型的创作，应从以下几个方面入手。

一、精选作品

作为创作前导的欣赏，在选择作品时一定要特别精心，其形式应具有鲜明的典型性，让幼儿一目了然，有比较强烈的感受，能较快把握其特征。就幼儿的欣赏特点来看，形象特征突出，富有情节和动感的作品易于打动幼儿，引发想象和创作的灵感。

另外，作品中蕴含的形式规律须是幼儿于生活中有所体验的。《有趣的长形画》①一文提到，研究者选了三幅长形画让幼儿欣赏。在这三幅画中，事物那种长长高高的特点在生活中普遍存在，只是在作品中这一特点被加以集中突出地表现。见到这样与生活密切相关的作品，幼儿便回忆起自己的经验，产生联想并希望寻找和发现有类似特点的事物。

不仅如此，作品涉及的事物和事件同样应该贴近幼儿的生活。特别是具象性作品，所描绘事物及场景该是幼儿感到亲切，喜闻乐见，在已有的生活经验和学习的基础上能够理解和把握的。唯有这样，幼儿才有话可说，有画好画。

欣赏作品时，教师要注意引导幼儿发现和理解作品的造型、构图、色彩上的特点，体会作品的意味和作者的表现意图。可以采用边欣赏边讨论的方

---

① 见本章后所附活动案例。

式，让幼儿积极观察、思考、发现、表达，在互动中理解和掌握作品的形式规律并获得积极愉快的情感体验。

二、探寻、表达生活经验

通常在欣赏作品之后，教师会直接让幼儿去画，而幼儿大多会因循原作的题材内容作画。这样创作的余地小，画出的作品空洞、乏味，而且有些幼儿还想不出画什么。久之，幼儿的创造力和热情就有被压制的可能。如果在幼儿学习了艺术的语言之后，允许和引导他们用所学的艺术语言表达了自己的生活经验和想法，幼儿就会有丰富的灵感和内容，创作出独特、生动、多姿多彩的作品。由于幼儿思维具有形象性，他们只要理解和掌握了所欣赏作品的形式，很快就会激活相关经验和生动的表象，萌发表现的愿望和行动。这种情况下教师只需要敏感地觉察幼儿明显的或朦胧的意愿，适时地导入创作。但有时，幼儿虽然理解了作品的形式，可是一时生活经验相对滞后，不够丰富和清晰，捕捉不到表现的内容，教师就需要设计一些活动帮助幼儿从生活中体会作品的形式特点，使之创作出好的作品来。

幼儿由欣赏而感受、掌握的作品形式规律，会内化为一种尺度。这种"尺度"好像一个三棱镜，当幼儿用它反映、折射生活时，便焕发出创作中的七色光彩。

三、持续、更新创作过程

从幼儿欣赏与创作的实际情况来看，一次成功的欣赏会引起幼儿情绪情感、联想与想象的涟漪，所以，将一项欣赏与创作延续一段时间是必要的，也是取得最佳效果的必要条件。

首先，由于幼儿的生活经验和接受能力有限，在每次欣赏作品后应该留有一定的时间去消化回味，不应欣赏之后马上创作。时间能够帮助幼儿更好理解作品、焕发想象与创造。只有理解了作品在形式与内容上的独特性，体会到画家的感受，幼儿才能创作出有情感、有创意的作品。

其次，让一个创作过程不断更新，才能最终酿出美妙的作品，为此，需要不断引进新的相关要素。新的要素既包括欣赏具有更高级形式的作品，也包括将创作迁移于新的题材内容。"线条装饰画"是一个极好的例子，从中可以看出不断注入的新要素如何使一项美术活动不断更新，一步步达到更理想的境界。在第一次活动中，作为欣赏的美术要素是初级的，幼儿比较容易入门，而第二次和第三次活动中都增加了新的、较难一些的元素。这样，由于不断有新要素、新难度出现，幼儿便会在后续活动中进行有序地发现、探索和创造。另外，在这个系列活动的第一次活动中，教师指定了绘画的题材内容——交通工具；在第二次活动中，教师顺应幼儿的兴趣，让他们把所学的新的装饰花纹运用到美化生活用品——服装上；最后，在幼儿有了渐进积累的基础上，教师不再指定题材内容，放手让幼儿大胆表现，画出"自己最想画的画"。从最后一次的作品看，幼儿绘画涉及的事物是广泛的，装饰线条与花纹是丰富美妙的，这都要归于新要素的不断注入。

最后，同伴的分享过程可激励进一步的创作。每次创作完成以后，教师应将幼儿的作品展示出来，让幼儿在一起讨论、欣赏、分享经验，这实际上是让幼儿从同伴的作品中发现新的要素。由于年龄的接近，容易引起相互的感应。经过经验分享后，幼儿都能够创作出富有自己想象的好作品来。案例"有趣的长形画"，在欣赏过同伴的作品之后，幼儿的创作产生了一个非常大的飞跃，画出了许多教师都没有料到的有趣、独特的画作，其新颖丰富程度实为少见，这与同伴间相互激发的过程有极大的关系。

从形式规律出发引导幼儿创作易取得明显的效果，但需要以幼儿较丰富的生活经验和创作经验为前提。因此，从内容题材出发的创作应放在主体的、基础的位置，在有较深厚的积累的条件下厚积薄发，引导幼儿从形式出发进行创作。

附：活动案例
从表现形式出发引导幼儿的美术创作

"长长的画"和"宽宽的画"称得上姊妹篇。在这两个活动中，教师成功地以一种特殊的构图形式启发了幼儿的独特经验和想象，使之创作出妙想连连的作品。教师的指导是成功的，但是这种成功的背后并非有什么奇招妙计。教师所做的不过是分析和掌握了作家作品的构图结构和特征，并以最为普通的谈话法与幼儿交谈。如果说有什么特殊之处，那就是教师对作品的分析和把握准确到位，与幼儿的谈话细微而深入，是由于精致而取得成功。

这组实例中还有一例《线条装饰画》，其实录后附有分析，故不再赘述。

有趣的长形画（研究报告）

北京师范大学教育学院学前教育系　李清燕

一、问题

美术欣赏教育是培养幼儿艺术素养的一个重要的途径。让幼儿从小就接触经典的美术作品，有利于开阔其视野，促进想象力和创造力的发展，对美的知觉和选择也会更加敏感，还能培养幼儿的语言表达能力和积极的情感态度。由于幼儿的年龄特点和知识经验水平决定了幼儿对美术作品的欣赏是有选择的，我们在指导幼儿欣赏时就要考虑所选作品是否符合幼儿的年龄特征，是否能够唤起幼儿创作的灵感与热情，是否能够提高幼儿的创作与想象能力等。

现在幼儿园开展美术欣赏活动时，一般都是选用名画作为幼儿美术欣赏的对象，认为名画欣赏能够让幼儿从小接触经典，与大师直接对话，更好地促进幼儿美术能力的发展。但是否只有欣赏名画才能达到这样的效果呢？诚然，名画在表现、构图、造型等方面都非常出色，但名画往往也比较深奥，离幼儿的思想感情比较远，理解起来比较难。具象性的名画内容跟现代幼儿的生活不相符合；抽象的名画对人的审美欣赏水平要求更高，要有相当深厚的文化积淀才能看懂。教师尚且掌握不好，教育效果更无从说起了。

那么，我们是否可以考虑在美术教育中选择一些富有趣味性、幽默性且又与幼儿的生活相接近的作品让幼儿来欣赏呢？幼儿对这类画的反应如何？这样的欣赏过程能否提高幼儿的审美水平？教师又该如何指导幼儿的欣赏与创作？怎样做才能便于幼儿理解作品的意义，激发幼儿的想象力与创作欲望？

二、研究方案

我们选择了台湾作家几米的三幅画作为欣赏的作品（见图 7-1、图 7-2、图 7-3）。之所以选择这三幅画是因为其充满了趣味性和幽默感，将想象的生活情景用略微夸张的手法表现出来，每个读者见到这些画都能为之一动，引起共鸣。几米的画中似乎都有一个故事，富有情感表现性，由于画面线条简洁明快，富有动态感，充满童趣及幽默感，也容易引起幼儿的兴趣，展开讨论，激发想象和创作的灵感。

  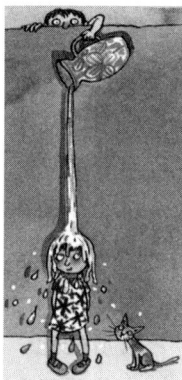

图 7-1   图 7-2   图 7-3

我们选择的这三幅作品有一个鲜明的特征，它们是长长的、高高的画，这跟幼儿平常接触的美术作品和作画时使用的画纸不同。通常，画作、画纸的长和宽比例大致是 5∶3 或 7∶5，即按黄金分割律裁切而成。现在选择与通常比例相异的画作，为的是打破幼儿的视觉习惯，刺激他们发现事物突出特征，感受作品的幽默和趣味。

我们选择的三幅画分别是三种不同类型的，每种类型可引申出很多类似的生活情景。我们希望这样能够给幼儿留有想象的空间，创作出更多富有个性与想象力的画。

从造型和构图上，这三幅画可分为三种类型：

类型 1：形象本身瘦高而成的长高画面——《高瘦小女孩》。（见图 7-1）

类型 2：由物体叠加而成的长高画面——《杂技团》。（见图 7-2）

类型 3：由物体运动而成的长高画面——《浇水》①。(见图 7-3)

幼儿的欣赏和创作分两个阶段进行，第一阶段是欣赏作家作品，而后创作。第二阶段主要是同伴间分享第一次创作的作品，其间，穿插对相关生活情境的观察等，之后，再次创作。

三、结果与分析

从欣赏和创作过程来看，幼儿深为这些作品所打动，创作的积极性也极高。在第一次欣赏活动后，幼儿共画了 42 幅作品，第二次欣赏活动后，幼儿画出了 26 幅作品。②

在初步分析的基础上，我们确定了作品的分类评价标准：

类型 1：本身高长形。

类型 2：由叠加而成的高长形。

类型 3：由动作而成的高长形。

分为三种水平：

水平 1：模仿原画。

水平 2：有所变化，但原画痕迹明显(保留原画结构，形象有变化)。

水平 3：变化明显(主体形象保留原画结构，形象有变化，动作有变化，有辅助物)。

在第三种类型之中，还有一种情况，即幼儿充分领会了由运动而形成高高长长的生活情境的规律，画出了来自他们的间接经验，日常生活中不常见的事物。因此，第三种类型中，出现第四种水平，属于最佳的创作。

根据以上标准，我们对幼儿两次创作的作品进行了分类统计，结果如下：

表 7-1　幼儿第一次作品分类评价结果表

	类型 1			类型 2			类型 3			
	水平 1	水平 2	水平 3	水平 1	水平 2	水平 3	水平 1	水平 2	水平 3	水平 4
作品数量	3	8	5	0	6	2	3	10	5	0
％	7.14	19.04	11.90	0	14.28	4.76	7.14	23.80	11.90	0

---

①　这些都是幼儿自己命名的。

②　见活动实录。

表 7-2 幼儿第二次作品分类评价结果表

	类型 1			类型 2			类型 3			
	水平 1	水平 2	水平 3	水平 1	水平 2	水平 3	水平 1	水平 2	水平 3	水平 4
作品数量	0	0	5	0	0	3	0	0	10	8
％			19.2			11.5			38.5	30.8

表 7-3 幼儿两次创作的比较

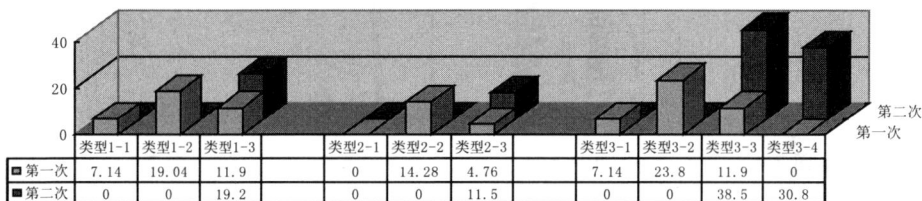

	类型1-1	类型1-2	类型1-3	类型2-1	类型2-2	类型2-3	类型3-1	类型3-2	类型3-3	类型3-4
▢ 第一次	7.14	19.04	11.9	0	14.28	4.76	7.14	23.8	11.9	0
▪ 第二次	0	0	19.2	0	0	11.5	0	0	38.5	30.8

分析以上数字，可以看出，幼儿的两次创作有以下特点。

(1)很多幼儿在原作的启发下，画出了自己想象的生活情景，十分有趣。每幅作品中的形象都具有高高长长的特点，表明幼儿完全能够领会和掌握所欣赏的作品的高高长长的形式特点。在幼儿的画中虽存在原画的几种类型，但模仿原画的作品极少。多数的作品吸取了原画的结构，画了不同的事物。还有些幼儿在原画的激发下，画出了内容独特的作品，整个创作是成功的。

(2)比较两次创作，第一次创作中各类型和水平的作品的量相对平均，第二次创作的作品中已经没有了模仿和有所变化两种水平，明显集中于高水平的创作。这说明，幼儿对作品的理解和掌握需要一定的过程。

开始时幼儿更容易理解静止的事物，他们首先想到的是高高长长的静止不动的物体，例如，幼儿画的"长颈鹿""扔球""高高的椰子树""登山"等(见图 7-4、图 7-5、图 7-6、图 7-7)。另有一些幼儿创作出的作品虽然有了一定突破，但是没有充分地展开想象，基本是在原画的结构基础上置换一些形象，内容也局限于我们平时生活比较常见的景象。

一系列的活动和教师的指导引发了幼儿的想象力，他们创作出来的画比前面欣赏完后直接创作有了很大的提高。大部分的幼儿能够展开想象，联系自己的生活经验，创作出很多构图、造型丰富的作品。例如，"玩蹦蹦床的小男孩""被弹簧弹得高高的小女孩""系列跳水篇""乘自动电梯""杂技团的跷跷板"等。这些东西虽然都是我们平时生活中所见到的场景，但是幼儿在把握住长形画的特征与理解作品内涵后，再发挥自己的想象将这些场景夸张化，创作出了色彩丰富、构图独特的作品。

 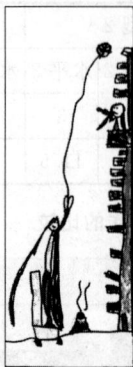  

图 7-4   图 7-5   图 7-6   图 7-7

(3)比较三种类型作品，开始阶段各类型的作品数量差距不大，而到后来，第三种类型中高水平的作品明显增多。这说明在欣赏和创作都深入之后，动态的形式更能激发幼儿的创造力和想象力。在第二次的创作中，有相当部分的幼儿联想到了很多平时不是很常见的东西，创作出了一些想象力丰富的、具有趣味性的作品，例如，"音乐喷泉把我喷起来""高台跳水""蹦极""螺旋滑梯"等(见图7-8、图7-9、图7-10、图7-11)。这些作品构图奇妙，独特而富有个性，幼儿用的线条、形状和色彩表现了自己的情绪情感，表现了自己对艺术的了解。

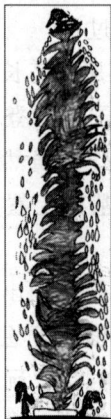  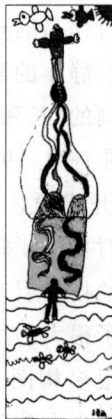 

图 7-8   图 7-9   图 7-10   图 7-11

四、启示与建议

(一)好的作品是前提

为幼儿所选择的欣赏作品应该贴切幼儿的生活，特别是具象性作品应该是在幼儿已有的生活和学习经验的基础上能够理解和把握的，描绘幼儿较为熟悉的事物及场景，能够启发幼儿的相关生活经验，只有这样幼儿才能有话可说，更好地理解作品的含义。

作品本身要有一定背景和情节，富有动态感，让幼儿通过观察事物的神态和动作等来感知作品所表达的主题，从而引发想象和创作。

幼儿欣赏作品是从作品本身的造型与构图特点来体会作品的意蕴，所以教师在选择作品时要注意到作品本身的造型与构图要吸引幼儿，选择一些造型、构图独特有趣，且色彩明亮、丰富的作品。作品的形式与内容要相统一，通过简单的形式传达出有趣的内涵，让幼儿在欣赏作品时有愉快的情感体验。

(二)注重相关的生活因素

幼儿的欣赏与创作是与具体事物联系在一起的，所以教师切忌离开具体的形象来让幼儿欣赏和创作。欣赏作品时，教师应有意识地引导幼儿注意生活中相关的因素，同时设计一些活动来帮助幼儿获得相关的生活经验，让幼儿在生活中体会、理解作品，从而创作出更好的作品来。

(三)同伴的分享不可忽视

创作后，教师可将幼儿的作品展示出来，让幼儿在一起讨论、欣赏，分享经验。经过经验分享后，幼儿都能够创作出富有自己想象的作品来。

(四)持续的过程是最佳效果的保证

因为幼儿的生活经验和接受能力的限制，所以欣赏作品后，应该留给幼儿一定的时间去消化，而不是欣赏完后马上接着创作。这样有利于幼儿更好地理解作品，激发想象力与创造力。只有理解作品在形式与内容上的独特性，体会到画家的感受，才能创作出有情感、有创意的作品。

指导教师：张念芸

长长的画（活动实录）（大班）

北京师范大学实验幼儿园　韩丹

活动一：欣赏与创作——"长长的画"

(一)活动目标

(1)引发幼儿对长形画的兴趣。

(2)激发幼儿的美术想象和创作愿望。

(3)促进幼儿的审美与创作能力的发展，提高幼儿的美术水平。

(二)活动过程

1.欣赏画家作品

教师将画用投影展示出来。

教师："你在画中看到了什么?"

幼儿："一个小女孩。"

教师："这个小女孩的体型是什么样子的?"

幼儿："很瘦、很高、(体型)是瘦长的。"

教师："怎么看出来的呢?"

幼儿："腰部很瘦、腿很细、脖子和脸都很瘦。"

幼儿："因为她的腿很长，瘦的人一般都高。"

幼儿："她的手是背后的，背的手的下面就是她的腿，看起来很长!"

教师："这幅画的纸型是什么样子的?"

幼儿："长长的。"

教师："长长的纸画这个小女孩给了你们什么感觉?"

幼儿："画上的人很高，而用一般的纸画人看起来矮。"

幼儿："用一般的纸画这样的人，旁边都是空白的，我们就看不出来她很高了!"

教师："画家为什么要用这种长长的纸画她?"

幼儿："为了突出她又瘦又高!"

教师："我们再来看看下一幅画。"

画一展示出来，孩子们都笑了起来。

教师："你们笑什么呢?"

幼儿："男孩子往女孩子头上浇水呢。"

教师："那个女孩子站在哪里?"

幼儿："墙底下。"

教师："男孩子站在哪儿?"

幼儿："站在上面。"

教师："站在什么上面?"

幼儿："趴在墙上。"

幼儿："在墙的后面可能有一个梯子,小男孩可能站在梯子上。"

幼儿："他可能踩在凳子上。"

幼儿："我觉得他可能踩在石头上。"

幼儿："他可能踩在高高的雕塑上。"

教师："小男孩与小女孩之间的距离远吗?"

幼儿："远。"

教师："从哪儿看出他们的距离远?"

幼儿："墙很高。女孩在墙底下,男孩在墙上。"

幼儿："小男孩手里拿一个壶,从高往下直着浇水。壶的上面是小男孩,壶里的水流得很长很长落到小女孩的头上。所以他们离得远。"

幼儿："水柱很细很长,所以他们的距离很远。平时洗手时的水柱不是这样,因为水龙头和水池的距离不远。"

幼儿："这张纸本身是长长的。"

教师："比较一下这幅画和第一幅画有什么一样的地方?"

幼儿："两张纸都很长。"

教师："为什么都采用长纸画呢?"

幼儿："为了突出高度。"

教师："我们来看看第三幅画……"

在展示画的同时,孩子们"哇"地叫了起来!

教师："画上有什么?"

幼儿："鸭子,一只海狮,上面顶着小人,小人顶着雨伞,雨伞顶着老鼠,老鼠顶着书。"

教师："他们在干什么?"

幼儿："演杂技。"

教师："怎么看出来在演杂技？"

孩子们七嘴八舌讨论不休……

幼儿："因为小人戴着红帽子和黄围巾，跟马戏团的小丑一样！"

幼儿："因为他们这样做是很危险的，所以肯定练过！"

幼儿："他们都是一个叠着一个，叠得很高！"

教师："叠了几层？"

幼儿："1、2、3、4、5，五层。第一层是海狮，第二层是小人，第三层是雨伞，第四层是小老鼠，第五层是书。"

幼儿："它们都是从下往上一个比一个矮、一个比一个小！"

教师："如果倒过来，让小老鼠站在书上顶着雨伞，雨伞上站着小人，小人顶着海狮可以吗？"

幼儿："不可能！小老鼠根本顶不起那么重的海狮！"

幼儿："怎么那么多鸭子？鸭子好像在看！"

教师："从哪儿看出来鸭子在看？"

幼儿："老师你看，鸭子都仰着头。"

教师："当我们看什么的时候头是仰着的？"

幼儿："看飞机。"

幼儿："看太阳。"

幼儿："看鸟。"

幼儿："因为它们很高、在天上。"

同时再现这三幅画。

教师："比较一下这三幅画，它们有什么相同点？"

幼儿："纸都是很长、很瘦的。"

幼儿："画上都有小人。"

幼儿："画得都很高！"

教师展示出一张长形纸。

教师："如果给你一张长形纸，你会画什么？"

幼儿："画杨树。"

教师："为什么呢？"

幼儿："因为杨树很高。"

幼儿："我画楼房，楼房也很高。"

幼儿："我画电线杆。"

幼儿："画瘦人。"

幼儿："画中央电视塔。"

幼儿："画长颈鹿。"

教师："你们有没有发现第二幅与第三幅画是有情节的？在生活中你们有没有见过这种高高的、长长的画面呢？"

幼儿："火箭发射。它正要起飞时底下还冒着热气，天空中有星星在看。"

幼儿："正在攀岩的小人。岩石很陡很危险，上面的人拽下面的人往上爬。"

幼儿："人把球给顶起来。"

幼儿："人站在高高的椅子上。"

幼儿："窗帘被风吹起来的时候也是高高的。"

教师："我相信小朋友们在生活中还可以找到很多这种高高的、长长的画面，我们留心观察下一次再创作好吗？"

幼儿："不好！我们现在就想画！"

幼儿："对，我也想现在画！"

（计划中打算欣赏与创作分为两次活动，但大部分幼儿强烈要求当时就画，于是教师发给了他们长长的纸，孩子们高兴地画了起来！）

2. 初步创作"长长的画"

画家的画不仅使幼儿欣赏到另一种绘画形式，而且还刺激了幼儿的创作欲望。可以感觉到在我发纸的那一刹那，孩子们跃跃欲试的心情——好像急于把"想到的"马上创作到纸上，恐怕晚一会儿就会忘了似的。

模仿也是一种积累！

大部分幼儿拿到纸以后都伏案而画，只有常昊托着腮，好像很苦恼。"常昊，你想在这张纸上画什么？"我蹲在他身旁问他。"老师，我很喜欢第二幅画，我想把它画下来好吗？"常昊在平时对美术活动不是很感兴趣，对于创作作品也不是很有信心。今天他有愿望把画家的画模仿下来对他来说是个进步，而且我也觉得模仿是为他日后创作的一个积累。于是我说："可以呀。"他很高兴，拿起笔很流畅地画了起来。看着他在画画时少有的自信，我不禁在想：看来这些美术作品真的激发了他的绘画愿望，帮助他找到了画画的乐趣！

到底要突出谁?

"老师,您看我的画……为什么我感觉不到他高呀?"只见杨珍瑜一脸困惑地边看着画边问我。在她的画上我看到一位瘦瘦高高的小男孩站在凳子上,他的头正仰起来往天空中看。天空中有太阳、云彩和一个不知是被谁放起的高高的风筝。小男孩仰望着风筝好像既兴奋又羡慕似的!画的构思很好,表现的情境也很适合长形纸,而且能够感觉到杨珍瑜在欣赏画的过程中似乎明白了"怎样表现能够突出高度"。比如,那个"瘦瘦高高的小男孩"就借鉴了欣赏作品《小女孩》的表现手法——把人体各部分画窄、画瘦可以突显高度;而"小男孩站在凳子上"又运用了第三幅画中"叠高"的技巧——"小男孩的头仰望着天空"——这可能是鸭子的头给她的启发吧;"天空中的风筝被放得很高"——因为我们看到它和云彩距离很近。可是,一幅画中有了这么多表现高度的画法,让我看不出她到底想表现谁高,这可能也是她的困惑吧!于是我接着她的话问:"你感觉到谁最高?""风筝。""那你觉得,是谁让你感觉不到风筝高?""好像是这个小男孩。""为什么呢?""因为他都快和风筝一边儿高了。可是……我也想画这个小男孩很高呀?""那个子高高的小男孩看风筝时是这样吗?""不是,头不会仰得这样厉害!噢,我知道该怎么画了!"于是,杨珍瑜又取了一张纸高高兴兴地画了起来。在她的第二幅画中:小凳子没有了,小男孩的体型也没有那么瘦、那么高了。仅仅变化了两处,却使我们感受到这幅画想要突出的是那个被放得高高的风筝!

看着她也很满意的样子,我想:在欣赏过程中,幼儿对作品的看法是在视觉印象中得到的,而在创作时,教师应引导幼儿在欣赏作品的潜移默化中创作出自己的作品。

我有我的解决办法!

在幼儿的创作过程中,几个可爱的解决办法引起了我的兴趣……

办法一:"风筝高得看不到尽头"

"李钰,你看我的风筝高不高?"董维帆拿着自己的画给旁边的小朋友看。"我觉得不高!你看,你的风筝离天还有那么一大块距离呢!"李钰的这句话让董维帆琢磨了半天……"有了!"这么快董维帆能想到什么主意?我也好奇地看着她。只见董维帆拿起笔接着那个风筝又画了几节,一直画到纸的一角。虽然就添了这么几笔,但风筝真的显得很高,而且让人感觉风筝好像看不到尽头似的！

办法二："蛇妈妈在看蛇蛋呢"

"老师，你看我的蛇长不长？"李钰把她的作品指给我看。一条细细长长的花蛇从纸的上边一直画到纸的下边。"长倒是挺长的，可是这条蛇在哪儿？它在干什么呢？"我希望能够引导她在画中不光表现细长特征，还能够表现出一些情境。于是，她拿起笔一横一竖画出一个框框，又在下面蛇头处画了几个圈圈，然后对我说："您看，蛇妈妈进蛇洞是来看蛇蛋的！"哦，原来如此！这幅画被她几笔一添，既突出了蛇"细长"的特征，还表现出了一个情境。

办法三："一棵高树上的风筝"

在幼儿的画中，我发现了这样一幅画：一棵细细高高的柳树上直直的挂着一个风筝。奇怪，断线的风筝如果挂在树上应该是耷拉下来的，而这个风筝为什么是垂直的拴在树枝上呢？带着这个问题我问了这幅画的小作者赵子墨。他告诉我："本来我想画这个柳树很瘦很高，可我画完以后发现上边的纸还空一块，显得这树不高了。我就想了一个办法，画一个风筝（高高的）挂在树上。您看，这风筝是不是特高？""可是，风筝挂在树上应该是耷拉下来，你为什么画的是直直的呀？"带着疑问我继续问他。"因为当时有风，风筝是被风吹起的。风筝是这个小男孩的，他正想爬上树去取他的风筝呢！"他指着树下的小男孩对我说。

确实，多了一个风筝不仅显得高了，还增添了几分情趣！

（三）效果分析

通过活动，发现幼儿对长形画很感兴趣。在欣赏环节中，幼儿的思维很活跃，不断地发现作品表现的突出特征，感受到了其中的情趣与幽默，并争先恐后地用自己的看法加以表述。

在创作过程中，幼儿的作品是多种多样的。除了以上我说的那几幅，还有很多作品。比如，瘦瘦高高的火箭、塔楼、电线杆、长颈鹿、椰树、又陡又高的楼梯、工人站在椅子上修灯、攀岩的运动员以及从悬崖里救出的小男孩等。虽然作品是不一样的，但我却从中发现了几个需要注意的问题。

一是静态形象与模仿范画作品居多。在欣赏讨论或者创作绘画中，幼儿最常说到、表现的是他们经验最多、也最熟悉的静态形象。这些事物都具有长或高的特征，幼儿在表现它们时一般是没有情境的，这有点像欣赏作品中的第一幅画《小女孩》。还有一部分幼儿，在创作画中选择了模仿或再现范画,以参照第二幅画和第三幅画的居多。第二幅画和第三幅画的情趣与幽默,幼儿们乐在其中,但让他们自己去想象、创造出这种生动有趣的画面就有些困难了!这就需要在日常活动里,教师多去引导幼儿关注身边长长的、高高的物体与情境,激发他们用长形纸表现多种场面。

二是有情境、情趣的作品较少。对于少数幼儿创作的有情境作品,教师应在同伴欣赏中给予鼓励,并启发他们更大胆夸张地创造出幽默、有趣、生动的画面。

活动二:寻找与回味——"高高的……"

(一)活动目标

(1)启发诱导幼儿,发现事物的相同因素与突出特征。

(2)鼓励幼儿用简短的话语大胆表达自己的看法。

(二)活动过程

1. 活动插曲:我眼中的"高高的……"

活动插曲一:"积木高高的!"

一次,赵子墨拉着我到建构区说:"老师,您看我们搭的城堡高不高?比我都高!"

活动插曲二:"杨树好高呀!"

一天,我带着幼儿在操场上玩。我问:"幼儿园里谁最高?"一名幼儿说:"老师。"另一名幼儿说:"楼房。"这时有幼儿说:"不对,是杨树!"正好当时我们在杨树底下,需要使劲仰着头才能看到杨树尖儿。不知哪个幼儿又感叹了一句:"是呀,杨树好高呀!"

活动插曲三:"我拍的皮球最高!"

幼儿园新买进一些皮球,这些球最大的特点就是弹性很强。我和幼儿在玩儿的时候也发现了这一点。于是我说:"我们来比一比谁拍的皮球最高,好不好?"幼儿说:"好!"仔仔是用连续拍的方法,而丁扬却使用另一种办法,只见他把球使劲往地上一砸,球一下子被弹得很高。那一刹那,不光我们的头需要仰着,而且好像眼睛里只能看到这个球似的!

活动插曲四:"陷阱好深呐!"

有一天,我讲了个故事名叫《不守信用的猪》。"一只猪不小心掉进了陷阱里,它很苦恼。它想了很多办法逃出去,但都因为陷阱太深而没实现。这时,它看到路过此地的小羊,它求小羊救它,还说日后要报答小羊。于是小羊找来了一根绳子拴在大树上，让猪拽着另一头爬上来……"故事讲到这儿我问："你们能想象到当时的情景什么样吗？"杨茜文的一句话让我很惊讶："像欣赏的第二幅画！""为什么呢？""因为猪在陷阱里看洞口是很高很高的！"

2. 谈话：生活中高高长长的景物

教师："请你们想一想长长的纸可以表现生活中的哪些事情？"

丁扬："玩球时，拍得高高的球。"

教师："对，那次我们户外拍球时，球可以被弹得高高的！其他小朋友呢？"

侯悦："海洋馆的楼很高很高。"

教师："你是说海洋馆那个楼的建筑很高吗？"

侯悦："对。"

教师："在小朋友们第一次创作画的时候，就想出了很多高高的楼、电线杆、树、长颈鹿这种高的特征比较明显的事物，但这些都是静止的、不动的，像我们欣赏的哪一幅画？"

幼儿："高高瘦瘦的《小女孩》。"

教师："你们想想我们欣赏的第二幅画和第三幅画，《倒水》和《顶人》，他们是静止不动的吗？"

赵子墨："不是，第二幅画那个倒水的小男孩趴在高高的墙上。"

教师："小男孩本身高吗？"

幼儿："不高，墙高！"

教师："想一想他倒的水和我们平时倒的水一样长吗？"

幼儿："他倒的水长，因为墙高所以水流得长。"

教师："那第三幅画是静止不动的吗？"

幼儿："不是，他们都叠起来好几层！"

教师："每一层的小动物高吗？"

幼儿："不高，但叠在一起高！"

教师："看来长长的纸不光能画出静止不动的形象，还可以画出一些好玩儿的事。你们能想出来吗？"

林冰洁："我妈带我去王府井的时候，看到的蹦极能被弹得高高的！"

教师："发现得很好。那个圆圆的小屋子本身并不高，但被皮筋弹得高高的。其他小朋友呢？"

王玮："走钢丝的人。"

张浩博："杂技里的跷跷板，人能被弹得高高的。"

丁扬："跳水的运动员从高高的地方(跳板)跳下来。"

李拭婷："人爬在高高的梯子上工作。"

李钰："玩蹦蹦床的小女孩。"

教师："想得很好！其实，我们还可以大胆地想象一些有趣的事儿，不见得是我们生活中见到的?"

冯佳媛："音乐喷泉喷出的水把小女孩顶上去了！"

教师："这个想法很有意思，音乐喷泉的水柱本身喷得就很高，还把小女孩给喷上去了。很有趣！"

王玮："放炮时的烟花。"

刘云瑞格："踩在椅子上演杂技的人。"

侯悦："火山爆发。"

王玮："海的波浪被卷得很高很高。"

赵子墨："被弹簧弹起的小人。"

宝宝："游泳池的旋转滑梯。"

王思雨："爬杆的人。"

杨茜文："吊在绳上演杂技的人。"

教师："你们说得都很好，希望你们能大胆想象，画出和别人不一样的'长长的画'。"

(教师发纸，幼儿创作。)

活动三：再次欣赏与创作——"长长的画"

(一)活动目标

(1)通过互相欣赏，扩展幼儿的思路，激发幼儿创作出富有童趣、想象力的作品。

(2)丰富幼儿的幽默感和审美趣味。

(二)活动过程

1. 欣赏同伴作品

(把幼儿第一次创作的"长长的画"贴在展板上)

(1)出示展板，让幼儿介绍自己的作品。

在出示展板时，幼儿很兴奋。"这是我画的长颈鹿！""这是我画的风筝！""那是谁画的电线杆呀?""这个椰树好高呀!"大家你一言我一语地议论和评价着。

教师:"这些都是你们创作的,谁来讲讲自己的作品?"幼儿都争先恐后地发言,其他幼儿也认真地倾听。

(2)幼儿互评,用简短的话大胆表达自己的看法。

幼儿欣赏过别人的作品后,开始有了自己的看法与评价。

幼儿:"我喜欢吴汉一的画,长颈鹿适合画在长纸上。"

幼儿:"我喜欢赵子墨的画,风筝画得很有趣!"

幼儿:"我喜欢李思辰的画,他画的攀岩小人很有趣,他的画和别人的不一样!"

教师:"为什么他的画与别人的不一样?"

幼儿:"他画的是一件悬崖边上的事儿,登山的小人也很有趣,像第二幅画。"

教师:"长颈鹿、电线杆、椰树像欣赏过的哪幅画?"

幼儿:"第一幅。"

教师:"为什么呢?"

幼儿:"他们都是瘦的、高的、静静地待在那儿的。"

教师:"那第二幅和第三幅是什么样的?"

幼儿:"有趣、有事情发生,也是高高长长的。"

(3)鼓励幼儿大胆构想,在生活中去发现素材(为下次活动做准备)。

教师:"其实,在我们的生活中有很多这样高高长长的画面,让我们留意一下,看看谁找到的最多!"

2. 再次创作长长的画

幼儿在日常生活中不断地对"高高长长"的景物关注,不但为幼儿创作长形画积累素材,还激发了幼儿的想象力与创作欲望,使得在第二次的作品中充满了无限的乐趣与幽默感……

· 《春节联欢晚会的空中吊人》

· 《坐在被弹上天的蹦蹦球上》

· 《玩游泳池的旋转滑梯,这么久都没滑下去》

· 《燃烧的烟花一个比一个高》

· 《站在叠高的椅子上耍杂技》

· 《直升机救人的吊梯好长呀》

• 《王府井的蹦极真好玩》

• 《我很高，可这块黑板比我还高》

• 《跷跷板上的小人被弹得好高呀》

• 《从高台上跳水》

• 《蹦蹦床的弹性真大》

• 《我看到热气球上的小人了》

• 《球被弹到哪儿去了》

• 《喷泉喷出了个小女孩》

(三)效果分析

幼儿的第二次作品较之第一次作品成熟了许多，而且思路也开阔了许多。其中，幼儿不仅能表现出生活中的情境，还大胆想象了一些离奇、有趣的画面，自然地反映出幼儿的幽默感和审美情趣。

指导教师：张念芸　孙秀莲(北京师范大学实验幼儿园)

宽宽的画(活动实录)(蒙氏大班)

北京师范大学实验幼儿园牡丹园分园　赵湘

第一次活动：集体欣赏"宽宽的画"

(一)活动目标

(1)激发幼儿对长宽画的兴趣和创作愿望。

(2)打破幼儿观察和思维的惯性，提高幼儿的观察力、想象力和创造力。

(3)培养幼儿的幽默感、丰富幼儿的审美趣味。

(二)活动准备

几米的四幅作品(见图 7-12、图 7-13、图 7-14、图 7-15)、长宽的画纸。

图 7-12　　　　图 7-13　　　　图 7-14　　　　图 7-15

(三)活动过程

1. 展示第一幅画《躺着的小男孩》

教师："在这幅画上面你能看到什么?"

裴元："一个人躺在垫子上,头上还有一只小狗。"

教师："垫子是什么样的?"

众幼儿："长长的。"

教师："是怎样长长的?"

黄木子："是这样长长的(用手做横长的比划)。"

教师："人躺在垫子上,所以给我们横长的感觉。"

厉星媛："小男孩躺在小狗的腿上,很有意思。"

2. 展示第二幅画《排队的企鹅》

教师："这幅画你们能看到什么?"

裴元、厉星媛："很多小企鹅。"

厉星媛："它们在排队(幼儿开始数小企鹅)。"

裴元："中间还有一个人。"

教师："这个人怎么在企鹅中间呢?"

黄木子："他去南极玩,结果企鹅把他当成企鹅了,让这个人也和它们一起玩。"大家笑了。

教师："很多企鹅排在一起,成了什么的样子。"

裴元："看上去是这样长长的(做横长状比划)。"

厉星媛、宋法怡："画上还有白白的雪。"

黄木子："因为南极很冷,这是一幅画南极的画。"

3. 展示第三幅画《不能让书掉下来》,有些幼儿开始笑

教师："你看到什么?"

裴元："这边有两个人,那边有两个人。中间有很多书,有个人用脚推。"

教师："他们在干什么?"

裴元："不让书掉在地上。"

教师："这幅画给你们什么感觉?"

众幼儿："宽宽的。"

教师："为什么你们感觉是宽宽的?"

厉星媛:"书特别多,书合在一起特别长,还觉得像拔河。"

4. 展示第四幅画《小孩拉熊猫》,幼儿大笑

教师:"你们为什么笑呢?"

众幼儿:"好玩。"

裴元:"一个人扮成一个小松鼠。"

黄木子:"一个人扮成一个小松鼠,拉着一条绳子,在拉大熊猫,大熊猫还在看一本书。"

教师:"这幅画给你们什么感觉?"

众幼儿:"长长的。"

教师:"从哪里感觉长长的?"

张贝忞:"熊猫。"

宋法怡:"绳子。"

钟小虎:"熊猫和绳子和人加在一起长长的。"

5. 把四幅画全部展示在展板上,让幼儿整体欣赏

教师:"我们看到的这些画是用什么纸画的?"

黄木子:"都是用宽宽的、长长的纸,是把长长的纸横着用了。"

教师:"它们都是怎么画出来的?"

众幼儿:"人躺在垫子上。"

厉星媛:"企鹅排队走。"

钟小虎:"两个人在推许多书。"

宋法怡:"小松鼠人用一根长长的绳子拉大熊猫。"

教师:"你们想不想也画这样的画?"

众幼儿:"想。"

教师:"给你们一张宽宽的纸,你们想画什么?"教师出示长宽的画纸。

周易:"画一条长蛇。"

厉星媛:"画我们班的空调。"

黄木子:"画很多小肥猪,哼、哼、哼、哼地滚出去玩。"

穆嘉翔:"画我们在拔河。"

钟小虎:"画洗手,洗手池是宽宽的。"

周启宁:"画我们班的录音机。"

厉星媛:"画红蓝棒。"

宋法怡："画幼儿DV。"

教师："想一想，生活中还有什么东西可以画成'宽宽的画'呢?"

穆嘉翔："我们吃的棒棒糖。"

黄木子："大火车。"

厉星媛："公共汽车。吃饭用的勺子，勺子的那个棒特长。"

裴元："两个轮胎立起来，一个小人要把它挪走。"

钟小虎："大长面包。"

……

(四)活动反思

这次活动没有在欣赏后马上创作，重点在观察和欣赏作品，引起创作的想法。在欣赏中，我和幼儿一起细致地分析了"宽宽的画"的构图特点，是怎样画出来的，使幼儿一下子就抓住了"宽宽的画"的结构。在引导幼儿讨论"画什么"时，幼儿马上就想起生活中很多的横长的东西，而且还联想到了一些有情节的事情，如：挪轮胎。另外，因为所欣赏的作品有较多的想象成分，也引起了幼儿的灵感，想出许多小猪滚出去玩。

第二次活动：区域自由创作"宽宽的画"

我们把欣赏后的创作放到了区域活动中，这样，幼儿就可以有更多个人探索和构思的空间、时间。

(一)王圣杰等在生活中发现素材

王圣杰看到了彩色的毛毛虫，对张贝忝说："我要在纸上画毛毛虫。"

看到小班的幼儿练习走平衡木，周易跑过来对我说："我想画弟弟妹妹走平衡木，因为是长长的，可以吗?"

看到托一班老师带着幼儿跑步经过，穆嘉翔指着他们说："看，那么多人跑步，也是长长的。"

凯凯把"数棒"一根根摆到地毯上，小虎看到说："数棒变成宽宽的了。"

周易将蒙氏教具棕色梯一块块摆进柜子里，摆完最后一块时，他自言自语道："棕色梯也是宽宽的了。"

(二)张贝忝的改编

张贝忝在专心地画画，在一旁的好友王圣杰看了他的画："你又画和看到的一样的画，上次你也是这样，应该画自己的。""我没画和那个一模一样的，你好好看看，别乱说。"张贝忝瞪着眼睛冲着圣杰喊。我急忙走过去。张贝忞画的是模仿欣赏的"小松鼠拉熊猫"的画。可仔细一看,画面上多了一个笼子。张贝忞解释说:"小松鼠想把大熊猫关进笼子里,所以拉着大熊猫。"

(三)弯弯突发灵感

11月10日上午我们正准备户外活动,弯弯跑到了美工区拿了长宽的画纸。"弯弯,不画了,我们要出去玩了,你可以明天再画。""我想现在画,我想了一个特别好的画。"她拿着纸渴望地看着我。"好吧,你画完到楼下找我们。"

我们在户外玩得正欢,弯弯外衣也没穿,拿着画跑到我面前,兴奋地说"赵老师,看我画的鸡场"。我一看,她画了鸡场里的鸡舍,从 23～26 号,每个鸡舍的鸡都有不同的姿态,真是惟妙惟肖。"你怎么想出来的?"我问。"我突然想到的,怎么样?"弯弯很得意。这时围过来的幼儿也纷纷夸奖起她的画来,弯弯兴奋地给大家讲起来。

(四)张沐心造型夸张

张沐心画得是我们班的录音机。她在纸上先画了一个,自己觉得不太好,又换了一张纸,还跑到录音机前看了一会儿。画时她先画了一个宽宽的长方形,占满了整张纸,然后再画上按钮、喇叭、磁带口等。画完后,张沐心拿给小朋友们看。"咱们班的录音机没有这么长。"许钰晨说道。"我画的是我们家的,不是幼儿园的。"

(五)周易突出细节

周易画了我们班的玩具柜。她把放在柜子里的蒙氏教具"带插座的圆柱体"一个一个都画了出来,从大到小很整齐地排列在柜子里,还把连接柜子的暖气罩也画了出来。

(六)幼儿们的浓厚的兴趣和创作激情

幼儿一下子就有了创作的激情,在第一天的区域活动中就有 8 名幼儿完成了创作。在这几天区域活动中,幼儿共创作了《我们班的玩具柜》《鸡场里的鸡舍》《我们在荡秋千》《滚出去玩的小猪们》《拔河比赛》《我们班的录音机》《小朋友在排队》《我们玩跳长绳》《公共汽车》《大火车》《小松鼠拉大熊猫进笼子》等作品。①

(七)活动反思

在区域自由创作的三天里,我没有太多地指导幼儿,而是更多地观察幼

---

① 作品见本书附录一 幼儿作品赏析案例·宽宽的画。

儿画画，倾听幼儿的谈话。我发现孩子们真是很聪明，每个人都有自己解决问题的好方法。幼儿更充分地表现了事物的情节并描绘细节，因此，幼儿的画面丰富了许多，画面看上去更饱满！

第三次活动：欣赏同伴作品，进行再次创作

(一)活动目标

(1)鼓励幼儿大胆地讲述自己的作品。

(2)通过相互欣赏，拓宽幼儿创作思路，激发幼儿再次创作的愿望。

(3)引导幼儿做深入细致的刻画，提高美术表现力。

(二)活动准备

展板、长宽画纸。

(三)活动过程

1. 欣赏同伴作品，引导幼儿对宽宽的画的再次理解

教师："这些是你们创作的'宽宽的画'，今天请小朋友们来介绍自己的画。"

黄木子："我画的是很多小猪在排队滚出去玩。"

教师："画了几只小猪？(幼儿说：'6只')这六只小猪排在画上给你们什么感觉？"

众幼儿："长长的。"

宋法怡："我画的是火车，火车特别的长。"

钟小虎："我画的是秋千。秋千的杠子有点长，两个小朋友在玩。"

厉星媛："我画的是公共汽车，是长长的。"

王圣杰："我画的是小人在跳绳，跳长绳，长绳是长的。"

裴元："我画的是许多小人在排队，感觉长长的。"

穆嘉翔："我画的是好多人在拔河。"

黄木子："我画的是鸡场里有很多鸡。瓶子里有芝麻是喂鸡的，有只小鸡出去晒太阳了。"

张沐心："我画的是录音机，它也是长长的。"

周易："我画的是班里的柜子，柜子宽宽的。"

张贝忞："我画了一个小人扮成一只小松鼠在拉熊猫进笼子。那绳子特别长，感觉长长的。"

教师："你们画了这么多'宽宽的画'，你们最喜欢哪一幅呢？"

宋法怡："我喜欢黄木子的，因为她想象力丰富，画得特别好。"

张贝忞："我喜欢黄木子的，鸡场合在一起比较长，而且是她自己想出来的。"

钟小虎："我喜欢黄木子的小猪，像在天上一样，很好玩。"

许钰晨："我喜欢沐沐的，看起来长长的，而且很漂亮。"

教师："黄木子画的是什么？为什么感觉是长长的？"

众幼儿："许多小猪在排列的样子。"

众幼儿："很多一样的东西在一起也是长长的。"

……

2. 引导幼儿说出自己想创作的想法，为创作铺垫

教师："如果再让你画'宽宽的画'你想画什么？"

许钰晨："马路上好多车。"

裴元："一个小孩在滚很多轮胎。"

周启宁："幼儿园里的小孩在走平衡木，而且是排队走。"

王圣杰："幼儿园的毛毛虫。"

张贝忞："我和爸爸打乒乓球。"

张沐心："好多人在踢足球。"

周易："我想画黄木子那样的，画鸭场。"

黄木子："我画蚂蚁们搬东西，把树叶搬到洞里去，因为快冬天了。"

钟小虎："我和妈妈打网球。"

厉星媛："鹅场。"

宋法怡："我在打羽毛球。"

穆嘉翔："我画我们在跑步。"

3. 幼儿自由绘画

因为有前面的基础，所以欣赏后，幼儿们马上有了创作的想法，迅速地投入了创作。在这次活动中幼儿创作了《蚂蚁搬树叶》《我和爸爸打羽毛球》《小朋友们在球场踢球》《长腿毛毛虫》《我和爸爸比赛打乒乓球》《我和妈妈打网球》《小女孩在滚许多轮胎》《小朋友在走平衡木》《大轮船》《马路上大堵车》《小朋友在跑步》《母鸡孵小鸡》等作品。①

---

① 作品见本书附录一　幼儿作品赏析案例·宽宽的画。

（四）活动反思

这次活动欣赏和创作连续进行。我将绘画纸增大一倍，开始还担心幼儿没有耐心画完，但当幼儿的作品出来后，我立刻明白这一做法十分正确。孩子们的画发生了一个飞跃，画中出现了情节，而且细节丰富。比如，在《我和爸爸比赛打乒乓球》中，幼儿将奖杯和记分牌都画了出来；在《蚂蚁搬树叶》的作品中，地下蚂蚁洞的行走路线错综复杂；在《马路上大堵车》的作品中，车的行走方向画得十分清楚。没想到一张画纸起这样大的作用。

在这次"宽宽的画"的主题活动中，从初次创作到再次创作，幼儿发生着很大的变化。从描摹单个物体到表现出事件情节，创作出离奇的想象情景；从单调粗糙的描绘到细致深入的刻画，幼儿的思维得以开阔，创作兴趣和激情爆发了出来，绘画水平有了很大的提高。

指导教师：张念芸 夏华颖

第三节 从材料特性出发引导创作

美术作品的第一个层次是物质材料。不同的物质材料各有其特性，有的材料坚硬冰冷，有的材料柔软光滑。材料的特性引起主体特定感受，参与和构成美术作品的意味。从材料特性出发进行创作这就是所谓的"因材施艺"，即由材料的属性联想到某些事物，顺应材料的特点创造出形象来。如明人魏学洢所作《核舟记》："明有奇巧人曰王叔远，能以径寸之木，为宫室、器皿、人物，以至鸟兽、木石，罔不因势象形，各具情态。"这里所说"因势象形"即含有因材施艺的意思。文中所描述的核舟，即是依细长桃核雕刻而成。

与绘画相比，手工要涉及更多的材料，因此，从材料的特性出发的创作较多出现于手工之中。因材施艺有"迁想状物""借迹造型""借形造像"等形式。"迁想状物"，即根据眼前的物体的色、形、质地联想到其他的事物。"借迹造型"，是由偶然产生的墨迹色块的形状或颜色的特点联想添画成为形象。"借形造像"，是依照材料的形状构思、塑造出形象。①

这种因材施艺的创作方式，本源于幼儿早期的自发创作。幼儿早期很少

---

① 孔起英. 学前儿童美术教育. 南京：南京师范大学出版社，1998：204.

有"胸有成竹"后再动手,他们大多是在行动中构思。例如,在玩泥时,将泥团在手中团、搓、捏、压,随着泥团的变化,他们脑中会浮现出面条、小饼子等形象,当泥团变圆时,他们又联想到"球""元宵"等。随着年龄的增大,幼儿行为的目的性逐渐增强,他们的构思也逐渐地由外化转为内化,能够事先在头脑中对所要制作的东西进行思考与计划。但这种"迁想状物""借迹造型""借形造像"的构思方式,在幼儿的制作中仍占有重要地位。他们的联想有时甚至超过了成人。例如,他们会把一块三角状的石子想象成狐狸的头,把半个果壳想象成甲虫。幼儿制作时,很像某些民间艺人,一边构思,一边制作,一边修改,融构思、设计和制作于一体,直到作品完成。①

从材料特性出发引导创作的第一步是感受材料特性。教师事先要选好材料,并确定借助材料的何种特性进行创作。在此要注意,一般来讲,尤其初次做时材料可以多种多样,但作为构思出发点的特性却应集中而单纯。如利用纸张造型,可以收集各种各样的纸,但在一次活动中则只利用纸的质地或其形状造型。利用废旧物品造型,可以有废旧包装盒、瓶、桶、绳、纸和各种小物件等材料,但是最主要的是利用其形状。在感受时,教师要引导幼儿运用多种感官,静静地、深入体会材料的特性,将不同的材料做比较,感受其细微差别。在这一步中可以穿插提问和讨论。

在充分感受之后进入第二步,由材料的特性回忆、联想、想象有关的事物。教师可以问幼儿:"你看到或摸着这些材料有什么感觉呢?""它们像你见过的什么东西?你想到了什么?""可以用它们做些什么呢?"等。

在幼儿有了初步的构思之后进入第三步,开始操作。这时教师要把握这样一点,此时幼儿只是有一个初步的构思,在操作时,教师应提醒幼儿先做出形象的主体部分或有代表性的部分,然后添加其他部分和细节。像前面所说的那样,一边构思,一边制作,一边修改,直到完成作品。

总之,从材料特性出发进行创作,带有更多设计的成分,有利于培养幼儿对材料的敏感性和艺术通感,既适合年龄小的幼儿,也适合年龄大一些的大班。

---

① 孔起英. 学前儿童美术教育. 南京:南京师范大学出版社,1998:206.

附：活动方案

从材料特性出发引导创作

《快乐印画·纹理拓印画》《橘皮对对碰·橘皮组画》《石头记·石子彩塑》是幼儿园教师设计的美术活动方案。这三个活动都非常注重启发、引导幼儿感受、观察材料的特性，以材料的特点启发幼儿创作的灵感和构思，充分发挥材料在创作中的作用。这些活动有助于培养幼儿对材料的敏感性和思维的灵活性。

快乐印画·纹理拓印画

(一)活动目标

(1)寻找、发现生活中物品各种有趣的纹理，运用正确的方法进行拓印创作。

(2)触摸感受物品的纹理，用多种颜色进行拓印，创造形式多样、色彩丰富的装饰画面。

(二)活动准备

1. 经验准备

(1)教师在日常生活和教育活动中引导幼儿发现和寻找各种物品的纹理。

(2)教师鼓励幼儿通过触摸，发现纹理的深浅、形式的不同。

2. 物质准备

(1)教师与幼儿一同收集带有纹理的物品若干；白布1块；1块有花纹的凹凸拓板和1张普通的光滑书写垫板。

(2)有凹凸纹理的物品若干；幼儿每人1份油画棒和画纸。

(三)活动过程

1. 教师用游戏导入活动，引导幼儿猜想游戏的结果，引发参与活动的兴趣

(1)教师事先将拓板和垫板平放在桌上，上面覆盖一块白布。

教师："今天老师变一个魔术，想请一个小朋友与我一起合作。"

教师："请你把手伸到布底下，告诉大家你摸到了什么？你认为这里面会是什么花纹呢？"

教师："现在老师用不着看也能把底下的花纹'画'出来，你相信吗？"教师用油画棒在白布上拓出下面拓板的花纹。

教师掀开拓板一侧的白布："请你检查一下这个图案是不是跟下面拓板的相同呢?"

教师:"这种神奇的魔术其实是用拓的方法变出来的。"

教师:"那么,另一块板能不能也拓出花纹来呢? 我们也来试试"——没有成功。

教师:"为什么这块板就拓不出花纹来呢? 什么样的东西能拓出花纹来?"——表面粗糙或有凸起的花纹才能拓出来。

(2)"找一找、摸一摸",教师请幼儿在班中寻找可拓出花纹的物品。

教师:"动手摸一摸你身边的物品,是不是所有的物品都能够拓出花纹呢?"

教师:"老师这里有一些东西,你看看哪些是可以拓的,哪些不行?"

教师:"把你找到的东西也拿出来和老师找到的放在一起,分一分哪些物品能够用来拓、哪些不行?"幼儿分类。

教师:"现在你再想一想,大自然中还有哪些东西可以拓出花纹?"——树皮、果核、树叶、石子路、菠萝皮、黄瓜皮等。

2. "试一试、比一比",教师请幼儿尝试拓

教师:"小朋友,请你选一件东西,用老师刚才变魔术的方法拓一拓,试试你能不能也拓出好看的花纹。"幼儿试拓。

教师:"谁拓得最清楚,说说你是怎么拓的,注意了什么?"——拓的时候应选择较深颜色的画笔,拓时用力均匀、不移动,向同一个方向涂。

教师帮助不成功的幼儿总结教训——颜色不能太厚,否则一片颜色而没有纹理出现。

3. 幼儿拓,教师提示指导

教师:"请你用自己选的东西拓一张画。"

教师:"拓出一片花纹后仔细看一看,想一想还能添加些什么,改变些什么,让它成为另一样东西。"

教师:"小朋友发现没有,一样东西拓出来的花纹好像是这样东西的影子,拓不出别的有意思的东西。除了添画以外,还有什么方法让拓出的花纹成为另外一样东西?"

教师:"小朋友可以试一试,把几样东西组合在一起,看看能拓出什么来。比如，一片叶子拓出来还是一片叶子，试一试，把几片不同的叶子组起来再拓，会是什么样的效果？看看谁能拓出更多、更有意思的东西来。"

教师及时向大家介绍那些有趣的组合拓作品，鼓励幼儿尝试拓出更多的有趣的拓画。

4. 教师组织幼儿展示拓印作品

教师："请小朋友找一找，哪些作品色彩丰富、印迹清晰、花纹均匀？哪些作品最独特、最有意思？哪些作品的组合最巧妙？"

教师："请作者说一说，你是怎么拓出这么美丽的作品，注意了什么？"

提示：

教师鼓励幼儿在继续发现和收集各种有纹理的物品，并指导幼儿在活动区尝试用不同方法拓画。

链接：

(1)在活动区投放水粉颜料、板刷，鼓励幼儿利用拓板印画。在拓板有凹凸的一面刷上颜料，覆盖上画纸，用手轻轻按抚画纸然后揭下，拓板上的花纹即印在画纸上。印好画纸晾干后可进一步加工成为其他饰物，如娃娃的床单、台布、桌布、手绢、围巾等。

(2)教师在美术活动区投放拓印和印台、拓板等，引导幼儿用颜料拓图。方法详见拓法介绍。

活动设计：魏红

橘皮对对碰·橘皮组画

(一)活动目标

(1)根据橘子皮天然的颜色和纹理，将其分割、组合、变化，构成形象。

(2)喜欢用橘子皮进行创意的活动，体验用生活中的常见废旧物品创作的乐趣。

(二)活动准备

1. 经验准备

吃午点时，教师和幼儿一起观察橘子、橘子皮的颜色和样子，感知橘子皮的特点。幼儿剥橘子皮时，教师提示他们充分感知它的柔软、易破碎的特性。

2. 物质准备

(1)照相机或摄像机。

(2)橘子皮若干、《橘皮对对碰》组画图卡。

(三)活动过程

1. 幼儿吃橘子时将橘皮留下，做活动前的准备

午点时间，教师请幼儿吃橘子，并将橘子皮剥下留好，一会儿游戏用。

2. 教师与幼儿欣赏《橘皮对对碰》组画，引出活动内容

教师："小朋友，你们知道吗？这些吃完的橘子皮碰在一起可以组成有趣的图画，现在我们大家一起来欣赏哥哥姐姐用橘子皮碰在一起组的图画。"

3. 教师启发引导幼儿用自己手中的橘子皮进行构思创作

教师："小朋友，现在你也可以用刚才剥下的橘子皮碰在一起，组合拼出你的创意，可以是小鸡、小花、小狗、小房子……看看谁的橘子皮碰在一起拼出的图画最有趣。"

针对个别遇到困难的幼儿，教师可以先询问他的创作意图，然后和他一起拼出形象的主体部分，再由他自己添加剩余部分完成作品。

教师视幼儿创作情况，重点提示幼儿运用橘子皮的自然形态和颜色进行创作。

4. 教师与幼儿集体分享创作成果

幼儿创作完成后，教师请幼儿保留作品并与旁边的幼儿交流分享。教师："先请你的朋友猜一猜这幅作品拼的是什么？如果猜不出来，你再将自己拼的是什么告诉他。"

提示：

(1)活动前一定让幼儿充分观察橘子皮的自然形态、颜色、纹理等特征，丰富幼儿的感知经验，为幼儿的创作做充分的准备。

(2)由于橘子皮创作画不易保存，教师在幼儿创作的过程中，可以有选择地进行拍摄和录像，记录下幼儿的创作过程和作品，留待幼儿一起进行分享。

(3)活动中，幼儿掰橘子皮时会出现许多小块的橘子皮，教师要提醒幼儿保持桌面和地面的整洁，养成良好的学习习惯，必要时可以提供小筐或小盘子供幼儿装剩余的橘子皮。

(4)活动后，每遇午点吃完橘子，教师都可以鼓励幼儿与同伴一起用橘子皮做创意拼摆，相互激励。

活动设计：任晓燕

石头记·石子彩塑

(一)活动目标

(1)大胆尝试在石头上进行色彩和线条绘画。

(2)根据石头的形状组合成自己想要的形象，并进行绘画创作。

(二)活动准备

1. 经验准备

教师请家长带领幼儿收集石子，并提出边收集边根据石子的形状进行大胆想象。

2. 物质准备

大小、形状各异的石子若干；幼儿每人1套黑色油性笔、小号水粉笔和硬纸板。幼儿每组1份涂胶和水粉颜料。

(三)活动过程

1. 教师出示石子，激发幼儿的想象

教师："看看老师这里有这么多各种形状的石子，小朋友猜猜我会把它们变成什么？"

教师："这个形状的石子像什么？我们可以把它变成什么？"幼儿讨论。

2. 教师演示

教师："现在来看看老师是怎样把一个椭圆形的石子变成一条小鱼的！"教师用水彩笔在石子上添画，还可以给小鱼设计上花纹或图案。

教师："小鱼的身体出来了，可它还缺鱼鳍和鱼尾。我们再找更小一点的石子，做鱼鳍和鱼尾，也画上好看的颜色或花纹。"

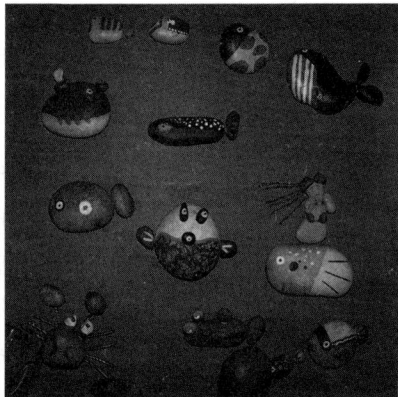

图 7-16 石子彩塑

教师："最后用牙签蘸上乳胶把鱼鳍和鱼尾粘在小鱼的身体上。"教师把粘好的小鱼平放在桌面上，待干了以后在背面画上相同或不同的图案。

3. 教师指导幼儿画石子

教师："小朋友想用这些石子变什么呢？现在就可以动手来尝试一下了！"

在幼儿动手的过程中，教师提示幼儿根据自己选择的石头形状进行大胆想象，在描画的过程中注意颜色的搭配和花纹的设计。

4. 幼儿展示分享作品

幼儿完成作品后，教师请一些幼儿展示、介绍他们的作品，说一说他把石子变成了什么，他是怎么想的，然后其他小朋友发表看法。

提示：

(1)活动前，教师请幼儿把和爸爸妈妈一起捡的石子带到班里，教师选择比较光滑、形状大小各异的石子清洗干净，留待美术活动时使用。

(2)有条件的幼儿园，可以给幼儿提供水粉颜料或丙烯颜料画石子。这样颜色更鲜艳，效果也会更好。

(3)向幼儿提供一些辅助材料，帮助他们丰富自己的作品。

(4)准备一个硬纸板，在上面组成一个有情节的石子彩塑。

活动设计：袁静

第四节 以形式与内容相结合的方式导入创作

以上所讲属于从美术的单一维度，即内容或形式要素之一导入创作。这类导入方式具有较强的生成性、开放性，为创作提供了较大的探索空间，同时，对教师和幼儿的要求也比较高。下面讲的是以内容和形式相结合的方式导入创作，其活动和课程更具有设计性。这一类创作属于在框架之中探索，利于幼儿掌握美术媒材、表现对象的特点，也利于教师熟悉幼儿美术创作的元素和自身的专业成长。实际上，无论哪一类创作都既需要对创作加以引导，也需要对课程和活动加以设计，不同之处在于两者的轻重比例有差异。

什么是美术的形式和内容呢？

通常，我们将由于使用材料和工具不同而形成的美术的种类，如绘画、纸工、泥塑等，或美术作品的形式构成，即作品中的点、线、色彩、形体之间的组织关系以及与此相应的各种表现手法统称为美术形式。将作品中的物象、事件、情节及其表现意义、主题统称为内容。我们这里所讲的是广义的内容和形式。

可以把幼儿的水平、美术的形式、内容看作幼儿园美术课程设计的三大元素。设计的原则是这三大元素相互吻合，美术教育的课程及活动既符合幼儿的实际水平，又能以最恰当的形式表现最恰当的内容，使幼儿得到长足的发展，使其创作取得充分的美感效果。

要达到以上目的须清楚幼儿美术创作有一个特点，就是他们对工具材料的运用很直接、很单纯。成人画家使用一种工具材料可以创作出丰富多彩、效果各异的作品，但是幼儿只能运用工具材料所产生的最直接的效果进行表现。不同的表现需要，须用不同的工具材料去实现。幼儿不能像成人那样为了表现的需要，运用表现的方法营造出效果，因此，教师应仔细地研究各种工具材料的性能及其幼儿使用时可能的效果。在进行课程设计时，注意内容和形式的吻合，根据表现的需要选择适宜的工具材料，以最恰当的形式表现最恰当的内容，让幼儿的创造力和幼儿艺术特有的美充分体现出来。例如，要表现的是比较单纯的经验，用单色线条画比较合适，可以将精力集中于"叙事"上，精心刻画人物事件；如果要表现事物的丰富色彩且又侧重于抒发感情，采用彩色画最好。

附：活动案例

以内容与形式相结合的方式引导幼儿的美术创作

"色彩——高兴与不高兴的事"是一项带有实验性的活动。色彩作为形式要素之一，与内容要素中的情感关系十分密切。这个活动的成功之处在于，教师找到了内容与形式两个纬度最恰当的结合点。活动同样从欣赏作品开始，一幅作品以明快的色彩传达快乐的心情，一幅以暗淡的色彩传达绝望的心情。在欣赏中，幼儿发现了画家使用色彩和心情的关系。在创作时，幼儿以色彩表达了自己的心情。值得一提的是在"不高兴的事"中，幼儿表达的情感经历可能从未诉说过，如果没有这一次的创作，我们可能永远都不会知道幼儿曾经有着那样的心情。通过这个活动，可以看出教师是如何从两个纬度的交点出发，激发出幼儿广泛的想象和表达。

心情——高兴与不高兴的事(大班)

北京师范大学实验幼儿园　韩丹

活动总目标:

能够用绘画的形式表现自己的生活经验,用适当的美术色彩表达不同的心情。

活动一: 美术欣赏活动(欣赏画作《高兴》与《不高兴》)

(一)活动目标

(1)欣赏美术作品,感受画面中的情境,认识作品所表现的主题含义。

(2)感受作品的美感特点,了解作品的表现方法。

(3)大胆讲述自己对作品的感受。

(二)活动准备

投影仪、电脑课件《高兴》与《不高兴》。(见图 7-17、图 7-18)

图 7-17

图 7-18

(三)活动过程

1. 播放作品《高兴》,引导幼儿讨论欣赏

教师:"你在画上看到了什么?"(整体观察作品。)

2. 引导幼儿进一步感受作品,并能用语言大胆地表达出来

教师:"你们能讲一讲画面上的这个小女孩吗?"

教师:"画面上的海豚是什么样子的?"

教师:"你觉得这幅画说的是一件什么事?"

教师："他们的心情是怎样的？你是怎么知道的？"

（在观察细节的基础上，感受画面中的情境，并能够发挥想象力大胆表述。）

3. 播放作品《不高兴》，引导幼儿讨论欣赏

教师："你在画上看到了什么？"（对比观察第一幅作品。）

4. 引导幼儿进一步感受作品，并能用语言大胆地表达出来

教师："你们能讲一讲画面上的这个人吗？"

教师："画面上的鱼是什么样子的？"

教师："你觉得这幅画说的是一件什么事？"

教师："他们的心情是怎样的？你是怎么知道的？"

（在观察细节的基础上，感受画面中的情境，并能够发挥想象力大胆表述。）

5. 进一步深化幼儿对两幅作品的对比与感受

（1）教师重放第一幅画。

幼儿："好漂亮呀！"

教师："你在画面上看到了什么？"

李旸琛："四只小海豚和一个小女孩。"

教师："你们能讲讲画面上的这个小女孩吗？"

李旸琛："像一个小天使一样，她穿着漂亮的裙子，手里拿着小仙棒！"

赵博："我觉得她像超人一样，因为超人能飞！"

教师："你觉得小女孩现在在一个什么环境中？"

幼儿："水里。"

幼儿："海里。"

郭嘉旸："我觉得她在大海里面，因为这里面还有个旋涡，还有小鱼呢！"（边说边指着画面上的事物。）

教师："刚才小朋友说'在画上除了有个小女孩还有四只小海豚'，那四只小海豚都是什么样子的呢？"

张永言："有灰色的、金色的、蓝色的、绿色的，它们的尾巴都有点儿蓝色。"

刘颖："小海豚都很可爱，嘴巴都很漂亮。四只小海豚有的弯、有的不弯、有的调皮，姿势都不同！"

教师:"你们觉得这幅画讲的是一件什么事情?"

王心竹:"我觉得小女孩和小海豚正在玩游戏。"

李旸琛:"我觉得他们在追着玩。可能是小女孩跑得太快了,帽子都掉了,小海豚在追小女孩的帽子!它们好像在闹着玩。"

教师:"你觉得他们的心情是什么样子的?"

张永言:"很高兴!你看小女孩的表情是笑眯眯的,因为他们追着玩,他们是好朋友!"

刘颖:"对呀,你看小海豚的嘴巴也是笑的!"

赵博:"这个小女孩应该是饲养四只小海豚的吧!"

刘若兰:"这四只小海豚在和这个小女孩一起跳舞呢吧?他们一定是太高兴了所以才跳起舞来的!"

(2)教师出示第二幅画。

教师:"我们再看看另一幅画……"

幼儿:"哎?"

教师:"你看到了什么?"

赵博:"看见了一个巨人,他虽然很高但却只到了一个楼房的一半!"

孙世敬:"周围都是鱼,还有水草。"

李旸琛:"我觉得这幅画画的是在海里!"

郭嘉旸:"我看到这个人的头顶上吐出了三个泡泡!"

教师:"这个人的表情是什么样子的?"

张永言:"嘴巴是横的,一般小人在不高兴的时候嘴巴才是横的呢!"

孙世敬:"我觉得这个小人在发呆呢!他好像也想当小鱼!"

张永言:"我觉得他是瞪着小鱼的。"

赵博:"我觉得这个小人没什么感觉,不高兴也不生气!"

刘若兰:"人在没表情的时候一般是不高兴的!"

教师:"那我们再看看小鱼是什么样子的?"

李旸琛:"小鱼的嘴巴也是横的,也没有什么感觉。"

刘若兰:"我觉得小鱼一点儿都不高兴,因为它总是闭着嘴所以才不高兴!"

李旸琛:"我觉得小鱼想跟小人玩,可是小人不想跟小鱼玩,所以他们才不高兴的!"

张永言："我觉得小人把楼房盖到小鱼的家里了，所以小鱼生气了！"

孙世敬："我觉得这个人可能想抓小鱼，所以小鱼才不高兴的！"

教师："你觉得这两幅画有什么不一样吗？"

李旸琛："我觉得第一幅画画的是一件高兴的事，而第二幅画画的是不高兴的事。"

张永言："这两幅画的表情都不一样，第一幅笑，第二幅不笑！"

郭嘉旸："我觉得这两幅画的色彩就不一样，第一幅画是彩色的，第二幅画是灰色的。"

刘若兰："因为第一幅画中小女孩和海豚的心情都很开心所以用了彩色，而第二幅画的颜色让你看了心情就不舒服！"

刘颖："他们都选择了和心情一样的颜色画画！"

教师："你们能给这幅画起个名字吗？"

郭嘉旸："第一幅画叫《快乐》，第二幅画叫《生气》。"

刘若兰："我觉得叫《快乐的小海豚》和《生气的小鱼》。"

刘颖："我觉得第一幅画叫《高兴》，第二幅画叫《不高兴》。"

赵博："我起的名字是《快乐的一天》和《生气的一天》。"

幼儿从这两幅作品中感受到了画家运用色彩表现情绪的特点，在活动中，幼儿大胆地讲述了自己对作品的感受与理解！"我觉得这个小女孩很快乐！瞧，她的嘴角还往上翘呢！""她的衣服真漂亮！粉红粉红的！""四只小海豚也很高兴呢，他们变化着自己游泳的姿势，嘴巴好像在唱歌！""海豚的颜色也是不同的！""另外一幅画就只有灰色。""对呀，灰灰的小人感觉还有点不高兴呢！""是呀，他的小嘴，画家画得是平平的，都不笑！感觉很不快乐！"幼儿你一言我一语地感受着、议论着画家运用色彩表达的情感。通过对比欣赏，幼儿清晰地发现情感的表达是和色彩有联系的！幼儿在欣赏过程中，从整体观察作品内容到感受画面中的情境，从对比观察第二幅作品到发挥想象力大胆的表述，在一环扣一环的清晰步骤中学到了绘画表情的技巧、色彩与情绪情感有关等。

活动二：创作《不高兴的事》

(一)活动目标

(1)用简短的话语大胆表达自己的经历与心情。

(2)用绘画的形式表现自己的生活经验，用适当的色彩表达不同的心情。

(二)活动准备

不同颜色的复印纸和画笔。

(三)活动过程

教师:"你们在生活中有什么不高兴的事吗?"

张永言:"有一次,我买的面具丢在出租车上,当时我特着急!"

教师:"如果请你选择一张和你当时心情一样颜色的纸,你会选择哪一张?"(老师把各种颜色的纸摆放在幼儿面前,供幼儿选择。)

张永言:"我会选择灰色。"

刘若兰:"有一次,我在小卖部买了包口香糖,可惜当时我没拿好,口拿倒了,等我到了家想吃口香糖的时候才发现都掉光了!我当时特生气!"

教师:"如果请你选择一张和你当时心情一样颜色的纸,你会选择哪一张?"

刘若兰:"我会选择土黄色!"

李旸琛:"我也有一件不高兴的事。那天,妹妹到我家来玩,我很想让她多住几天,可是她当天晚上就走了,我很失望!"

教师:"失望也会影响我们的情绪!如果请你选择一张和你当时心情一样颜色的纸,你会选择哪一张?"

李旸琛:"我会选择土黄色。"

教师:"小朋友可以自愿选择适合你当时心情的笔和纸,把当时的烦恼和不开心画出来吧!"

幼儿创作《不高兴的事》①。

活动三:创作《高兴的事》

(一)活动目标

(1)分享自己画的作品《不高兴的事》,用简短的话语大胆地表达自己的经历与心情。

(2)用绘画的形式表现自己的生活经验,用适当的美术色彩表达不同的心情。

(二)活动准备

幼儿作品、不同颜色的复印纸和画笔。

---

① 作品见本书附录一 幼儿美术作品赏析案例·心情——不高兴的事。

(三)活动过程

1. 出示前次作品,让幼儿们介绍自己的作品《不高兴的事》

教师:"你画的是一件什么事情?"

教师:"为什么选择这几种颜色?"

2. 幼儿互评,用简短的话大胆地表达自己的看法

3. 鼓励幼儿结合生活经验,大胆地表达自己高兴的事

教师:"你在生活中有什么高兴的事吗? 能给我们讲讲吗?"

教师:"如果请你选择纸张,你会选哪种颜色的纸呢?"

4. 引导构思《高兴的事》

教师:"生活中,你们有什么高兴的事儿吗?"

幼儿:"有!"

刘若兰:"妈妈给我买新衣服了,我就很高兴!"

教师:"如果请你选择一张和你当时心情一样颜色的纸,你会选择哪一张?"

刘若兰:"我会选择粉色!"

詹映月:"前两天,我会跳两个跳绳了,我很高兴! 我会选择黄色来画我的这幅画!"

郭嘉旸:"妈妈给我买了一个奥特曼雨衣的时候我很高兴! 我会选择绿色来画我的这幅画!"

李旸琛:"和妹妹一起玩我很高兴! 我会选择黄色来画我的这幅画!"

刘颖:"我那天能跳两个跳绳了,妈妈表扬了我,我特高兴! 我会选择粉色来画我的这幅画!"

教师:"为什么你们要选择一些颜色鲜艳的纸来画画呢?"

幼儿:"因为五颜六色的画能给我们带来好的心情!"

教师:"如果你们想好了就可以画了!"

幼儿创作《高兴的事》。

结束语:

在创作过程中,幼儿用绘画的形式表现自己的生活经验,用适当的色彩(如彩色纸、蜡笔的颜色)表达了自己不同的心情!

第八章　幼儿园美术教育评价

幼儿园美术教育评价是教育者或研究者运用一定的方法、遵循一定程序，客观、科学地了解幼儿美术能力的发展特点、水平及其相应教育影响，做出理性判断的行动过程，其结果将作为反思美术教育，制订更合理的美术教育目标、计划与指导的客观依据。

第一节　评价的目的与项目

一、评价的目的

幼儿从事美术活动的能力随着他们年龄的增长和身心各方面的发展与成熟而增强，这种进程呈现为若干阶段。在每个阶段中，幼儿美术能力的诸方面又有渐进的提高。作为教育者，须明了每个幼儿的这种进展情况，以便对幼儿进行有针对性的指导，此为评价幼儿美术能力的目的。另一方面，幼儿的发展又是在一定的教育影响下取得的，这就需要相应地考察教育影响的性质与效果。因此需要对幼儿园的美术教育活动与教师的行为做出评价。"评价"即是有目的、有方法地对幼儿美术能力的发展与相应的教育影响进行客观、科学的了解，为进一步的教育与指导提供依据。具体说来，评价应达到以下三项结果。

(一)了解幼儿及其所受的教育影响

通过评价，教育者与研究者了解幼儿当前达到的水平，包括幼儿的美术能力和美术活动中幼儿身心多方面的发展水平。如果有计划、长期、定时地对幼儿美术能力进行评价，可以看出他们发展变化的趋势。如果对一群体幼儿进行评价，那么可以了解到这一群体的一般水平和其中个体之间的不同，掌握幼儿群体的整体状态。这种评价资料积累多了以后，经过整理，可总结出幼儿美术能力发展的一般趋势和规律。

教育者与研究者不仅通过评价了解幼儿，还要了解幼儿美术能力发展所处的教育背景，他们所接受的美术教育影响。为了了解教育影响的效果，针对教育的评价与以特定幼儿或幼儿群体为对象的评价应结合起来，对评价结果进行科学的梳理后，可以见出两者之间的联系。这是评价中最有价值、最值得探求的一环。

(二)对教育做出反思

对幼儿美术能力的发展及其所受美术教育影响有了充分、确切的了解之后，教育者和研究者应将他们所得到的材料进行分析，找出形成当前水平、前后发展变化、个体之间差异的内在与外在原因，对于所施教育的成功和失误做出反思。成功可增强教师的信心，失误当引以为戒。

(三)确定未来的发展目标

评价和反思之后，教育者与研究者还需要根据对幼儿以往发展趋势的了解和自己的教育知识与经验对幼儿未来发展做出预测，在此基础上进一步地制订新的教育目标并选择相应的教育内容与方式。这是整个评价工作的最有建设性的成果。

二、评价的项目

幼儿园美术教育评价可分为三项：一是评价幼儿美术创作的过程；二是评价幼儿的美术创作的结果——作品；三是评价幼儿园美术教育活动。

(一)幼儿美术创作过程

美术创作过程指从某一艺术表现想法的产生到作品的最终完成,其间相互关联的全部活动。这些活动既包括内部的心理活动,也包括外部的行为表现,这两方面在实际活动中融为一体。幼儿在美术创作的过程中受到教育,提高美术表现能力。美术创作的过程如何,既是幼儿美术能力的反映,也是教育者对美术活动组织质量的标志。从表面上看不相上下的作品由于实际创作过程不一样,具有不同的意义。一幅独立创作的作品与一幅模仿或在别人帮助下完成的作品所蕴含的幼儿能力和其受到的教育有相当大差别。另外,一项幼儿热情投入的美术创作与其被动接受美术操作对他的影响也迥然不同,从中可见到两个完全不同的幼儿形象。因此,评价幼儿美术能力有一个很重要的方面,是看其创作的过程如何进行。

(二)幼儿美术作品

美术作品是幼儿美术活动的成果,是以往发展与教育的结晶。美术作品明晰稳定地反映出幼儿美术能力的水平与特点。作品是静态的,分析与评价工作相对容易进行一些,可以长时间、反复地分析一幅作品或将许多不同的作品放在一起对照比较,还可以请不同的人来察看核实。因此,作品分析是一项简便易行又可靠的评价方法。家长和教师经学习也可以掌握。

一项客观的评价应该是创作过程与作品评价两方面相结合,尤其在做出解释时要兼顾两个方面,这样得出的结论才有教育上的意义。

(三)美术教育活动

作为美术教育评价项目之一的美术教育活动指教师有目的、有计划地组织幼儿进行的创作活动和欣赏活动。这类美术活动在幼儿的美术教育中起着导向作用。在活动中,教师的观念通过一定的行为作用于幼儿,对幼儿的审美与创作能力以及人格的形成有重要影响。对美术教育活动的评价归根结底是对教师的教育行为进行考察,探寻其背后起支配作用的观念。此项评价可见出教师的教育能力与素质,对优化美术教育的内涵具有根本性的作用。

第二节　幼儿美术创作过程的评价

对幼儿美术创作过程进行评价首先需要观察幼儿美术创作中的行为表现，将其特点记录下来，然后对这些第一手的材料加以整理，做出评价和解释。整个评价过程必须严格遵循一定的方法和步骤进行，只有按正确的方法，有步骤地去做才能最终得出准确的结论。幼儿美术创作过程的评价基本步骤如下。

一、确定评价目标

在着手评价之前要确定评价的目标，包括确定观察对象、设定所要观察的行为表现、选择观察对象的活动背景条件等。

(一)确定观察对象

首先，应该根据教育或研究的需要确定要观察的对象。可以选择某些年龄、地区、园所、种族、性别或某个性类型的幼儿作为一群体来观察，也可以只观察个别的幼儿。

其次，一般说来，对幼儿的美术创作过程的观察比对幼儿美术作品的观察难度要大一些。因为在创作时，幼儿每时每刻都在变化，观察者不能同时把握过多目标，因此，观察对象不宜选得太多。对象增多以后，应相应地增加观察人员。如有特殊的教育和研究需要，必须在人力、物力条件允许的情况下，才能进行较大规模的创作过程评价，而且事先要做出周密的计划，组织好人员并对观察者进行培训。

(二)设定观察项目

确定观察的项目，也就是设定所要观察的幼儿美术创作中行为表现的范围。本节《幼儿美术活动过程的评价项目与标准》提供了若干可选的幼儿美术创作行为观察项目，评价者可以根据教育与研究需要从中选取，制订出自己的观察项目组合。

(三)选择观察条件

在观察对象和观察项目定下之后应设定观察条件，也就是确定在什么样的创作或周围环境下观察幼儿的行为表现。条件选择得恰当与否直接影响观察结果的准确性和代表性。观察条件大致有如下类型(见表8-1)。

表8-1 幼儿美术活动观察条件分类表

活动条件 \ 类别	活动形式	活动组织形式	指导与操作方式	表现媒介与创作方式
常态条件	个别自由活动	美术区 家庭美术活动	意愿创造 命题创造 实物写生 范例临摹 技能练习	绘画 泥工 纸工 综合制作
	有组织的教育活动	集体同步活动 集体合作活动 集体分别活动		
实验条件	根据实验目的对条件加以特殊的控制			

一般来说，评价的最终目的不同，对观察条件的选择应有所不同。如果要对某个幼儿美术能力进行评价，以在自由活动或意愿创造中观察为好。在这种活动中幼儿可以无拘束、不受限制地将自己美术能力的各方面展现出来。如果是对幼儿的美术能力有所了解之后要对教育影响做出评价与构思，那么以在有组织的教育条件下进行观察为好。如果要对幼儿美术能力的某一方面进行观察或深入了解几个方面的关系以及对新教育元素的效果进行考评，当然是以实验室环境为好。

另外，对幼儿美术创作过程了解的侧重面不同，对观察条件的选择也有所不同。一般来说，如果要观察评价幼儿对美术活动的兴趣性、专注性与自我感觉等，在哪种条件下观察关系都不大。区别仅在于不同的条件下幼儿会有不同的表现，这正好可以鉴别出不同类型活动的优势与劣势所在。如果要评价幼儿创作的独立性、创造性和构思，情况就不同了，应选择自由活动或意愿创造、命题创造。在这几类活动中，幼儿自由发挥的余地大，能更好地显现其主动性、独立性、创造性及构思的水平。如果要观察幼儿操作的熟练程度与美术活动的习惯，以观察手工和综合制作类的活动为好。在这种活动中需用较多种的工具与材料，怎样安排、操作这些工具材料，习惯如何，最能在此类活动中表现出来。

二、做好评价工作准备

在评价幼儿创作，特别是大规模的评价开始之前，做好充分准备是非常重要的。

(一)制订评价计划

在活动评价范围较大的时候，需要制订出评价工作的计划，以便评价工作能有序进行。一项计划应包括如下方面。

(1)评价的目标(地区、园所、幼儿)。

(2)观察记录幼儿创作的时间与人员分工。

(3)整理观察记录的时间与人员分工。

(4)资料收集的方法与评价的标准。

(5)评价数据的处理方法。

(6)评价结果的完成形式与时间。

(二)制订与熟悉评价的项目标准

采用观察的方法搜集评价资料是与幼儿的美术创作同步进行的，因此，在观察工作开始前，必须先制订出观察评价的标准，以便在观察的过程中，资料收集者能及时、准确地捕捉到幼儿那些有代表性的行为表现。幼儿在美术活动过程中的行为表现可以分为不同的方面，不同方面行为表现又可以区分为不同的程度等级，将这些不同行为的外在表现按照等级顺序加以排列便可制订出评价的标准。为了广大教育工作者实际观察、评价起来方便，本节之后附有《幼儿美术创作过程评价项目与标准》，评价者可根据需要从中选取适宜的项目编制成自己的评价标准。

由于美术创作是一个动态的过程，实际活动中幼儿的表现也并不都那么典型、鲜明，而且某些行为转瞬即逝，如果资料收集者胸中无数，就难以收集到完整可靠的资料。因此收集者必须事先熟悉评价的项目、标准及其与幼儿行为表现的对应关系，以便能够迅速准确地确定幼儿的行为表现的归属。为了熟悉评价的项目和标准，资料收集者可事先做一些小范围的观察，以便在正式观察时能做到熟练无误。

(三)培训观察人员

创作过程评价的人员培训极为重要。创作是动态的过程，而对幼儿创作过程信息的收集又是在现场，与幼儿创作同步进行的，能否捕捉到有意义的、代表性的信息，能否准确地判断各种行为表现的意义，对评价的效果的真实性与价值有决定性的影响。为此，一定要对参与评价工作的人员进行很好的培训。培训的重要内容是熟悉评价标准。评价标准中的操作定义对被评价者的行为特征做出了标志性的描述与限定，掌握与熟悉标准对于捕捉活动过程中有意义的信息十分重要，可以减少评价者对重要信息视而不见或误判的情况。为了准确掌握标准，应组织参加培训的评价人员对标准进行讨论或做小规模的预评，澄清理解中的模糊地带与边缘现象的区分界限，以便评价人员对评价标准的掌握能够一致，较熟练地参与到正式的评价工作中去。

三、观察记录幼儿美术活动中的行为表现

观察记录幼儿美术活动过程有如下几种方式。

1. 日记式

日记式的观察和记录要求观察者首先登记观察对象的姓名、年龄、观察时间、观察地点、周围环境和活动类型，然后将幼儿从事美术创作的方式用描述式的语言记录下来。每一次记下的内容应与以前的有所不同，特别要注意记下幼儿新出现的行为和新的发展。对幼儿美术创作采用日记式观察记录的条件是观察者与对象能够频繁接触，观察对象的数量少。因此这种方式比较适合家长对自己的孩子的观察，或是教师选择少数几个典型的幼儿做这种日记式的观察和记录。

2. 事件抽样法

事件抽样法是以一次完整的美术活动过程为单位进行观察并记录。这种方式有两类：一类是宏观的，只记录各类型的美术活动在一定时间周期中出现的次数和每一次活动持续的时间长短；另一类是微观的，观察并记录每次活动中幼儿特定行为表现是否出现以及行为时间的长度。与幼儿美术能力的

评价关系比较密切的是后者。这种方法可以用于幼儿园和家庭在自然条件与实验室条件下对幼儿的观察，而且最适合于观察记录幼儿那些正常的良好行为。在美术活动中，正常良好的行为通常是持续的、明确的，采用这种方法观察记录起来既容易又省力，事先准备充分还可以记录较多的对象。

做这种观察记录最好事先制订好表格（见表 8-2），确定好观察的项目。在观察时用简要的语言记下幼儿的行为表现或用记号标出观察到的行为，观察完毕后再加以统计。

3. 时间抽样法

时间抽样法是在限定的时间间隔内观察记录预选的幼儿美术活动行为表现出现的次数。这种抽样方法比较适于记录那些短暂而频繁的行为表现，如活动中不够专注；注意力转向其他方面等。

运用时间抽样法进行观察记录，必须事先做好两个方面的准备工作。第一，根据要观察的行为表现的属性确定观察的时间长度、次数和间隔分布，使得在这些时间间隔中幼儿所表现的行为能尽可能地代表所要评价的行为的一般状态。第二，在观察之前还应预先制订好详细的记录表格（见表 8-2），并对表格中的有关行为做出具体的规定和详细的说明。

表 8-2　幼儿美术创作过程行为表现记录表

编号	项目/水平　姓名	1				2				3				4				概括描述
		A	B	C	D	A	B	C	D	A	B	C	D	A	B	C	D	
1																		
2																		
3																		
4																		
……																		
n																		
合计																		

说明：

（1）在项目栏中填上准备评价的项目名称或代号。在姓名编号栏中填上被评价作品作者的姓名和编号。

（2）此表可以用于记录一名幼儿的数次活动表现或一群幼儿的某次活动表现。当记录一名幼儿的行为时，姓名与编号一栏改填为代表活动的符号，如名称、时间或其他符号。

(3)事先定好评价时记录的符号，可以用"√"代表"有"，"○"代表"无"。

(4)在事件抽样时，当幼儿出现符合项目的特征行为出现时，在表的相应格中标注"√"，未出现时，在相应格中填上"○"。在时间抽样中，每当符合项目特征的行为出现时，可以画"正"笔道记录。

(5)对于符合项目特征的行为出现的时间长度，以时间数字记录。

四、得出评价结果与结论

在通过观察记录下幼儿的行为表现之后，应对观察所得的材料进行整理，获得系统观察的结果，最后做出评价结论与解释。

(一)观察记录的整理

对观察所得材料进行整理时要注意，由不同观察方法取得的材料的处理方法有所不同。

1. 对日记材料的评价与解释

对采用日记方式观察记录下的材料，主要是依靠评价者具有的理论知识和经验加以评价解释。

对于日记式的观察资料的处理，除了随时做出评价与解释之外，还应定期将所积累的资料综合起来加以分析，以便看出幼儿进步的程度。

2. 对抽样材料的整理

对于抽样观察获得的资料，应将其中幼儿特定行为表现的次数和时间长度计算出来并填清单。清单可采用"幼儿美术活动行为表现记录表"的格式。在此需要注意，幼儿特定行为出现的次数与时间长度应来自相同次数的观察。

(二)观察记录数据的计算处理

为了统计出的各种行为出现的量具有可比性，首先要做以下计算。

1. 每名幼儿每个项目内各类行为量与该项目行为总量的百分比

$$X\% = \frac{A(B、C、D)}{A+B+C+D} \times 100$$

计算可以看出幼儿的主要行为类型和次要的行为类型为哪些，可以做幼儿之间的比较和幼儿自身的前后比较以及群体之间的比较。

2. 一名幼儿某类行为量与一组幼儿该类行为总量的百分比

$$X\% = \frac{A(B、C、D)}{A_1(B_1、C_1、D_1) + A_2(B_2、C_2、D_2) + \cdots + A_n(B_n、C_n、D_n)} \times 100$$

此项计算可以看出幼儿在群体中的水平。

3. 一组幼儿某类行为的平均量

$$平均量 = \frac{A_1(B_1、C_1、D_1) + A_2(B_2、C_2、D_2) + \cdots + A_n(B_n、C_n、D_n)}{幼儿人数}$$

此项计算的目的是下一步将幼儿个别水平同群体的平均水平相比较，群体与群体的平均水平相比较。

以上几项计算出来以后，就可以做比较了。

(三)做出评价与解释

评价总是与比较相联系的，要对所观察到的幼儿美术能力的发展情况做出评价，往往需要把所观察到的行为与一定的标准相联系、相比较，从而判断其能力的发展水平。标准有各种类型的，有理论上的标准，如关于幼儿美术能力发展阶段的理论；有常模性的标准；也有出自我们的经验或教育目标的各种标准。在目前，还未有关于幼儿美术能力发展的完整常模，所以对幼儿美术能力发展的评价还只能是根据已有的理论和经验做出，将幼儿之间相比较；将幼儿自身的发展进行前后比较；个别幼儿同群体水平相比较；群体与群体相比较；或是与我们的教育需要与目标相比较等，寻找差距。

在各项比较性的计算完成以后，幼儿美术活动质量的相对水平即显示出来，可以根据需要作各项比较。比较之后须做综合概括的评价结论，如某幼儿或群体的长处是什么，弱点在哪些方面，主导的核心的行为特征是什么，附带从属的次要特征有哪些，等等。

进一步地，评价者应对评价结论做出解释，也就是探寻形成某种行为特征的原因，从中发现有利的教育因素，形成下一步教育的构想。

附：评价工具

幼儿美术创作过程评价项目与标准

以下是幼儿美术创作过程的观察与评价的参考项目与标准。一共包括九个方面也可以说是九项。每项分 A、B、C、D 四种行为表现，即四种水平。

1. 构思

构思一项是观察和评价幼儿是否能在创作之前想好创作的主题和内容的标准。幼儿在这方面的行为表现可以分为四种水平。

A. 事先构思出主题和主要内容，动手之后围绕构思进行创造。

B. 预想出局部内容，完成一项后再做新计划。

C. 动笔后构思，由动作痕迹出发，想到什么画什么。

D. 只有动作活动，没有形象创造，表现为在纸上随意涂抹或反复掰泥、撕纸。

幼儿美术构思方面与幼儿的年龄和美术创造能力高低有关，随着年龄的增长和能力的提高，构思水平将有所提高，这与后面有些评价项目有所不同。

2. 主动性

主动性一项是观察与评价幼儿在发起和投入美术活动情况的标准。

A. 由自身兴趣、愿望支配，自动进行美术活动。

B. 由特定材料引发，开始进行美术活动。

C. 看到别人活动，开始美术活动。

D. 在成人的要求下开始美术活动。

幼儿对活动的主动性受他对美术这类活动兴趣的影响，因此它与兴趣方面的有些表现相似。除此之外，它还受幼儿美术活动独立性与创造性的影响，所以此项评价具有多方面的代表意义。

3. 兴趣性

兴趣性一项是判断幼儿是否情愿投入美术活动，在活动中是否有热情，是否感到愉快和满足的标准。

A. 自动从事美术活动，对美术活动灌注极大热情，完全沉浸在活动之中，默默无语。

B. 欣然从命，愉快地从事美术活动，在做的过程中会自言自语地流露出愉快之情。

C. 对美术活动迟疑不前，活动中企图离开或张望别人做什么。

D. 拒绝参加美术活动。

影响美术活动兴趣的因素很多，幼儿个人对美术这一类型活动是否感兴趣；幼儿对某一项活动能否胜任；活动本身是否有吸引力等都影响着幼儿的兴趣。因此，在观察时应注意到这些影响因素，选择适当类型与难度的美术活动加以观察，并应在多次观察后再下判断。

4. 专注性

专注性一项是观察评价幼儿对美术活动的注意集中与持久程度的标准。

A. 能较长时间持续从事已选定的活动，不受外界的影响，有时甚至第二天接着干。

B. 能在同年龄幼儿一般可维持的时间内持续从事活动，中途偶有离开的现象发生，但还会自动回来，直到活动完成。

C. 需要鼓励才能把活动进行完毕。

D. 不能把活动进行完毕，中途改变活动。

专注性与幼儿对美术的兴趣有关，也与幼儿本身的注意品质有关，在评价时要注意到这两方面的区别。另外，幼儿活动时的周围环境，对他们注意影响极大，如幼儿独自一人活动、集体同做一项活动、大家分散活动等不同活动情景中，同一幼儿对活动的专注性有所不同。因此，观察时要选择适宜的观察环境条件。

5. 独立性方面

独立性一项是判断幼儿能否自己决定并完成活动任务的标准。

A. 自己决定活动任务，解决问题，拒绝别人干涉，独立完成任务。

B. 主动请教他人，考虑别人的建议，然后自己完成任务。

C. 模仿他人完成自己的作品。

D. 接受并在他人的帮助下完成作品。

独立性既与幼儿的个性性格有关，又与幼儿是否具有美术才能有关，因此，这是观察与评价幼儿美术能力的一项重要标准。

6. 创造性

创造性一项是判断幼儿在美术活动中是否具有独创和表现意识与能力的标准。

A. 别出心裁地构思和利用材料进行描绘与塑造。

B. 重新组织以前学过的造型式样、方法和技能进行描绘与塑造。

C. 重复以前学过的造型式样、方法与技能进行描绘与塑造。

D. 只按教师当时传授的造型式样、方法与技能进行描绘与塑造。

创造性是幼儿美术能力强弱的关键所在，因此，在评价幼儿美术能力时应作为重点观察与评价的项目。但应注意，幼儿创造性表现如何与美术活动的组织方式密切相关，如在意愿画、命运画和实物画中，同一幼儿的创造性表现水平会有极大不同，应注意选择适当的活动对幼儿的创造性表现进行观察。

7. 操作的熟练性

操作的熟练性一项是判断幼儿从事美术活动时动作是否灵活、准确的标准。

A. 掌握工具姿势正确、轻松，操作动作连贯、迅速、准确，一次完成动作，作品质量好。

B. 掌握工具姿势正确，操作动作平稳，但欠准确，中途修改，作品质量较好。

C. 掌握工具动作正确但笨拙，操作动作迟缓、准确性差，有失误不知修改，作品显得粗糙。

D. 掌握工具的姿势笨拙有误，只有重复性动作，不能完成作品。

幼儿操作动作的熟练性同构思的情况相似，与他们的年龄、机体的成熟、美术能力的发展和兴趣程度有关。在观察评价时应与年龄相对照进行评价。

8. 自我感觉

自我感觉一项是判断幼儿对自己美术成果的看法的标准。

A. 自己认为很成功，主动请别人看自己的作品并讲解作品的含义，能慷慨地将作品赠人。

B. 对自己的作品感觉满意但不主动展示，听到别人的称赞感到愉快，希望保留作品。

C. 认为不太成功，接受别人的看法，希望将作品交给老师。

D. 感到沮丧，对别人的反映无动于衷或抵触，对作品去向不关心或毁掉作品。

自我感觉是幼儿对自己作品的评价，与作品客观上的优劣不是一回事，只要幼儿自己感到满意即可。对幼儿自我感觉的评价，一方面，要听幼儿自己的意见，另一方面，还要观察他的行为和表情间接地判断幼儿是否对自己满意。但要注意，此项不是评价幼儿有无自我评价能力，因此，在观察评价时要区别幼儿是自我感觉不良，还是缺少自我感受。

9. 行为习惯

美术活动中的习惯是多方面的，习惯可以指个人的习惯做法、美术风格等，也可指大家都要自觉遵守的惯例和秩序。我们这里讲的是后者，共提出两项，目的在于判断幼儿在美术活动中能否有步骤、有秩序地工作。

(1)工作的顺序性。

A. 有顺序、有步骤地完成作品。

B. 弄错步骤，发现后主动纠正，完成作品。

C. 想到什么就做什么，混乱中完成作品，作品有缺陷。

D. 只完成局部，作品半途而废。

此项要与构思的发展相区别，在构思方面讲的是构思与操作在时间和空间上的关系，无论怎样，构思与实际操作是相联系的。此处所讲不是能不能构思或构思完善与否，而在有构思的前提下，能不能有条理地去完成构思。发生混乱实际是操作动作与构思相脱节，因此属于习惯问题。

(2)保持工具材料的秩序。

A. 保持工具材料的固定位置，用时取出，用后放回。

B. 大致保持原位置，错放后能找到。

C. 一片混乱，用后乱放，取时找不到。

D. 不会取放，拿到什么用什么。

此项与幼儿的年龄和工具材料的多寡有关，因此，在观察评价时，要考虑到这些因素，对不同年龄的幼儿在不同的条件下进行观察。

第三节　幼儿美术作品的评价

美术作品是幼儿美术创作过程的结果，也是幼儿创作活动中全部的心理活动，包括他的感知、思维、情感和动作活动留下的痕迹。对幼儿作品的评价即是通过对作品的观察分析，发现其特征并记录下来，再加以梳理，确定幼儿作者美术能力的特点与发展水平。幼儿美术作品的评价步骤如下：

一、确定评价的目标

在评价作品的工作开始之前，最重要也是必不可少的一环是确定评价的目标，包括设定评价的对象、项目和作品类型。凡此种种都要在评价工作着手之前作出限定，以便准确锁定目标，力争评价工作发挥最大的效益。

(一)设定评价的对象

作品评价的对象为作者，即创作作品的幼儿。设定评价对象即设定所要评价的作者范围，所选对象可以是某个幼儿群体，也可以是某个幼儿。幼儿群体可以用年龄、地区、园所、性别、种族或某种类型的幼儿为标准进行范围设定。

(二)确定评价项目

确定评价的项目，也就是设定观察、分析幼儿作品特征的范围。作品评价项目的选择可参照本书《学前儿童美术创作的特点》一章关于幼儿美术创作的年龄特点的内容而定。本节之后所附《幼儿美术作品评价项目与标准一览表》列出了幼儿美术创作各发展特征的清单。评价者可以根据教育与研究的需要从中选择，制订出自己的作品评价项目。

(三)设定所选作品的类型与时限

在评价工作开始之前还要考虑和规定好准备评价的作品的类型。如果要对幼儿进行全面评价或确定幼儿整体创作水平，以幼儿自由创作的作品为好。这类作品能比较真实、全面地反映幼儿的实际水平。如果要对幼儿创作的某个方面，如创作的内容、题材、形式等方面做特定的评价，评价应指向具备相关元素的那一类作品。关于作品的简单分类可参考表 8-1。

除了选好要评价的作品的类型以外，对于作品产生的时间也要有所设定。如果只了解幼儿特定时间点的美术创作水平，那么要规定出所收集的作品的统一创作时间。如果需要了解一段较长的时间内幼儿创造的水平，就要规定好作品创作的时间期限，是收集这段时间中创作的所有作品，还是有时间间隔地收集一定数量的作品，都要有所考虑和规定。

二、评价工作的准备

在作品评价工作，特别是大规模的评价工作开始之前，一定要做好充分的准备。

(一)制订工作计划

在评价美术作品的数量与范围较大的时候，需要制订出评价工作的计划，以便评价工作能有条不紊地进行。一项计划应包括如下方面：
(1)评价的目标。
(2)收集作品的时间期限与要求。
(3)整理作品的时间与要求。
(4)评价的标准与方法。
(5)评价数据的处理方法与要求。
(6)评价结果的完成形式与时间。

(二)制订评价标准

作品的评价标准是评价的尺度，也是整个评价工作最核心的部分。无论评价工作规模如何，作品评价的标准都不可或缺。

幼儿的美术能力具有多个方面，每一方面又有着不同的发展水平，这些都会在作品中反映出来。将作品中代表着这些不同方面、不同发展水平的画面特征按顺序排列出来，便可制订出评价的标准。评价者可以根据教育与研究的需要，参照本书《学前儿童美术创作的特点》一章关于幼儿美术创作的年龄特点的内容编制评价标准。为了广大教育工作者实际观察评价起来方便，本节之后附有《幼儿美术作品评价项目与标准一览表》，研究者可根据需要，从中选取适宜的项目组合成自己的评价项目和标准。

(三)组织与培训评价人员

制订出计划之后，需要根据计划组织评价的工作人员，向他们讲清评价的意义和各项要求，并对其中的技术问题进行专门的培训，以保障评价工作严格、准确地按计划进行。

如果评价的范围较小，特别是评价者与作品收集者为同一人时，以上工作可以从简，有经验者可只在心中考虑一个计划，做到胸中有数即可。缺乏经验者难以做出周密的计划，可先在有经验者的指导下工作，或尝试着做起来，等工作一段时间之后再制订具体的计划。如果是对自己孩子的作品进行评价，不必先制订计划，而需注意收集和保存好作品，待作品收集到一定数量之后，参考有关资料对幼儿的作品加以评价或请关专家帮助评价。

三、收集与整理作品

(一)收集作品

在制订出评价目标和各种评价准备做好以后，实际工作就开始了。作品评价的第一步是收集作品。作品收集的范围可以分为以下几类。

1. 大范围的评价

如果想了解较大范围内幼儿美术作品的水平，如国家、省市、地区等，最好采用随机抽样的办法，抽取一定数量的幼儿作品作为样本进行评价。这样做比较经济，经过科学的统计处理以后能够得出有代表性的结论。

2. 对某一群体的评价

如果想了解一个不太大的群体，如某幼儿园、某班级幼儿美术作品的水平，应收集这个群体所有幼儿的作品。

3. 对某个幼儿的评价

如果只想了解一两名幼儿或教育群体中的几名幼儿的作品水平，只需要收集这些幼儿的作品。

在收集作品时，如果收集人与评价者为同一个，也就是自己评价自己收集的作品，为避免收集时主观因素的干扰，须在收集前制订出收集标准，然后严格按照标准去收集作品。如果作品收集者与评价者非同一人，则应向收集者讲清收集作品的要求和规定，以便有效地收集作品。

(二)登记作品

在收集作品的同时，应对作品进行两项登记与记录。一是登记作者的一般情况，可绘制表格（见表8-3），逐项填写；二是记录作品产生的环境背景。本节之后附《幼儿作品产生的背景记录项目》，在收集作品时，应根据作品产生的实际情况，对幼儿作品产生的背景情况作出判断，然后把所规定的"是"与"否"的记号填在备选答案后面。是否填写所有项目，填写哪些项目，应根据评价目标进行选择。如果只评价幼儿的美术能力可以只选择前面1～5项，如果需要进一步分析作品与教育影响的关系，则要选更多相关的项目进行填写。

表8-3　作者与作品情况登记表

作品	日期	编号
作者	出生年月	性别
地区	园所	班次
收集人	单位	收集日期

说明：

作品：为作品的名称，有则写，没有可不写。

日期：为作品的创作日期。

编号：为作品编号。编号是为便于对作品归档、保存和以后查找，所以，怎样编号要从工作的方便出发，可以分类编，也可统编。

作者：为作品创作者的姓名。

出生年月：为作品创作者的出生年月。将作品的创作日期减去出生年月即可得出创作时的实际年龄，便于与同年龄或不同年龄的孩子比较。时间久了以后，还可以考察作品的时期。

性别：为作者的性别，用于了解不同性别孩子的特点。

地区：为作者生活居住的区域。应标明省市和县，以便了解该地区幼儿的水平。

班次：为作者所在幼儿园的班级。此项与幼儿受教育的年限和程度有关，可以作为评价的参考指标，另外也便于今后查找。

收集人：为收集作品者的姓名。在整理作品或评价作品时，有疑问时可与收集人联系，核查、询问、澄清疑点。

单位：为收集人工作或学习的单位。

收集日期：为收集作品的日期。大多数情况下，作品创作日期与收集日期大致相同，但有时也会收集一些以前创作的作品，特别是对个别孩子进行评价时，有可能收集一些早年的作品，这时收集的日期与创作的日期就不同了。标明收集日期，利于查找或对评价工作进行总结。

作品登记的方法是先在每幅作品的背后按前面图表的格式印上各项或贴上标签，然后逐项填写。为使研究有条不紊地进行，特别是当研究的规模较大、人员较多时，还须造表登记作品。登记时先给每幅作品编号，然后在表中填写以上各项。

(三)整理作品

整理作品的第一步是对作品分类。分类根据评价目标进行，可进行年龄分类、班级分类、地区分类、性别分类、创作日期分类、题材内容分类等。分类后，将作品分别封装并注明类别，以便分析评价时能及时正确地提取，不发生混乱。

四、分析记录作品特征

对照评价标准对幼儿作品的特征进行分析和记录。从这一步骤开始进入正式的评价过程，先根据评价项目与标准对作品进行分析，然后将分析后的判断结果以符号的形式记录于"幼儿作品特征记录表"中(见表 8-4)。记录事项如下：

(1)在项目栏中填上准备分析评价的项目名称或代号，在姓名编号栏中填上被评价作品作者的姓名和作品编号。

(2)此表可以用于记录一个幼儿的数幅作品，或一群幼儿等量的数幅作品。

(3)事先定好评价时的记录记号，可以用"√"代表"是"，"○"代表"否"。

(4)如果一幅作品具有符合项目的特征，在表的相应格中填入"√"，如果不具有符合项目的特征，在相应格中填上"○"。在记录一群幼儿的每人等量的数幅作品时，可以画"正"字登记。

表 8-4 幼儿作品特征记录表

编号	项目/水平 姓名	1						2						概括描述
		A	B	C	D	E	F	A	B	C	D	E	F	
1														
2														
3														
4														
……														
n														
合计														

说明:

在评价一幅作品时,此表"项目"各栏内凡为递进关系水平项,只记录作品中出现的最高水平的特征,每一栏中只可画一项为"是",不可凡有必画,否则最后结果就无法统计比较了。

五、得出评价的结果与结论

由于现在还没有现成的幼儿美术能力发展常模,无法将个别幼儿或群体同一般水平相对照做出评价,只能在评价对象间进行比较以得出相对水平。

(一)数据整理

在比较之前要先对登记表中的记录做好数量统计,步骤如下:

1. 合计

合计为每一张表格中各项目"是"的个数总和,即具有符合表中项目特征的作品数。

2. 总计

总计为全部作品各项目中"是"的数量总计,经常是数张表格"合计"的总和。

以上两项计算完成之后,即得出一个幼儿或一群幼儿的美术作品达到的绝对水平和程度。

(二)数据的计算处理

一般来说，评价一个幼儿的数幅作品或一个幼儿群体每人等量的作品，采用计算百分数的方法就可以了。即用符合项目特征的作品数除以作品总数，再乘以 100，得出符合项目特征的作品数与作品总数之比，公式如下：

$$X\% = \frac{\text{符合项目特征的作品数}}{\text{作品总数}} \times 100$$

计算完成以后，我们就可以看出该名幼儿或该幼儿群体作品的主要特征与次要特征，进一步做幼儿个人自身作品的前后对比以及群体之间各项的比较。

(三)评价与解释

将以上计算各项所得百分比进行幼儿群体之间和幼儿自身前后比较，可以看出幼儿作品相对水平的高低和特征倾向的区别，然后得出评价结果。为了对数字结果有一个直观印象，可用图表将结果显示出来。继而评价者应对评价对象，无论是个体还是群体，被评价的各大项目分项做出描述，再概括各项做一综合描述，得出评价结论。最后，评价者根据自己的理论知识和教育经验对评价结果和结论做出解释，即找出形成某种结果的原因，并做出进一步的教育建议。

六、幼儿优秀作品与问题作品的鉴别

我们提倡用发展的眼光评价幼儿美术作品，这样得出的结果与结论对每个被评价的幼儿来说只表明他的进步的程度，并不意味着好或坏。但是，我们也看到，无论哪个年龄，哪个发展阶段，都有一些属于那个年龄的优秀作品和问题作品。发现那些具有特殊美术才能和在美术方面存在缺陷的幼儿，有利于因材施教，为幼儿选择适宜的教育内容与方式。怎样鉴别呢？以下标准可作为参考。

(一)是否在同龄幼儿一般水平区间之内

此项判断可以用"幼儿美术能力评价标准"做衡量，如果作品稍高出一般水平，表明幼儿有较强的美术能力，但超出太多显然就不是幼儿自然发展取得的，应为经成人干预所致。仔细观察，这样的作品大都缺少天真的童趣，不伦不类，看起来也不美，这样的作品不能视为"优秀"。略低于一般水平的作品也不应视为"不好"或"坏"，因为幼儿美术能力的发展有早有晚，发展也不匀速，但是，落后于一般水平太多就有问题了。产生问题的原因很多，必须做具体分析。

（二）是否有童趣

由于幼儿的生活范围、生活经历、知识经验、情感态度等原因，他们看待事物的角度与成人有很大不同。有人说幼儿的观察是笼统粗略的，但幼儿往往能非常真切地发现成人忽略的东西。成人眼中平淡无奇的东西，在幼儿的眼中却很不一般；成人觉得很有味道的东西，幼儿却觉得没有什么。所以，幼儿以他们自己的眼睛捕捉的动人画面，创作的作品才是富有童趣的好作品。例如，幼儿画一幅卖糖葫芦的画，会把糖葫芦画得又红又大，而不像成人那样按比例去画；相反，按成人那样的比例画糖葫芦却不能成为好的儿童作品。

（三）想象力如何

此处想象有两个层级。一是联想，幼儿根据自己的认识把一些可能有关联的事物组织在一个画面上。例如，画运动会，幼儿会把自己所知道的各种比赛项目全都画在一个画面上，而不像成人那样只画特定的比赛场景。二是幻想，幻想是幼儿按照自己的愿望画出几乎不可能的事物。作品"音乐喷泉把我喷起来"即是典型的一例。画此画的女孩子在解释作品时说："喷泉响着音乐，我坐在高高的音乐喷泉上。"多么绮丽的想象。这样的作品是真正富有想象力的作品。

作品缺乏想象力有两种表现。一类是内容含义贫乏，即画不出什么东西来。另一类是刻板地写实或临摹，作品看起来成熟却很空洞，没有儿童的情趣，这样的幼儿画是不可取的。

(四)是否具有形式美

这里的形式美的标准不是出自于成人的审美趣味，而是幼儿的标准，是一般身心健康的幼儿作品表现出来的形式美。概括起来有如下几条：

一是线条有力、连贯；

二是图形、形象清晰完整；

三是画面饱满、均衡；

四是色彩明快、饱满；

五是内容丰富、充实。

相反的情况为：

一是线条断续凝滞，无力或用力过度；

二是图形、形象含糊，残缺不全；

三是画面零散、不均，偏重一边一角等；

四是色彩浅淡、不均；

五是内容贫乏、单调、无意义。

如果作品在上述几个方面都有正面的表现，可以认定为优秀作品。如果作品在上述几方面中有较多的负面表现，则预示着幼儿在美术和身心发展上存在一定的问题，应结合对其日常其他行为的观察，确定问题的性质，分析问题产生的原因，给予有针对性的教育或治疗。

附：评价工具

幼儿作品产生的背景记录项目

幼儿姓名 ＿＿＿＿＿＿＿＿ 作品编号 ＿＿＿＿＿＿＿＿

1. 这幅作品是在什么条件下完成的？

A. 幼儿园 　　　　　B. 课外小组 　　　　　C. 美术班

2. 这次美术活动是由谁发起的？

A. 教师 　　　　　　B. 幼儿 　　　　　　　C. 同伴

3. 这次美术活动的主题是由谁提出的？

A. 教师 　　　　　　B. 幼儿 　　　　　　　C. 同伴

4. 这幅作品是否是幼儿独立完成的？

A. 完全独立(主题与绘画过程都无提示)

B. 教师语言指导

C. 教师动手帮助

D. 模仿教师

E. 模仿同伴

5. 这幅作品是教师组织幼儿完成的吗？

A. 是

    a. 集体同步活动（如命题画）

    b. 合作活动（如共同完成一幅作品）

    c. 同时分别活动（如意愿画）

    d. 小组活动（如分组教学）

B. 否

6. 成人在幼儿美术活动中起什么作用？（任选）

A. 指导交流

    a. 传授方法

    b. 协助构思

    c. 做中给予指导帮助

    d. 帮助做或画

B. 无指导交流

    a. 旁观

    b. 不在身旁

    c. 不在场

7. 完成作品时伙伴是否在场？

A. 是

    a. 互不干涉，独立活动

    b. 交流与主题有关的内容

    c. 交流与主题无关的内容

    d. 语言或行动上的干扰

B. 否

8. 作品是采用何种方式完成的？

A. 主题画（一般无示范）　　　B. 临摹　　　C. 写生　　　D. 意愿画

E. 其他_____

9. 完成作品成人采取何种指导手段？（任选）

A. 成人示范　　　　　　　B. 艺术家名作范画

C. 教师范画　　　　　　　D. 故事

E. 诗歌　　　　　　　　　F. 音乐

G. 舞蹈　　　　　　　　　H. 语言

I. 观察实物　　　　　　　J. 其他_____

10. 成人参与幼儿美术活动的重点在哪儿?

A. 技巧　　　　　　　　　B. 激发兴趣

C. 激发想象、创造　　　　D. 艺术要素(造型、构图等)

E. 美术结果(作品本身)

表 8-5　幼儿美术作品评价项目与标准一览表

1. 涂鸦期

A. 杂乱线

B. 单一线

C. 圆形线

D. 命名线

2. 象征期

A. 圆、直线、曲线、

B. 圆＋直线

C. 圆＋放射线

D. 同心圆

E. 同心圆＋直线

F. 同心圆＋放射线

3. 形象期

(1)造型·形状

A. 由简单形状组成复杂形象

　a. 圆 ＋ 数条方向不同的直线

　b. 同心圆＋数条方向不同的直线

　c. 以上各形＋方形

　d. 圆与圆的结合

　e. 以上各形＋长条

　f. 以上各形＋三角形

B. 局部有融合痕迹的形象

C. 完整轮廓的形象

(2)造型·图形组成

A. 放射关系

B. 直角关系

C. 倾斜角度关系

(3)造型·维度

A. 统为一形

B. 正侧面同在

C. 单一面

D. 多面变形

(4)造型·形象

A. 简略形(只有头脚, 枝叶不分)

B. 功能形(分化出头、四肢、五官、枝叶门窗)

C. 细节与装饰形(服装与装饰)

D. 借物表现自然类别(区别出男女长幼)

E. 借物表现动作

F. 借物表现社会角色

G. 借物表现表情

H. 独立表现之动作

(5)构图·数量

A. 一个形象

B. 一种形象（两个以上重复同
　　一形象）

C. 二至三种形象

D. 四至五种形象

E. 众多形象

(6)构图·布局

A. 零乱式

B. 垂直式

C. 平面构图

　　a. 基线式

　　b. 展开式

D. 立体构图

a. 散点式

b. 多层并列式

c. 遮挡式

(7)构图·主次关系

A. 罗列形象

B. 以空间关系安排形象

C. 形成主体与背景

D. 形成特定环境

(8)构图·主要形象之关系

A. 无活动

B. 独自活动

C. 共同活动

D. 形成特定环境

(9)色彩·选色

A. 不加选择的单一色

B. 有选择的单一色

C. 结构性的涂染

D. 色彩显现表现性

E. 再现固有色

(10)色彩·涂色面积

A. 不涂色

B. 小面积的局部涂色

C. 大面积的完整涂色

(11)色彩·涂色质量

A. 无序涂色

B. 有序涂色

C. 渐变涂色

第四节　幼儿园美术教育活动的评价

　　教育者与研究者通过评价了解幼儿美术能力发展的同时，还需了解与特定发展相关的教育背景，幼儿所接受的美术教育影响。美术教育活动在幼儿的美术教育中起着导向作用，因此，需要在评价幼儿创作与作品的同时对其进行评价。本节所属评价内容包括两个方面，一是对幼儿园美术活动的评价；二是对教师行为观念的评价。前者侧重于对教师教育技能素质的考察，后者侧重于教师的教育理念的考察。在实际评价中，这两方面同时进行效果较好。

一、确定评价目标

在评价教育活动的工作开始之前，首先要确定评价的目标，包括设定评价的对象、项目和活动类型。凡此种种都要在评价工作着手之前做出限定，以便准确锁定目标，力争评价工作发挥最大的效益。

(一)设定评价的对象

教育活动评价的对象最终为教师，即教育活动的组织者。选择评价对象时，须先设定被评价者的范围，所选对象可以是某位教师，也可以是某一教师群体。对于教师群体，可以按年龄、教龄、地区、园所或某种类型教师为标准进行范围设定。

(二)确定评价项目

确定评价的项目，也就是设定所要观察、分析的教育活动或教师行为特征的范围。评价项目的选择可参照本节所附《幼儿园美术教育活动过程的评价项目与标准》《教师美术教育行为与观念的评价项目与标准》。评价者应根据教育与研究的需要从中选择、组合出自己适用的评价项目。

(三)选择要评价的活动类型

在观察对象和观察项目定下之后需选择活动的类型，即评价哪一种活动。活动类型的分类参照表8-1。

通常，对教师都是做全面评价。在进行全面评价时，适宜选择有组织的命题创作。这类活动从活动的发起到主题的提出、活动过程的展开直至活动的结束，教师的主导作用将贯彻始终，比较有利于全面考察一位教师的能力与素质。当对教师的评价需要深入到教育理念层次时，可以考虑在全面考察的基础上增加对那些活动形式更加灵活、个性化的类型，如意愿创作、个别活动等的评价。

二、做好评价工作准备

在教育活动评价工作，特别是大规模的评价工作开始之前，一定要做好充分的准备。

(一)制订评价计划

在活动评价范围较大的时候，需要制订出评价工作的计划，以便评价工作能有序进行。一项计划应包括如下几方面：

(1)评价的目标(地区、园所、教师)。

(2)观察记录活动的时间与人员分工。

(3)整理观察记录的时间与人员分工。

(4)资料收集的方法与评价的标准。

(5)评价数据的处理方法。

(6)评价结果的完成形式与时间。

(二)制订评价标准

教育活动评价标准是评价的尺度，如同前面幼儿活动与作品评价，教育活动评价标准也是整个评价工作最核心的部分。无论评价工作规模如何，都离不开评价的标准。本节之后列有《幼儿园美术教育活动过程的评价项目与标准》《教师美术教育行为与观念的评价项目与标准》。评价者可以根据教育与研究的需要，从中选取适宜的项目组合制订自己的评价项目和标准。

(三)培训观察人员

培训教育活动的评价人员极为重要，因为凡活动都是动态的过程，能否捕捉到有意义的信息，能否准确地判断表面行为的意义，对评价的效果的真实性与价值有决定性的影响。为此，一定要对参与评价工作的人员进行很好的培训。必要的话，应在评价工作正式开始之前做小规模的预评，以便评价人员能较熟练地参与正式的评价工作。对参与评价人员的培训主要有以下两项内容。

1. 熟悉活动预案

被选定的待评教师应在规定的时间之内写出接受评价的书面美术活动方

案。评价人员在评价活动开始之前阅读相关的活动方案，了解待评活动的内容、形式与目标，掌握活动过程的步骤与要点的大致轮廓，以便在做观察记录时能跟上活动进程，不至遗漏重要信息。

2. 熟悉评价标准

评价工作开始之前熟悉评价标准也十分重要，因为评价标准中的操作定义对被评价者的行为特征做出了标志性的描述与限定。熟悉评价标准对于捕捉活动过程中有意义的信息十分重要，可以减少评价者对重要信息视而不见的情况。为了准确掌握标准，培训者应组织参加培训的评价人员对标准进行讨论，澄清理解中的模糊地带与边缘现象的区分界限。

三、观察记录活动过程

美术教育活动评价的对象为教师。由于对象少而稳定，除了笔录以外，还可以采取录音、录像的方法采集评价信息。

(一)笔录

笔录即用文字记录下被评教师在活动现场的全部言行。观察记录者可以将观察到的被评教师的言行记录在该教师事先写出的活动方案的相关文字旁，这样可以提高记录的准确性与效率。为了减少笔录者个人因素对观察记录的影响，采取笔录方法收集评价信息时应适当增加笔录人员，以得到比较客观、全面的评价信息。

(二)录音、录像

录音、录像即是运用声像采集设备以图像和声音的形式收集活动现场被评教师的言行信息。

运用录音采集信息时，须注意所录声音的清晰性。在活动中，教师的位置不断变动，现场又有幼儿在活动，嘈杂之声不可避免，为了获得较好的录音质量，录音时录音者应追随教师或为教师佩戴无线话筒。

采取录像方式时，由于角度选取的局限，如何保证录像信息能准确、真实地反映活动情景是一大难点。为了减少这种局限性，需要设置多个摄像点，采取多角度摄像。如有条件，可以用两部摄像机一远一近对向教师，另外有一部对向幼儿。录制后的视频要原封保留，不可剪接、编辑。

四、做出分析、评价与结论

在获得评价信息之后，便进入正式的评价阶段。

(一)回放观察记录

评价开始之前评价者需要重温观察记录，阅读记录笔记和观看、倾听录音录像。此过程可重复几遍，直到所有信息都为评价者清晰认知为止。

(二)逐项评价

当评价者对所采集的评价信息认知清晰以后，开始按照事先拟订的评价项目标准逐项对所获信息反映的美术教育活动特征与教师行为观念倾向进行评价。活动评价可分为 3 或 5 个等级，评价者对被评活动达到标准的程度做出判断，以"√"代表"是"，"○"代表"否"，将判断结果填写到"幼儿园美术教育活动评价表"中(见表 8-6)。对教师行为与观念的判断可以直接填写在《教师美术教育行为与观念的评价项目与标准》各标准后面。

表 8-6　幼儿园美术教育活动评价表

活动名称：＿＿＿＿＿＿

幼儿园：＿＿＿　　班级：＿＿＿　　幼儿人数：＿＿＿　　指导教师：＿＿＿

评价项目	完全做到 (5)	基本做到 (4)	存在问题 (3)	问题严重 (2)	完全没做到 (1)	情况记录
A						
B						
C						
D						
……						
N						
合计						

评价人：＿＿＿＿＿　　日期：＿＿＿＿＿

(三)数据处理

活动评价的数据处理比较简单，计算百分数就可以了。如果有多名评价者，需要计算不同评价者给出分数的平均数。分数计算出来以后，就可看出哪些项目教师做得比较好，哪些项目存在问题，还有那些没有做到。

行为与观念的评价不需要评分，主要是质的评价，看其行为表现集中在哪些项目上，便可见出其教育理念的倾向性。同样，如果存在多名评价者，需要计算各项标准的"票数"，即给出肯定判断的评价者的人数。当评价对象为教师群体时，应将评价结果统一登录于一个总汇表中(见表8-7)，这样可方便看出各个教师行为观念的倾向与风格的区别。

表 8-7　幼儿教师教育行为与观念评价结果总汇表

项目＼教师	教师 a	教师 b	教师 c	教师 d	教师 e	教师 f	教师 g	合计
A								
B								
C								
D								
……								
N								

(四)做出结论与建议

在评价数据出来以后，对数据的梳理极为重要。所谓梳理即理出各项目标准得分高低的分布和肯定与否定评价的集中区，概括出被评者组织美术教育活动的特征与观念倾向，给予描述性的评价结论。对于评价的结果，评价者还应根据美术教育的理论进行分析，做出价值评价，指出得失，分析其中的因果关系。最后评价者应运用各自的知识经验给出今后的工作建议。

附：评价工具

幼儿园美术教育活动过程的评价项目与标准

1. 内容与形式

A. 价值性——蕴含有助于幼儿发展的智慧、品德、审美和文化等元素。

B. 相宜性——内容与形式相宜，形式有助于传达内容意义。

C. 可行性——能为幼儿所接受。

2. 活动目标

A. 价值性——目标体现了幼儿全面发展目标和美术教育的总体目标。

B. 可行性——目标指向该群体幼儿的最近发展区，要求适度。

C. 操作性——目标含有与促进幼儿学习和发展相一致的具体内容和做法。

3. 经验准备

A. 相关性——幼儿具有与创作内容相关的经验。

B. 充分性——幼儿已有经验可以满足幼儿的创作所需。

C. 条理性——幼儿的经验已经过梳理，具有初步的条理性。

4. 材料准备

A. 效用——准备材料工具数量充足、实用，能满足创作所需。

B. 秩序——材料工具的分类与摆放合理。

C. 质量——材料能激发幼儿创作的兴趣与创意，具有启发性。

5. 活动过程

A. 一致性——活动内容、步骤与创作目的关联。

B. 完整性——活动过程完整，无缺失的环节。（如作品的展示分享环节常被忽略）

C. 顺序性——步骤前后顺序合理、连贯。

D. 明确性——步骤节奏清楚合理，要点繁简轻重得当。

6. 视觉资料的展示

A. 必要性——提供了创作所需的视觉经验。

B. 准确性——无科学上的错误，资料清晰易辨认。

C. 审美性——具有美感，激发创意。

7. 操作动作的演示

A. 必要性——解决了创作中的技术难点。

B. 准确性——清晰明了准确。

C. 审美性——节奏流畅、分明，具有感染力。

8. 语言讲解

A. 针对性——指向明确，能为幼儿接受和理解。

B. 预见性——预估到幼儿可能出现的问题，做出适度提醒。

C. 互动性——与幼儿问答、互动积极充分。

D. 规范性——使用幼儿易懂的规范口语，简明清晰，无语病或咬文嚼字。

E. 趣味性——话语亲切生动，能调动幼儿的情绪，有感染力。

教师美术教育行为与观念的评价项目与标准

1. 该美术活动形式为【单选】

A. 集体同步活动（　　　）

B. 集体合作活动（　　　）

C. 集体分别活动（　　　）

D. 幼儿个别活动（　　　）

2. 该美术活动发起者是【单选】

A. 教师（　　　）

B. 幼儿（　　　）

3. 该美术创作主题提出者是【单选】

A. 教师（　　　）

B. 幼儿（　　　）

4. 该美术创作与操作主要方式为【单选】

A. 意愿创造（　　　）

B. 命题创造（　　　）

C. 实物写生（　　　）

D. 范例临摹（　　　）

E. 技能练习（　　　）

F. 其他（　　　）

5. 教师对活动中幼儿之间关系的容忍度为【单选】

A. 不允许相互接触与交流（　　　）

B. 允许交流相关内容（　　　）

C. 允许任何交流，包括无关内容（　　　）

D. 允许互相嬉戏打闹（　　　）

6. 教师引导幼儿进入活动的手段主要有【多选】

A. 现场示范（　　　）

B. 出示范画（　　　）

C. 欣赏名画（　　　）

D. 讲故事（　　　）

E. 朗诵诗歌（　　　）

F. 播放或弹奏音乐（　　　）

G. 播放或表演舞蹈戏剧（　　　）

H. 观察实物（　　　）

I. 语言描述（　　　）

L. 其他（　　　）

7. 教师指导幼儿创作的方法主要有【多选】

A. 提出要求（　　　）

B. 规定主题（　　　）

C. 传授方法（　　　）

D. 讲解知识（　　　）

E. 指导帮助（　　　）

F. 提问建议（　　　）

G. 提供场地（　　　）

H. 协助构思（　　　）

8. 教师指导的重点主要有【多选】

A. 技巧方法（　　　）

B. 艺术要素（　　　）

C. 创作结果（　　　）

D. 激发兴趣（　　　）

E. 激励发现与尝试（　　　）

F. 引导表现经验（　　　）

G. 引导想象与创造（　　　）

9. 活动中教师常做的事情主要有【多选】

A. 指导操作（　　　）

B. 提供材料（　　　）

C. 整顿纪律（　　　）

D. 示范技能（　　　）

E. 提醒常规（　　　）

D. 解决问题（　　　）

E. 活跃气氛（　　　）

F. 巡视观察（　　　）

G. 保持幼儿的注意（　　　）

H. 角色扮演，维持虚构的活动情景（　　　）

I. 以提问引导幼儿持续思考（　　　）

J. 对幼儿的要求做出反应（　　　）

K. 参与幼儿一起活动或合作（　　　）

10. 出现问题时，教师采用的方法主要有【多选】

A. 树立榜样（　　　）

B. 说服教育（　　　）

C. 纠正并讲解（　　　）

D. 表扬鼓励正面做法（　　　）

E. 批评禁止（　　　）

F. 提醒监督（　　　）

G. 反复练习（　　　）

H. 不予理睬（　　　）

I. 停止活动（　　　）

J. 激发表现（　　　）

K. 观察分析后采取对策（　　　）

11. 教师对幼儿创作困难的应对方式主要有【多选】

A. 应幼儿请求而提供帮助（　　　）

B. 觉察到幼儿遇到困难，提供帮助（　　　）

C. 拒绝幼儿的请求（　　　）

D. 忽视幼儿的请求（　　　）

E. 对幼儿的困难没有觉察（　　　）

12. 幼儿创作遇到困难时教师采取的方法主要有【多选】

A. 语言解释（　　　）

B. 提供范例仿效（　　　）

C. 提供实物观察（　　　）

D. 教师做示范（　　　）

E. 利用故事、儿歌等启发（　　　）

F. 引导幼儿回忆已有的知识经验

13. 教师对幼儿创作与作品讲评的标准主要有【多选】

A. 作品干净整齐（　　　）

B. 造型形象逼真（　　　）

C. 色彩美观（　　　）

D. 构图大胆（　　　）

E. 作画专心、认真（　　　）

F. 构图好看（　　　）

G. 表现生动（　　　）

H. 内容丰富（　　　）

I. 不出错误（　　　）

J. 能融入个人经验（　　　）

K. 涂色均匀，不出轮廓（　　　）

L. 喜欢画画，情绪投入（　　　）

14. 教师讲评幼儿作品的方式主要有【多选】

A. 面向集体选择优点鼓励，如有不对之处则指出（　　　）

B. 用统一尺度衡量，指出不足之处（　　　）

C. 选择好的与差的作品做对比，凸显差距（　　　）

D. 将幼儿自身前后进展、变化作比较，指出进步（　　　）

E. 针对每个人的特点做评论，不涉及对错优劣（　　　）

15. 对幼儿画中出现与常识不符的情况（如把太阳画成绿色），教师的做法是【多选】

A. 教育纠正，告诉他太阳是红色（　　　）

B. 观察了解一番，再寻对策（　　　）

C. 批评幼儿自己没有认真观察，太阳怎么是绿色的（　　　）

D. 由他去，随他自愿（　　　）

E. 其他（　　　）

16. 幼儿自由创作时，教师采取的做法主要有【多选】

A. 与幼儿一起做(　　　)

B. 教幼儿做(　　　)

C. 旁观并欣赏幼儿(　　　)

D. 旁观并督促幼儿守规则(　　　)

E. 巡视指导(　　　)

F. 让幼儿自己做，教师做自己的事情(　　　)

H. 教师不在场(　　　)

17. 遇到幼儿没按老师要求去做的情况，教师会【多选】

A. 提醒督促他按老师说的做(　　　)

B. 责备、批评他的不良行为(　　　)

C. 了解情况，逐步引导(　　　)

D. 其他(　　　)

说明：

1. 以上项目标准实际应用时应根据评价的目的与需要加以取舍，并规定出【多选】项目中的最多选项数。

2. 以上项目标准可转换成教师调查问卷形式，以问卷形式考察教师的教育观念。被调查者对问卷的回答可以采取"选项"方式，也可以采取"排序"方式，即选出若干项按轻重多寡排序。

需要指出，本章所述"幼儿园美术教育评价"纯属教研与科研范畴，而非教育教学过程。评价结果仅作为教育者与研究者教育教学的参考，不可作为考评结果，更不能对外公布，也不可与幼儿园的行政管理挂钩。

附录一　幼儿美术作品赏析

★赏析1：鸟的一家★

《鸟的一家》是一群幼儿园大班幼儿创作的连环画。画中的故事根据一篇科学考察日记改编而成。日记真实记载了我国珍惜鸟类朱鹮在四川某地栖息繁衍的经过，曲折动人。富威老师将其改编后讲给幼儿听，幼儿根据故事的情节创作了这六幅作品组成的连环画。

这是非常有趣的六幅作品，它们既统一连贯，又各具特色。画的主人公是鸟，但每组幼儿画的鸟各不相同。彩插图1和彩插图3中的小鸟柔弱娇小，一副需要保护的样子。彩插图2和彩插图5中的小鸟憨态可掬，惹人喜爱。彩插图4和彩插图6中的小鸟身手矫健、充满活力。更有趣的是彩插图1至彩插图5作品中小鸟栖息的那棵大树，五幅作品中有五个样子，但家的感觉始终如一。

每一幅作品都充分体现了故事的含义和气氛。彩插图1，一个远景，推出一片宁静的生活，似序曲一般。彩插图2，聚焦鸟巢，日常生活出现了。饱满的形象、平稳的构图、温暖的色彩，显示着欢快和温馨。彩插图3，鸟与自然的矛盾出现了。大树的左侧依然枝叶茂盛而右侧叶子纷纷落下，画面不再平衡。安家的树不再那么强壮，巢也不再那么稳固，画面变得细碎，色彩也趋冷，窘迫之感呈于画面。彩插图4，解决矛盾的办法是赶快成长起来，独立生活。似有锵锵练武声，强健的形象和阳光又回到了画面。彩插图5，族群之中剧烈的冲突突然降临，大树凋零，树叶从天而降。小鸟蜷曲在巢中，大鸟迎头出击，侵略者望风而逃。画面展现出巨大的冲突。彩插图6，冲突过去，犹如雨过天晴。新的生命成长起来。郁郁葱葱的树木铺在画面的底部，托起凌空展翅的鸟儿们。一首生命的交响曲从天际传来。

绘画指导：富咸　总参管理局幼儿园

★赏析2：心情——不高兴的事★

谁曾想到，不谙世事、天真烂漫的幼儿也有许多烦心、不高兴的事呢，又有谁认真地倾听过幼儿的诉说呢？

苏可元在他的图画中说："天气太热，我很不高兴。"赤红的太阳发出强烈的光，空中的云滴出了汗珠。人热得困苦不堪，眼睛、手臂低垂着，一副愁眉苦脸、无精打采的样子。作者的头上滴出了大滴大滴的汗珠。地面布满了水滴，地也出汗了。这就是今年北京闷热的暑季，湿热充满天地，笼罩着人们。湿热之中，幼儿倍感难受，他希望我们知道他的苦痛。（见彩插图7）

"有一次，我拿着刚买的口香糖走，口香糖边走边掉，我发现时很难过。"不经意间丢失了心爱的东西，这件伤心的事情，小若兰可能没有告诉过大人，这个遗憾她可能记了很长时间了。画中她孤独一人，仍旧一副不甘心的样子，辫子倔强地弯曲着，瞪大的眼睛带着失望，下弯的嘴巴愤愤不平，双臂无奈地撑起，双脚没有犹豫地前进，身后留下清清楚楚的四块口香糖。然而，遗憾虽有，美丽却依旧，带着皱褶和花边，双层裙裾，成年女子穿的连衣裙，显示出她有另外的满足。（见彩插图8）

"当我看到狮虎山的老虎时，我很害怕。"于良错说。这是一幅非常有意思的画，成人和幼儿的表情有明显区别，幼儿的面孔充满恐惧。由于惊恐，幼儿的嘴张开着，眼睛睁得大大的，眉毛也翘了起来，头上冒出了大滴的冷汗，一只手痉挛般地张开着。这使人想起了一幅名画《呐喊》。画中的成人则是另一副表情，他欣喜地欣赏着猛兽。画作不但表现了小作者的情感经历，也表达了他对成人的看法。（见彩插图9）

刘颖："我四岁时去动物园看到一只小狮子，后来我又去动物园，小狮子不见了，我很难过。"（小狮子长成了大狮子）这又是一个隐埋了很久的感伤，它来自柔软的童心对小动物的同情，对小动物命运的关心。然而，女孩身边的成人却对此浑然不知，他走出童年已经太久了。此番情景，又使人想到儿童与成人内心世界的不同。（见彩插图 10）

"我慌慌张张地把玩具丢了，很难过。"如何把慌慌张张表现出来，孙永言创造了自己的符号。丢失玩具的"我"有着四条胳膊，那是由于慌张急促摆动形成的。为了表达难过的心情，他没有采用幼儿惯用的靓丽的颜色，而用了暗淡的和冰冷的颜色。灰的底色和苍白面孔，赭石色的胳膊，蓝色和紫色的身躯、双腿，两把椅子也是偏冷的色彩。（见彩插图 11）

这些画表达的情感经历可能幼儿从未诉说过。没有这一次的创作，人们可能永远都不会知道幼儿曾有着那样的痛楚。隔膜必然存在，但艺术给我们通达彼此内心的通道。倾听幼儿的诉说，让我们向童年走得更近一点。

绘画指导：韩丹　北京师范大学附属实验幼儿园

★赏析 3：一个小朋友的两组连环画★

许梦怡小朋友的两组连环画非常生动有趣。本书关于幼儿绘画情节特点的介绍多侧重于单幅画，而许梦怡小朋友的作品可以让我们对幼儿连环画有一个初步的了解。

先说一下什么是连环画，所谓连环画即是以若干幅连续的画面表现事件情节。与单幅画相比，连环画的文学成分更多一些。在画连环画的时候，幼儿不但要做绘画构思，还要进行文学方面的构思，也就是说他要构想出一个有情节的故事。

《高兴的一天》（见彩插图 12）表现了作者在一天中经历的几件事：又画画，又玩娃娃家；后来又去操场玩；再后来，爷爷还给买了好吃的。高兴的一天就是由这样几件没有内在联系的高兴事情组成，其情节属于"……又……又……还……"并列句式结构。应该说这是一种相对松散的结构，幼儿比较容易掌握。许多幼儿在创作连环画时，都会采用这样的结构，那么，这组连环画特别成功的地方在哪里呢？它的成功之处在于创作紧扣主题。作者紧紧抓住"高兴"这一事件特征，列举出数件高兴的事，并且结尾点出"这一天，我过得很高兴"。所以，从这组连环画中，可以看出小作者具有相当程度的概括力。

《一件意外的事》（见彩插图13）这组连环画的情节十分紧凑连贯，它是由前后联系的几个情节片断构成的一件事情。有趣的是作品还有一个出人预料的结果，信已投进了邮箱才想起没有贴邮票。之所以出人意料，是作者在前面的叙述中做了伏笔，她没有提及主人公忘记给信贴邮票这件事，而这正是最终结局的原因。如果用句式来说明情节结构的话，这组连环画的结构应该属于"因为……所以……"的因果结构复句。不难看出这种因果式结构比起并列式结构要曲折复杂，对一般幼儿来说，构造这样情节连贯的故事有一定的难度，而作者对这一叙事结构却运用得十分巧妙。虽然她构造的故事情节具有因果性，但是在叙述中，她隐去了导致结局的原因，采取了平淡叙述的手法，在故事的结尾突然转折，使人意外之余，醒悟到事件的起因。于是，一个从容自信的小姑娘和一个慌张马虎的小姑娘叠合在一起，"原来如此……"，让人发出会心的笑。这组连环画幽默效果由此而生。

从画面上看，两组连环画都很好地传达了故事内容。《高兴的一天》较之《一件意外的事》画面更加丰富和复杂，在这组连环画中出现了许多的人物，我、爷爷和售货员，而且人物形象各有特点，相互区别。画中还出现了侧面的人物，说明作者掌握了难度较高的造型手法。值得一提的是，这组连环画中的环境物特别丰富，场景变化大，描绘得十分精细，每一幅都可以当作独立的画作欣赏。《一件意外的事》在表现人物心情变化方面则更为突出。画中小姑娘的动作和表情十分生动，特别是她的表情更是栩栩如生。从她静静地走来，到在邮局门口的略带踟蹰，把信投入邮箱前的兴奋，发现信没有贴邮票的沮丧，无一不显露着她的心情。如果说《高兴的一天》在人物、情景的描绘上具有出色的表现，《一件意外的事》则在情节构成上取得了优异的效果，从传达创作意图上看来两组连环画同样成功。

绘画指导：尹素静　北京师范大学附属实验幼儿园牡丹园分园

★赏析4：宽宽的画★

这是一组画幅长宽的画，在画中，幼儿们画出了各种各样具有横长特征的事物。

《车在路上走》(见彩插图14)中的车，形象自身是横长的。车的颜色耐人寻味，车的上半部是柔和的绿色和赭石色，下半部是沉重的黑色和刺眼的红色。柔和的色彩显示了车厢安全和舒适，沉重和刺眼的色彩表达了作者对于行驶中的车的不安和恐惧。黑色带来车辆隆隆驶过的压迫感，而那些红色似乎是危险的信号。驾驶室的窗的颜色与其他窗的颜色都不同，用了较深的蓝色，据一些教师观察，选择深蓝色的幼儿喜欢沉浸在自己的空间里，不和同伴多交流。有趣的是，这正是司机和驾驶室给人的印象，孤立、隔绝。在这幅画中，蓝色代表的不是作者的性格特点，恰恰是作者对司机和驾驶室的看法。

与《车在路上走》不同，《我和爸爸打羽毛球》与《我和爸爸比赛乒乓球》(见彩插图15、彩插图16)两幅作品中的形象本身不具有横长的特点，画面横长性来自于运动。类似的情景常见于现实生活，比如，跳皮筋、跳长绳、拔河比赛……但是，发现这类活动的横长结构并描绘出来却是幼儿的感受力和创造力发展到较高程度的表现。年龄小的幼儿往往关注和描绘单个的物体，他们发现事物之间的关联和描绘出事物的特异性的能力较弱。只有那些年龄较大和智能较成熟的幼儿才能再现出这种有内在联系和特异性的情景。再者，画出人物动作和活动也有一定难度，因为人物要见出动作，起码肢体不能画得完全对称，不能横平竖直，要画出肢体的左右变化，四肢的倾斜角度，人物才能显示出动作。而画出人物之间相互作用的活动的前提是画出侧面人，否则，很难看出画中人物之间的相互作用。所有这些，都需要具备一定的美术能力。

《许多小猪滚着出去玩》(见彩插图17)和《小蚂蚁搬树叶》(见彩插图18)两幅作品的形象本身同样无特异之处。这种横长特异画面的形成是由于把许多形象做了重复排列。黄木子小朋友巧妙地运用这种长宽构图方式，构造出两个有趣的情节。彩插图17中，小猪们的造型和姿态各不相同，活泼有趣、憨态可掬。它们一个个排列起来，带着欢笑，带着雀跃，真似滚动出来一般。彩插图 18 中的小蚂蚁们的造型似乎区别不大，动作也很一致，树叶也大致相同。但是，正是在这种一致和相同的重复中，产生出节奏感，似乎有队列进行曲传来。这两幅作品还有一个特点，就是离奇和幽默。作者用拟人和夸张的手法，构造了超越现实的幻想情节，小猪翻着跟斗像杂技演员出场似的一个个滚出来，小蚂蚁扛着旗帜般巨大树叶像仪仗队那样地前进。这样的情景放在小猪、小蚂蚁身上，叫人看着忍俊不禁，令人叫绝。多么天真和大胆的想象，多么有趣和幽默。

　　小小的几幅画包含着幼儿的情感、智能、巧妙的想象和幽默的情趣。令人思量，原来幼儿的作品也是可欣赏、令人回味的。

绘画指导：赵湘 北京师范大学附属实验幼儿园牡丹园分园

　　注：附录一幼儿美术作品欣赏选自本书作者张念芸多年来发表于北京《学前教育》的短文。

附录二　教育实际问题解析

★解析1："妈妈给我画"★

问题:

家长:"女儿总是说,妈妈,你给我画一个小白兔！我的女儿薇薇2岁半,比起自己动手画画,她似乎更喜欢看我们大人画。她每天都会拿着油画棒或蜡笔,追在我们身边叫'妈妈,给我画画。'或是'外公,你来画。'可是,育儿书籍上都写着,'如果让孩子在绘画上接受成人太多的影响,会束缚她的想象力。'更何况,我和家人在绘画上都是门外汉,如果给她做示范,只怕误导了她。可不给她画吧,她就拿着笔,很伤心地哭。我到底该怎么办呢?"

解析:

粗看之下,薇薇妈妈的问题似乎是要不要给孩子示范。但仔细分析,就会发现事情并不是那么简单。

一般来说,2岁半的幼儿并未开始真正绘画。这里所说的绘画,指画出能够代表一定事物的可辨认的图形。大多数3岁以前的幼儿只是拿笔涂画一些凌乱的线条和不成形的色块,而这些线条和色块不代表任何事物。这种无表现意图的涂涂画画,我们称作"涂鸦"。一个还未进入真正绘画的幼儿,她要成人画给她看,并不是要模仿,她只是对这种事情好奇。所以,成人无论怎样画,对她来说都构不成真正意义上的示范。因此,对于像薇薇这样只有2岁半的幼儿来说,要回答的不是示范不示范问题。

从薇薇妈妈所述,我们看到薇薇似乎比较喜欢让成人画,而不是自己动手。笔者以为这是这个事例中真正的问题所在。笔者分析,薇薇可能已经觉察到自己的涂鸦和成人画出的东西不一样,她开始不满足于涂鸦,希望能像成人那样画。但她一时还达不到,于是就总是缠着成人画。或者,薇薇的家人平时对她照顾得比较周到,做事也比较顺从她的愿望,但是与她互动不够,特别是对她的涂涂画画不够关注。比如,在她涂涂画画时,成人去忙自己的事情,或者是人坐在她身边,脑子却走神,所以她拼命地抓住成人,抓不住干脆就让成人画。

面对这样的幼儿,该怎么办呢?会画画的家长不妨为他画两笔,但是心中要有一个原则,培养幼儿自己动手才是最重要的,否则她不会善罢甘休。因此,无论会画画的家长,还是多数不会画画的家长,笔者以为,面临薇薇妈妈的情况,所采取的对策要能解决两方面的问题。一方面,要引导幼儿接触、掌握美术的媒材,从涂鸦的涂涂画画过渡到真正的绘画。另一方面,要处理好自己与幼儿的关系,加强与幼儿的互动,避免幼儿过于依赖或者支配成人,同时也避免成人过于控制和服从幼儿。有什么办法能同时达到这两方面的目的呢?那就是选一些比较简单的,适于2～3岁幼儿的亲子美术游戏。在游戏中,成人和幼儿一同玩玩画画,互相激励,共同完成作品。同时,幼儿也在游戏中逐渐熟悉、喜欢美术的媒材,为后一阶段的真正绘画打下基础。

下面,提供三则适于2～3岁幼儿的美术亲子游戏。

大圈圈、小圈圈(沙塑)

准备:

大浅盘一个,盛上干净的细沙;大口和小口瓶子各1个,长窄板1条(可以用直尺代替)。

玩法:

1. 妈妈按沙印

妈妈用窄板把盘中的沙子抹平,拿起大口瓶,瓶口朝下,在沙上用力按,然后拿起,沙上留下瓶口的圆印。妈妈再拿起小口瓶,在大圆印中按一小圆印。妈妈边按边说:"大圈是妈妈,小圈是宝宝。"

2. 妈妈与孩子轮流按沙印

幼儿产生兴趣，妈妈把小口瓶给幼儿。妈妈先开始，用大口瓶在沙上按出圆印，随后，幼儿用小口瓶在大圆印中按一小圆印。

亲子按上述顺序连续不断地印，边做边说："大圈是妈妈，小圈跳进来。"

3. 妈妈与幼儿交换先后顺序

当沙盘上印满印迹时，妈妈用窄板把沙子抹平。

改变做的先后顺序，幼儿用小口瓶先在沙上按小圆印，妈妈随后用大口瓶套住小圆印按出大圆印。亲子按新的顺序连续不断地印，边做边说："小圈是宝宝，妈妈抱住他。"

4. 加快轮换的速度

渐渐减少轮换间的次数，直到一次一变。做的时候亲子互相提醒："注意！别掉队。"

提示：

可以用食盐、小米等代替沙，但注意不要浪费。

小毛毛（点染）

准备：

画纸 1～2 张、毛笔 2 支；水粉颜料 2～3 色，稍调稀放入小盘中；盛有清水的水瓶 2 个。

玩法：

1. 妈妈先点染

妈妈把准备好的材料在桌子上摆放好。妈妈取一支毛笔蘸满清水，在画纸上画一个圆的水印，再取另一支毛笔蘸上颜料，趁水印未干，在水印的中间轻轻点一下。颜料在湿的水印中渐渐渗化，出现毛茸茸的边缘。成人指着色迹，要幼儿注意看："小毛毛。"

2. 妈妈与幼儿轮流点染

妈妈把蘸有颜料的毛笔递给幼儿，对他说："我来画水印，你点小毛毛。"妈妈画一个水印，幼儿在水印上点颜料。连续不断地做，每画完一次，亲子一同仔细地观看颜料在水印上的变化，并说出自己看到的变化。

3. 换色点染

用一种颜色连续点染几次以后，把蘸有颜料的毛笔在其中一个水瓶(此后这只水瓶用于洗笔)中洗净，蘸上另一种颜色，继续前面的游戏。

4. 指认色点

一张画纸染满色点之后，妈妈和幼儿一起按颜色找"小毛毛"，边指边说："红色的小毛毛，绿色的小毛毛……"

提示：

做这个游戏时，妈妈要提醒幼儿不要乱蘸颜料，同时注意动作轮流的顺序。

跟随妈妈找食物(连点画线)

准备：

饰有大小兔子形象的不同颜色的画笔 2 支；画纸 1 张，在纸的一角画或粘一小房子，作为小兔子的家。

玩法：

1. 妈妈画线和食物

将画纸平铺在小桌上，妈妈持饰有大兔子的画笔，幼儿持饰有小兔子的画笔。

妈妈把笔置于小房子处，对幼儿说："下了一夜大雪了，地都变成了白色。哪里有吃的东西呢？让我出门看一看。"妈妈从画纸的小房子处向外画线，画一段后，在画纸上画一个萝卜。妈妈假装喊着："小兔子，快快来，从妈妈扫出的路上跑过来，妈妈找到大萝卜了。"

2. 幼儿追随妈妈画线

幼儿将笔置于小房子处，沿妈妈画的线向萝卜画线。当幼儿画到萝卜处，妈妈高兴地说："好孩子，快来尝尝大萝卜。"

妈妈继续画线，相继画出兔子喜欢的食物，如蘑菇、白菜等。幼儿跟随妈妈画线。

图 1

3. 妈妈画食物，幼儿画线

妈妈对幼儿说："冬天的日子还很长，

我们要多找些食物呢。我在前面找，你在后面扫雪开路，一会儿我们把找到的食物运回去。"说完，妈妈持笔一跃一跃，跳着走，不断地画一些萝卜、蘑菇等。幼儿紧随画线到每个食物处。（见图1）

4. 亲子一同画线

当画纸上差不多布满线条以后，妈妈对幼儿说："时间不早了，我们把找到的食物运回家吧。"亲子从每样食物处向小房子画线，直到食物都被运回家。

★解析2：走出"黑色圆圈"★

问题：

家长："我的儿子元元四岁半，非常喜欢画画。一天，他兴高采烈地开始画画，说要画'大海里的鱼'。元元十分专注，居然画出了一条小鱼。虽然线条并不流畅，鱼的身体相对于整个画面也显太小，但我仍赞赏地摸了摸元元的头，就去忙了。没想再回来一看，元元把颜色涂得乱七八糟的，黑乎乎的，刚才那幅简单整洁的画面已被一个个黑色的圆圈破坏得面目全非。我问元元，'你为什么要这样画呢？你是怎么想的？'元元一脸兴奋地告诉我，'这是水里的石头，石头里面还住着许多小鱼呢！'看到黑乎乎的画，我真不知道该说什么，而且这样的事情以前也发生过。有一次，元元画小猪，结果画完后，用黑笔在猪身上一通乱涂，说是'给小猪赶蚊子。'面对这样的情况，我应当怎样做？我希望孩子能画出一张干净、完整的画。"

解析：

看完这段话，笔者首先想到，这位家长是将自己孩子的画与其他孩子画作了比较的。与他人比较有时有好的作用，有时也可能起到负面的作用。好处是，以其他的孩子为参照，可以避免那种怎么看都是自家孩子好的狭隘性。但是，有时也会形成困扰。我们知道，在美术方面幼儿发展的个体差异很大，比如，在中班幼儿中，有些幼儿的绘画水平可能与大班的一些幼儿接近，而另有一些幼儿可能与小班幼儿差不多。目前没有研究证明某段时间发展缓慢的幼儿，日后就一定不如那些发展较早的幼儿。但是，如果成人因此较而产生焦虑，为幼儿设置过高的尺度，会对幼儿形成压力，使他们绘画的自信心和创造力遭受挫折。

　　绘画是一种创造性活动，创造力和自信心至关重要。幼儿看到过、观察过、也想表现的事物，不是轻易就能画出来的，这期间经历了高级的智慧活动。一个人头在纸上有时只用一个圆圈就代表了，但就是这个简单的圆圈，却是幼儿一项了不起的创造。首先，他要用视觉捕捉到人头的一般结构特征，然后从头脑中搜索出自己先前掌握的和人头结构一致的图形，再画出来代替它。用一个图形代替真实的事物，我们称之为再现，对于绘画创作是必不可少的能力。要知道纸上画的事物与实际事物的物理性质是截然不同的，对幼儿来说用图形再现一个事物是一项创举，也是一项尝试。它能不能成功，能不能得到他人的认可，幼儿是没有把握的。所以，在绘画早期，幼儿再现的动机和信心还很脆弱，对成人的反应也很敏感。如果这一时期的尝试比较成功，幼儿将树立起绘画表现的信心。因此，成人面对幼儿这一时期的作品不要挑剔，也不要设置过高的标准，而应看到幼儿在绘画过程中的创造力、闪光点，多给他们鼓励和支持，使他们树立起用绘画这一新的媒介进行表达的信心。

　　具体到元元，家长和教师应该怎么看？怎么做呢？

　　我们首先要对元元的发展水平有一个清晰的判断。幼儿美术能力的发展有三个阶段，涂鸦期、象征期和形象期。涂鸦是没有表现意图的单纯的画线活动，这是绘画的萌芽时期。象征期是一个过渡时期，进入这一时期，幼儿开始产生表现的意图，能用所掌握的极简单的图形和线条将事物的特征表现出来。个体真正意义上的绘画是从形象期开始的，进入这个时期，幼儿有明确意识地用所掌握的图形和线条表现自己的经验和愿望。笔者判断，元元已经开始进入绘画的形象期，因为他能在绘画之前有一个简单的构思，并按事先讲的题目将画完成。作为一个4岁半的幼儿，元元的绘画水平当属正常发展范围。但是也应看到，元元并不是这一年龄幼儿中那种绘画水平很高的幼儿，他的画面构图和色彩不怎么讲究，似乎还有点在纸上游戏的意思。

　　那么，元元绘画的创造力和闪光点在哪里呢？元元已经能画出不少形象了，如小鱼、小猪、蚊子、石头……而且元元的画还有着生动的情节，"小鱼住在水中的石头里""给小猪赶蚊子"，这些都是非常好的创意。这说明元元头脑中有着丰富的想象，有了这些，绘画就有了来源和动力。如果一名幼儿想不出自己的主题，只会照着教师提供的样板画一些看似完整、干净的画，那倒是件令人担忧的事情。元元有自己要表达的东西，这就很好办了，成人需要做的就是协助他完成自己的主题。

现在，分析一下元元的弱点在哪里。笔者以为，元元的问题在于他绘画的内容多于形式，也就是说，他的画想要表达的内容很充实，但画面表现却有些简单幼稚。他没有意识到不把那些想画出来的东西画出来，别人是看不出也不知道他想画什么。解决这个问题的办法是让他觉察到他还有些东西没有画出来，没有把每样东西不一样的地方画出来。很多幼儿在一段时间会沉浸于某个绘画主题，成人可以就他热心的主题向他慢慢地、耐心地提问。比如，对元元热心的"鱼"的主题，可以问他："水在哪里？""水是什么颜色的？""水在流动吗？""许多的小鱼在哪？""小鱼都是什么样子的？什么颜色的？""小鱼们在水中做什么？""它们在游吗？还是在睡觉？在捕食？在游戏？""石头都是一样的吗？有没有不一样的石头？石头的颜色有没有变化？"等。如果他能将所问的这些都用画笔表现出来，那该是一幅很了不起的画了！元元应该有这个能力，或许需要经过一段时间的努力，但是笔者相信元元有这样的潜力。

如果幼儿是由于绘画技能不足，出现不能完整、清晰地再现脑中意象的情况，适当提高技能是必要的。家长可以引导幼儿就与他感兴趣的某个主题相关事物做较深入地观察。例如，元元的家长如果觉得元元画各种各样的小鱼有困难，可以带领他到金鱼市场观察鱼，那里鱼的种类很多，样子不同，颜色不同，游动的样子也不一样，家长可以和幼儿边看边说。回家以后，再加以回忆，用手比画着说出来。这样幼儿再画小鱼就会有很大提高。欣赏一些优秀的绘画作品也有助于幼儿提高绘画技能。仍以画小鱼为例，可以欣赏一些关于鱼的图画书，边看故事边看图画，用手指着说一说，哪条小鱼最可爱？为什么那么可爱？画家是怎样画的？它的样子有什么特别的地方？用了什么样的线条？什么样的颜色？换一下，也可以说说最有趣的小鱼、最可怕的小鱼、最凶恶的、最滑稽的，等等。久而久之，不但幼儿的绘画技能会有长进，语言和审美方面的能力也会有所提高，那时，幼儿丰富的内心将会呈现于美丽的图画之中。

作为家长，面对幼儿发展上的问题千万不能急躁，要冷静地分析幼儿的长处和弱点。经过分析，就会发现情况并不像自己想得那么糟糕。情况分析清楚后，解决问题的方法也是比较容易找到的。我们等待元元走出"黑色圆圈"的好消息。

以下绘画展现了一位幼儿的绘画成长经历（见图 2 至图 6）。

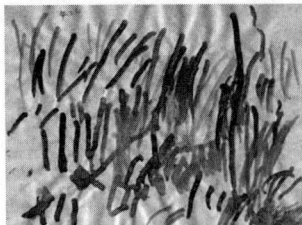

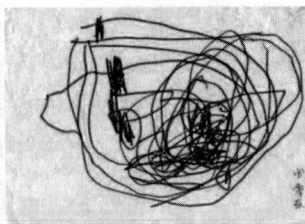

图 2　单一线涂鸦　　　　图 3　螺旋线涂鸦　　　　图 4　简单图形，人的象征

图 5　简单图形，可辨的人形　　　　图 6　完整图形，人的形象

★解析 3：画热水瓶的困惑★

问题：

以下是一位教师在信中写出她的困惑。

张老师，您好，我有一些困惑想得到专家的帮助。下面是我班的一个真实案例。

这天早上的来园活动，我安排小朋友模仿画热水瓶。小羽来得很早，于是我请她先画，并有时间可以在一旁观察她。

小羽三下五除二就画出了一只热水瓶，瓶耳朵（即瓶把手）的线条很圆润也很流畅。可以看出幼儿的绘画水平是很不错的（见图7）。因为热水瓶偏高，我建议她可以将纸竖起来画，并且将瓶口和瓶身连画在一起就更漂亮了。

我又给她发了一张纸，小羽接受了我

图 7

的建议，将纸竖了起来，用很快的速度一笔画了一个长长的椭圆（见图8）。她停了下来，皱起了眉头，嘴里还不停地说："怎么不会了，怎么不会了。"我问小羽："咦，怎么回事呢？"小羽说："我真的是不会画了。"小羽的回答让我很不理解，这孩子第一次不是画得很好吗？看了小羽的画，我猜想她可能是一笔画得太大了，也有可能是我说了要连起来画，对她产生了误导。于是，我又给她发了一张新纸。

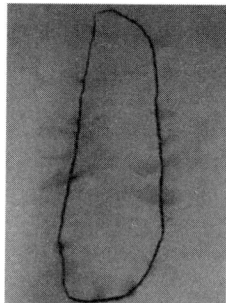 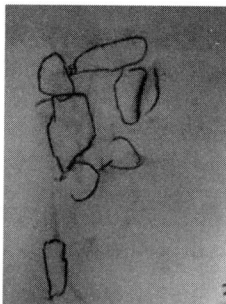

图8　　　　　　　　　　图9

这次，她小心了许多，先画了个大小合适的瓶口，于是，我放心地离开她去看别的孩子了。等我回来一看，小羽的纸上我已经有些看不懂了（见图9）。小羽看见我站在她的旁边，她又开始说："可是我不会画了呀。"于是，我又给她发了一张纸，请她再画，我试图通过新发一张纸，让她来弥补这次画画的不足。小羽赶忙说："老师，我不会画，真的是不会画了。"小羽不愿意再画。当我问起她画上哪个是瓶口、瓶肩、瓶身、瓶耳朵的时候，她一会儿指这个，一会儿指那个，也说不清楚了。

我还是不放弃，我在纸上给她画了热水瓶的"嘴巴"和"肩膀"。难度降低了，小羽很高兴地画了热水瓶的"身体"和"耳朵"（见图10），我表扬了她。

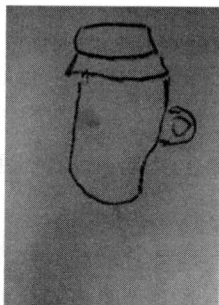 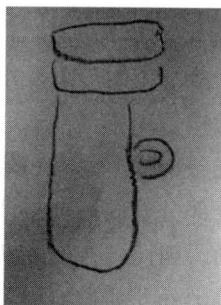

图10　　　　　　　　　　图11

看到小羽的情绪变好了,我见机又给了她一张新纸并鼓励她说:"小羽,你看你刚才画得多好,这次你自己画好吗?"小羽同意了,于是画了第五幅画(见图 11)。

在画第一幅画前,我简单交代了热水瓶由长方形和梯形组成了瓶口、瓶肩、瓶身以及瓶耳朵,没有我的帮助小羽画得很不错,但当我提出了新的要求后,小羽开始不知所措,画得没有第一次好了。在我的帮助下,她又画成功了。幼儿是怎样的一个思维过程?我在指导幼儿的时候,是否存在失误?在指导小班下学期幼儿模仿画的时候,教师应该进行怎样的指导呢?

江苏省张家港市花园浜幼儿园 卢燕

解析:

"画热水瓶的困惑"是一个很有意思、非常典型的案例。从中我们可以清楚、具体地看到幼儿绘画造型的一个重要年龄特点,这点于这个案例中显得十分突出。

幼儿绘画造型的这个特点是什么呢?幼儿绘画造型的最大特点就是运用简单形状表现事物,整个幼儿期甚至到了小学低年级的时候绘画都会有这个特点。所谓简单形状就是简单的几何图形,如直线、圆形、方形、三角形等,也可称作简单形。当然,要补充说明一点,这里所说的简单形并不是我们通常数学意义上的标准的几何图形,而是与之近似的图形。幼儿用这些简单形组合成各种形象,这有点像搭积木。一块块积木以一定方式组合起来时可以代表某些事物,这是一间房子;这是一列火车;这是一座桥。但是如果你把它拆开,它仍旧是一块块积木,简单的几何形,一堆方块、三角,不再代表任何事物,不能成为形象。然而,成熟的绘画不是这样,成人画画时会把形象的各个部分融为一个整体。局部含有整体的信息,即使它脱离了整体,仍能分辨出它属于整体的哪一部分。成人画手,用一条完整的曲线把手掌和手指再现了出来,而幼儿是把若干圆形和卵圆形组合起来,形成手的形象。换句话说,幼儿画中的形象是用一个一个的图形组合起来的,成人画中的形象是用连贯的线条来体现,这就是幼儿和成人画画的重要区别。

使用融合的线条构成形象有一定的难度,需要眼睛与手同时进行。眼睛要能将复杂的各个部分看成一个整体,把握住它的轮廓线,引导着手沿着形象的整个轮廓运动。因此,在幼儿期能采取完全融合的线条构成形象的幼儿几乎没有,仅在较大幼儿的作品中看到局部融合的痕迹。所以,让幼儿按成人那样画，他无法达到，但是幼儿用自己的简单形能画出很多复杂的东西，能够表现很多事物。

　　我们看到，小羽第一次画时用的正是这种简单形，这属于她的表现方式，所以，她三下五除二就画出了，而且效果不错，稚拙且有细节上的特点。但是，后来教师提出了一个超出了她的能力的要求："将瓶口和瓶身连画在一起"。注意，关键点"连画在一起"，属于成人那种比较成熟的表现手法。听到老师的这个要求后幼儿很迷惑，就觉得自己不会画了，因为她无法将热水瓶的各组成部分融为一体，用一个完整的轮廓线再现热水瓶。

　　小羽是个努力的孩子，在老师的鼓励下，她做了两次尝试，但是失败了。第一次，她画了一个封闭的长圆形代表热水瓶，达到了教师"将瓶口和瓶身连画在一起"的要求，但是热水瓶的各组成部分和细节消失了，消失得让人无法看出它是一个热水瓶。第二次，小羽退回到她惯用的简单形的画法，但她的心情没有了，她甚至不能像先前那样用一个恰当的关系将单个的图形组合起来，构成热水瓶的样子。失败的原因在于教师提出的要求超出了她的发展水平和能力。

　　由于未达到预期的效果，教师自己动手，做了重点、难点示范。

　　示范的效果如何呢？在教师示范之后，小羽完成了两幅画，图10和图11。我们先看一下图10。这张画不完全是小羽自己画的，在教师画了"瓶嘴"和"瓶肩"之后，小羽在下面添画了热水瓶的"身体"和"耳朵"。将图10与图7对比，可看出在图10中，小羽画的这两个部分除了不再那么对称、稳定和结实以外，其造型与她最初画的热水瓶的这些部分没有质的区别。

　　再看图11，将这幅画与图7对比，画中唯一的进步是"瓶肩"部分不再是一个封闭的图形；它和瓶口连在了一起，达到了教师的要求。但是全面来看，这幅画较之图7失去了很多，它更像是一个关于热水瓶的幼稚的概念，而不是对热水瓶的视觉经验的再现。在图11中，线条顺滑了许多，对再现物体外形变化的追求不见了；图形也含糊了许多，形与形的区别降低了，每个形近乎是圆乎乎的长圆；图形的大小比例也相互趋近。而图7不是这样的，在图7中，线条一直追随着热水瓶外形的变化，图形的样子各不相像，有长、有方、有圆，大小各不相同，有宽、有窄、有高、有矮……每一块图形都有自己的个性。非常不幸，在最终完成的作品中，这些都消失了，失去的不仅很多，而且很宝贵。

为什么失去?

原因之一,示范。教师的示范往往不经意间带出成人的画法,因此,示范常常产生负面效果。图10,集中反映了示范带来的问题。教师示范时画的热水瓶的"瓶肩"是倾斜的,然而,幼儿在早期并不能掌握"倾斜"的画法。研究表明,幼儿最初画出的形象,形与形由放射的关系组合在一起,幼儿用这种方式表现各种不同的事物。随着的成长,幼儿会用直角关系组成形象,即不管物体实际是什么样的角度,他都画得横平竖直。这种画法在幼儿画中比比皆是,有很多幼儿在很长时间内都是这样画。一般来说,幼儿要到大班的时候,才能够画出物体的不同角度,形象才会出现倾斜关系,横平竖直的画法才会渐渐消失。可见,图形组合关系中的倾斜有相当的难度。关于单个图形本身的角度变化,虽未见到精确的研究,但可以推断,它的难度绝不低于形与形组合的难度。因为在造型中,形与形之间角度变化的参照物可以是外在的其他图形,而形本身变化所依赖的参照物则是自身中的要素,因此,后者需要更强的视觉分析和表征能力。可以认为,教师所画的倾斜的"瓶肩"再一次超出了幼儿的造型能力。所以我们看到,小羽在后来的画中非但没有采用教师示范中的画法,还用了比她初次画时还含糊的图形。说明什么?说明这种超出幼儿能力的画法,不但不能为幼儿所模仿,还带给幼儿压力,使他们厌倦这种自己既理解不了又被动,且使自己失去尊严的活动,进而采取草率对付的办法。看看第一张画和最后一张画中的热水瓶的"耳朵",就知道这样说并不夸张。第一张画中的"耳朵"是那么认真地一点一点地画出来的,而最后一张画中的"耳朵"简直就是一蹴而就。

原因之二,审美距离、新鲜感的消失。幼儿美术创作的形象来自于他的审美知觉,条件是主体对所感知的事物保持一定程度的新鲜感和距离感,这要求主体对所感知的事物不能过于熟悉。对于一个物体反复观看,会使它在视觉中的新鲜感和距离感下降,带来的是审美态度的消失、表现愿望的下降、再现发生困难。另外,反复描摹同一事物也会造成同样的后果。曾经我们以为美术创造如同其他的学习一样,一遍遍地练习能使幼儿有所长进。但是,当他们把一样东西画来画去以后,得到的结果却是一张比一张内容更少、一张比一张表现力更弱。原因就在于,在反复作画过程中,视觉的新鲜感下降了,愿望与情绪得到满足和宣泄,表现的内驱力减退,作画变得索然无味,致使幼儿不思进取。我们在小羽画热水瓶的案例中看到的正是这种情况，在超高的要求和示范压力下的一遍一遍的练习使小羽失去了她的敏感、真诚和自信。

这个案例让人忧虑，课程改革已多年，教师对幼儿的控制没有减弱，只是变得更加隐蔽。命令演变成暗示，递过来的一张张画纸翻译成语言符号就是武断的"归零，推倒重来"，而柔性的表达，更使幼儿承受着难以言说的莫名的压力，无从反抗。看来，目前情况下，以教师个人突围来实现教育及课程改革是不负责任的轻率想法。教师已经尽力了，卢燕老师的记录是真实和真诚的。而我们，幼儿教育的研究者和管理者们需要认真地反思了。

★解析4：他们为什么这样画★

问题：

教师："在幼儿的画作中，太阳、星星、月亮、花草树木、飞禽走兽会微笑，甚至会愤怒和悲伤，它们还能像人类一样地行事。为什么幼儿会将非人类的事物画得像人类一样有情感、有表情，像人类一样地行动？这是为什么？"（见图12、图13、图14）

图12　　　　　　　　　图13　　　　　　　　　图14

解析：

心理学的研究揭示，幼儿和人类早期有一种泛灵的倾向，他们会把客观事物视为有生命、有意向。发展心理学家皮亚杰发现，在幼儿时期的开始，幼儿把客体看作有生命的，它们进行着一种有利于人类的活动；后来，只有活动的东西有生命了；再往后，只有本身移动的东西才有生命；最后，只有自发的运动才有生命。而且，在幼儿看来，一切事物都是人类创造出来的或者是神灵按照人类的样式装配起来的，它们的活动都是有目的的。皮亚杰认为，泛灵论的思想是由于幼儿内在主观世界与外在的客观物质世界未分化的混沌状态的一种表现。①

这种泛灵论的倾向同样存在于原始人的思维之中。在原始人看来，周围的洪荒世界是神秘莫测的，冥冥之中似乎有一种超自然的力量主宰着一切。在他们心目中，每一种事物都有一个主宰的神灵。因而他们创作的图形、符号、动物表象都不是客观事物的简单再现，而是有灵性的，甚至能对它所代表的事物施加影响。例如，爱斯基摩人的面具是他们与动物灵魂交流的工具，当爱斯基摩人捕获运气不好的时候，他们雕刻出狼、熊、海豹、水獭等代表动物灵魂的面具，请神职人员举行仪式与动物交流，告诉动物，人类遇到了困难，请它们重新为人类提供食物。种族学家认为爱斯基摩人制作面具不仅仅是为了获得外观美的愉悦，面具还有"一种催眠、治病或破坏的作用。"②（见图 15、图 16）

图 15

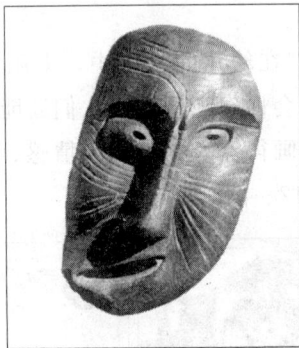

图 16

泛灵论的倾向给原始人的艺术以灵性，在幼儿的艺术中它导致拟人化的表现。幼儿在画画时，会把笔下的事物看作有生命的、有人性的。他们带着这样的想象作画，描绘物体，构思情节，安排画面。更甚时，他们还会把非生命的、非人类的物体画成人类的样子，并让它们像人类一样的活动、行事（见图 17 和图 18）。

---

① 让·皮亚杰著，傅统先译. 幼儿的心理发展. 山东教育出版社，1982：46-47.
② 白色冰原的回声. 参考消息，2002-2-4(12).

图 17

图 18

拟人的画法源于幼儿时期的泛灵倾向，它与幼儿一定时期的智慧水平相吻合，因此，广泛地出现于幼儿艺术之中。当成人为幼儿创作艺术作品时，同样会运用拟人的手法，以便幼儿易于理解和喜爱。在幼儿自己创作时，拟人化可以让他们思维活跃，兴趣盎然，创作出有意趣的作品。

★解析5：由冷暖色引发的思考★

问题：

以下是一位教师在信中写出她的困惑。

您好！最近观摩了幼儿园里老师上的一个美术活动，我产生了一个困惑，想得到专家的指导与帮助。

活动的流程大致是这样的。老师先出示了一张彩色的海底世界的图片，引导幼儿说说海底世界都有些什么。幼儿自然一眼就看见了各种颜色、各种形态的鱼。老师接着问幼儿喜欢哪一条鱼，为什么？有的幼儿说："喜欢这条，因为这条小鱼颜色鲜艳。"老师追问："用了什么颜色？"接着幼儿的回答，老师水到渠成地引导幼儿发现小鱼身上红色、橙色、黄色由深入浅地渐变。还有的幼儿喜欢另外的小鱼，老师也从色彩上引导幼儿发现了蓝色与红色这两种色彩在冷暖色上的对比用色技法。细致地讲解过后，老师拿出了没有涂色的画有鱼的画纸，向幼儿提出涂色的要求："用渐变或者冷暖色对比的方法来装饰小鱼。"幼儿爽快地接受。可是，在幼儿涂色装饰的时候，作为观摩者的我却发现了一个普遍的现象：幼儿几乎用上了所有的颜色，小鱼俨然成了一条条"多彩鱼"。从幼儿完成的作品我统计了一下，全班42名幼儿，只有 5 名幼儿是按照老师的要求进行涂色装饰的，也就是说，能够从这 5 名幼儿的作品中看出用了渐变或是冷暖色对比的涂色法，其他幼儿都将小鱼涂得五彩缤纷。

看到这样的情景，我感触很深。经常看到幼儿在完成一些涂色时，不能按照老师提出的要求来涂色，而是出现了很多彩色的鱼、彩色的花、彩色的水果……

《幼儿园教育指导纲要(试行)》(以下简称《纲要》)指出：幼儿的创作过程和作品是他们表达自己的认识和情感的重要方式，应支持幼儿富有个性和创造性的表达；鼓励幼儿运用不同的、自己喜爱的方式进行艺术活动，不追求所有幼儿一刀切的发展；帮助他们认识自己的独特价值，形成个性的审美情趣。如果用《纲要》的这种精神来评价这次活动的结果，可不可以这样来看：虽然不是所有的幼儿都按照老师的要求完成了作品，但是对于幼儿自身来说，他们都用自己喜欢的方式完成了作品，都获得了愉快的涂色体验。但是我困惑的是，这种创造美的自由表达和幼儿涂色技能的获得、提高是否矛盾？幼儿自由表现美的这种内在需求与其掌握渐变涂色、运用冷暖色涂色的这种技能之间的度应该如何来把握？如何评价幼儿在这种自由下所完成的作品？希望得到专家的释疑。

江苏省张家港市花园浜幼儿园　卢燕

解析：

卢燕老师文中提到的这一美术活动非常典型，同时提出的问题也很有针对性和普遍性。下面，笔者先就这一活动本身的特点及其结果做一些分析，看看为什么会出现卢老师所说的那些现象和结果，然后，再来回答卢老师提出的疑问。

一、"结构性涂染"是幼儿绘画用色的普遍特点

卢老师文中提到"经常看到幼儿在完成一些涂色时，不能按照老师提出的要求来涂色，而是出现了很多彩色的鱼、彩色的花、彩色的水果……"

卢燕老师提到的这些是幼儿用色最正常不过的现象，为什么这么说呢？我们先来看看艺术家会用色彩做些什么。

色彩是绘画中重要元素之一。艺术家会用色彩再现物体的客观颜色、会表现主观情感、会进行画面或形象装饰。所谓以色彩再现物体的客观色彩，即绘画时艺术家力求真实地把物体本身的颜色画出来。蓝天绿水、红花绿

叶，看起来逼真。而以色彩表现主观情感时，艺术家则从画面所要传达的情绪、情感出发，发挥色彩的情感表现性，如以黄、橙、红表现出温暖柔和、热烈躁动；以青、蓝、紫表现冰冷宁静、低沉哀伤。色彩用于装饰时，艺术家则脱离物体的客观固有色，按照色彩美的规律处理画面的色彩，获得特定的视觉效果。例如，以对比色相配，红与绿、蓝与黄、橙与紫，产生分明而强烈的效果；同种色，即明度不同的某种颜色，红色、粉红、浅粉等相配产生层次感，具有柔和细腻的效果；类似色，即以一种色彩为主，掺有其他颜色，黄绿、青绿、橄榄绿等相配，产生稳中有变的效果。

再看幼儿绘画用色的特点。

约四岁之前的幼儿，喜欢摆弄画笔，用颜色涂涂抹抹，但这大多与再现事物的客观色彩和表现主观情感无关。这时幼儿对颜色没有选择，图画中的颜色很单一，因此与装饰也无关。他们摆弄这些东西如同摆弄一只摇铃，是探索和认识这些东西。我们称之为涂抹阶段。

经过一个阶段摆弄绘画工具材料和较单调地用色彩之后，幼儿对颜色的认识和经验达到一定程度，对色彩产生极大兴趣。他们开始把自己认识和掌握的颜色到处运用，画什么东西都涂得五彩缤纷。此时，幼儿对色彩的运用没有再现或表现的意图。我们所看到的幼儿画中那些美丽的色彩与实物并不一致，与特定的情绪、情感亦无关联。那些缤纷的色彩主要出于视觉对色彩刺激的需求，有初步的装饰意味。有些研究者将此称为"花哨涂染"或称"结构性涂染"（见彩插图 19）。这是幼儿绘画中一种很普遍、很突出的现象，几乎贯穿于整个幼儿期，所以，我们将其看做幼儿用色的年龄特点。

由此可见，幼儿画中出现卢燕老师前面提到的情况是很正常的。

二、画出"渐变涂色"需幼儿具备一定的心理条件

卢燕老师的文中还提到："从幼儿完成的作品我统计了一下，全班 42 名幼儿，只有 5 名幼儿是按照老师的要求进行涂色装饰的，也就是说，能够从 5 名幼儿的作品中看出是用了渐变或是冷暖色对比的涂色技巧。"

为什么会出现只有极少数的幼儿用色有深浅变化的这种情况？答案依然与幼儿的心理发展有关。

儿童心理学的研究表明，3 岁前的幼儿已具有辨别红、蓝、黄、绿等色相的能力，但是对颜色的细微区别还不能很好地辨别。这种细微区别包括某一种颜色的深浅变化和某种主色颜色掺入其他颜色后产生的色彩纯度变化。

从四岁开始，幼儿对这种颜色细微变化的区别能力才逐渐发展。毋庸置疑，只有在幼儿视觉能够对颜色深浅变化有较精细的区别之后，才有可能画出深浅渐变的颜色。

另外，画好颜色的深浅变化，还需要一个条件，就是幼儿的头脑中建立起颜色深浅变化序列的认知图式，比如，红色、浅红色、深粉色、粉色、浅粉色等列属于同一颜色深浅变化的序列等级当中，当然这其中还有无数的等级。在幼儿建立起这一认知图式之前，他们会把像红色与粉色这样明度差别较大的颜色看作各自独立的颜色，这样，他们在用色时就缺乏整体自觉性，不能有序地画出颜色的深浅渐变。如果老师刻意要求，他们可能被动地拼凑上深浅不同的颜色，但难以形成有序的颜色渐变。

应该说，部分四岁以上幼儿初步具有了上述心理发展条件，然而幼儿若真正画出颜色的深浅渐变还需具有相应的美感，并认识到如此做的必要性。例如，画鱼时涂上有深浅变化颜色，会在一定程度上表现出鱼的光滑亮泽之美。画花朵或焰火，颜色深浅的变化，会使形象更自然、生动。幼儿体会到如此之美，便会主动设法将其再现出来。当幼儿具有了这种需要时，教师再向他们介绍相应的技巧，便可达到水到渠成之效。

对照卢燕老师文中前一部分对活动的描述，我们不难看出为什么只有极少数的幼儿画出了色彩的深浅变化。卢老师文中没有详细介绍教师是如何引导幼儿为小鱼涂上深浅变化颜色的，然而，有一点可以肯定，教师更多是要求幼儿画出颜色的深浅变化，或许也做了这方面的观察，但是并没有引导幼儿体会到颜色深浅变化之美，这是这个活动中只有极少数幼儿画出了颜色深浅变化的主要原因。四岁以上的幼儿，如果体会到色彩深浅渐变之美，其中会有一定数量幼儿会在画中或多或少地将其呈现出来。

三、幼儿缺少关于色彩冷暖感受的心理条件与相关经验

卢老师提到只有极少数的幼儿用色有深浅变化，同时还提到能运用冷暖色对比涂色的幼儿同样极少。为什么会出现这种情况？

首先我们要弄清何谓"冷暖色"。颜色是光波作用于人眼所引起的视觉经验。颜色的一个重要特性是"色温"，这是人对颜色的心理反应。对于大多数人来说，橘红、黄色以及红色一端的色系总是和温暖、热烈等相联系，因而称之为暖色调；而蓝色系则和平静、安逸、凉快相联系，故称之为冷色调。人对颜色产生冷暖感，较之产生红、黄、蓝、绿等色调感要复杂许多，原因

在于这其中既包含着初级的生理反应，也包含着更高级的情感和联想。

一种单纯的色彩能通过初级的感官在生理上给人以某种感受。法国心理学家佛艾雷(Fere)在实验中发现，在彩色灯的照射下，肌肉弹力会增加，血液循环会加快，其增加的程度以"蓝色为最小，并依次按绿色、黄色、橙色、红色的排列顺序逐渐增加。"古尔德斯坦经过多次试验得出结论，凡是波长较长的色彩，都能引起扩张性反应；凡是波长较短的色彩，都会引起收缩性反应。① 大量的心理学研究与艺术实践和审美事实都证明，人们对色彩的冷暖感具有初级生理感受基础。

同时，也应看到，当人们对某中色彩产生冷或暖的反应时，通过联想的作用，有关的物体经验和社会情感会渗透其中。如当一个人看到带着凉意的青蓝色时，青蓝色水天的冰冷会投射到蓝色调之中；看到散发着热感的橙红色时，橙红色的火焰与阳光的炙热自然也会投射到红色调中。同理，关于无情人的冷酷感会被投射到那些看起来冰冷的色彩中，而从热心人那里得到的温暖将会投射到温暖的色彩中。于是，色彩冷热感的来源与形成变得复杂，同时也更具个性化。

虽然，笔者还未见到关于幼儿对于颜色冷暖感的研究，但是波恩斯坦(Bornstein，1978)对成人研究的发现，4个月大的婴儿对颜色的偏好与成人相似。② 这种偏好应该不仅仅来自视觉的快感，还应伴有机体的反应。可以推断，颜色刺激同样可以使幼儿产生如同成人那样的生理反应。当然，这一推测还应由严格的心理学实验来证实。如果这一假设成立，意味着机体反应参与了幼儿对颜色偏好的影响。然而，重要的是对某种色彩产生冷热感仅仅存在机体生理反应远远不够，还需大脑在此基础上对不同颜色引起的生理反应有足够的意识。显然，幼儿的这种自我意识的强度与清晰度都是不够的，他们对颜色的直接视觉感受更具优势。简单地说，见到红、黄、蓝、绿时，幼儿明显地体会到的是这些颜色单纯而鲜明的视觉快感，而忽略相伴随的那些微弱的机体生理反应。幼儿很少意识到色彩引起的机体生理反应的存在，这就意味着，幼儿难以在高级中枢中将来自视觉的色彩感觉与机体扩张和收缩的生理反应整合为包含着温度感的色彩知觉。显而易见，任何一个人若不

---

① 滕守尧. 审美心理描述. 北京：中国社会科学出版社，1985：5.

② 陈帼眉. 学前心理学. 北京：人民教育出版社，1989：67.

能由色彩感受到冷暖，亦不可能运用色彩画出冷暖色调。

那么，以特定事物色彩与其物理温度同时存在的经验作为基础，将由关于特定事物的冷暖感投射到相应色彩中，是不是可以使幼儿产生关于颜色的冷暖感觉呢？从道理说这应该是可以的。比如，橙红色的火焰散发着炙热和温暖，青蓝的水天凝聚着寒冷和清凉。见到橙红色时联想的火焰，产生热烈温暖的感觉；见到青蓝色时联想到水天，产生冰凉寒冷的感觉。然而，如果细细思考就会发现，幼儿对给人以冷暖感的事物的接触可能寥寥无几，经验缺乏。现今，以火取暖的家庭和场所已不多，特别是在大城市，燃气燃烧的火焰呈冰冷的湛蓝色。而水天的冰冷感与蓝色颜料直接给人的冰冷感本质上差不多的，都是视觉性的，有谁能接触到蓝天的冰冷，又多少人能看到青蓝色的水同时又身感它的冰凉。由于生活的局限，幼儿接触到的能够引起冷暖体验的事物并不多。他们得到的物理冷暖经验多来自于无形无色的气温与水温，而并非那些有形有色的物体。因此，欲使幼儿从事物的冷暖和色彩联想中产生颜色的冷暖感觉，只是一种轻佻的臆想。

总之，笔者认为幼儿不具备或不充分具备色彩冷暖感受的心理条件与相关经验，因此，即使少数幼儿看似画出冷暖色调，其实也只是排列上老师要求的几种色彩，而无冷暖意的传达。

幼儿是很实在的，他们不会运用那些他们似懂非懂，无感觉也无用途的技能。卢老师文中所述活动吸引幼儿之处在于鱼的美丽，他们渴望表现鱼的鲜艳与明亮的色彩，此审美需求使他们沉醉于活动，并画出了色彩缤纷的鱼。活动中，教师没有提示幼儿为什么要让色彩呈现出冷暖变化，因此，对他们而言，色彩冷暖既无助于表现鱼的美丽，且不可理解也无用途。这也是除了心理成熟和经验不足以外，幼儿为何不采取冷暖色表现技能的另一原因。

四、结论与建议

最后，回答卢燕老师问题。

首先，依笔者之见，卢老师之所以产生问题与困惑，问题在于认同了指导教师不合理的活动预期，进而做出活动不成功的判断。而笔者认为，这一活动虽有瑕疵，但还是应该加以肯定。活动内容符合幼儿的认知与美术再现能力水平，并且生动、美丽，对幼儿有极大的美感吸引力。由于这一条主线的存在，幼儿成功地完成了作品，获得了愉快体验。这一活动的瑕疵在于教师不适当地提出了"深浅渐变"和"冷暖对比"涂色的技能要求。对此笔者已在前面做了分析，读者可以看出这两个要求是如何与幼儿的发展水平不相称，如何偏离了表现对象——鱼之美所在及幼儿表现美的需求。对此，笔者想强调，无论是教育目标还是技能要求，在智能方面一定要符合幼儿发展的规律和年龄特点，聚焦他们的最近发展区。另外，绘画作为一项艺术活动，对美的欣赏和表现是幼儿的内在心理需求，幼儿创作的内在动力，技巧是满足他们这一需求的手段。技巧无论高低、精湛粗略，能画出他们心中的美即好，无须额外的要求。

就这个活动来讲，如果可以做出纠正和修补的活，笔者的建议是去掉"深浅渐变"和"冷暖对比"两项涂色技能要求，强化审美体验。具体做法是引进实物观察，让幼儿观察欣赏活生生美丽的鱼。在此基础上，以视频、图片扩展欣赏的广度，为幼儿展现一个五彩缤纷的鱼的世界。当幼儿被绚丽的鱼世界吸引、沉醉之时，教师将幼儿的热情导向创作，铺开画纸、打开颜料，让幼儿心中美丽的鱼游向画面。这样，活动就不会出现卢燕老师所说的矛盾，关系也就理顺了。

其次，如果说"创造美的自由表达和幼儿涂色技能的获得、提高存在矛盾"，那也仅指类似卢燕老师所提到的某些具体活动，不能说两者本质上存有不可调和的矛盾。其实，那些所谓矛盾都可以通过整体课程和具体活动的合理设计而得以解决。

幼儿园美术课程作为一个整体包含有不同类型的活动，各种类型美术活动的侧重点不同。在目前国人对艺术的认识和审美需求的现状背景下，通常难度稍高的技巧有利于美感的传达。特别是当幼儿达到一定年龄时，他们也渴望运用有一定难度的技巧表现他们的经验与情感时，就更是如此。因此，在幼儿园美术课程应有包含适量的侧重于技巧培养的活动。只要进行精心地设计，便可避免上述矛盾的产生。合理的活动的设计当遵守如下的原则与路线：先确认某种艺术要素符合幼儿的发展水平，然后以要素的美感为中心，在表现内容的选择和表现方法、技巧运用上下工夫。至于何时向幼儿传授美术技巧，时机很重要。以色彩渐变为例，时机应选在幼儿觉察到色彩渐变之美时。遇此情景，教师应意识到需要传授给幼儿相应的表现技巧，以助于他们将朦胧的美感外化为清晰的艺术形式美。

下面以色彩渐变为例，简介如何设计侧重技巧类的美术活动。

首先，教师需要辨析渐变色的美感特点。一般说来，渐变色包括深浅渐变和色调过渡，通常会使画面显得更加丰富而有层次、柔和细腻。

其次，当色彩渐变的美感特点澄清之后，教师应当着重考虑哪些事物明显具有这种特点。鱼或鸟或许在可选范围以内，那么，应该向幼儿提供相应关于鱼或鸟的优质观察与欣赏素材，并鼓励幼儿接触这些材料，细心体会其美之所在。当幼儿发现鱼或鸟的色泽由于渐变而赏心悦目之时，教师可考虑向他们传授表现这种渐变之美的涂色技巧。如果采用硬笔涂色，可以选择具有多种色调，24 色以上一套的画笔，按照渐变顺序选取画笔一点点涂色。这是一种笨方法。巧妙一点，可以采用穿插涂色的方法。选定画纸或形象的一个区域，先从一端涂色。开始时笔道涂得紧密，渐渐稀疏，越来越稀；涂到中间时，换一种颜色笔，在已有的稀疏笔道间一笔笔涂色，逐渐紧密，最后涂满。如果采用可调和的颜料，色彩的渐变则是无穷无尽的。教师需要传授给幼儿调色的最主要技巧是选一主色，然后一点点添加其他颜色，边调色，边观察颜色的变化，边在画纸上涂色。① 诸如此类的方法很多，可以从众多的教参类书籍中找到，采用何种技巧应视幼儿的能力和经验而定。有心的教师亦可举一反三，自创更好的方法。

如此做来，即使是侧重于技能培养类的美术活动也不会限制幼儿自由表现美的需求，反而为他们表现美的需求提供更得力的手段。他们会把这些技巧运用得淋漓尽致，青出于蓝而胜于蓝。所以，"彩色的鱼"与"深浅渐变、冷暖对比色鱼"不相矛盾。

最后，如何来把握"幼儿自由表现美的这种内在需求与其掌握渐变涂色、运用冷暖色涂色的这种技能之间的度?"其实，前面的论述对此已有所涉及，下面简单说几句作为本文结束语。幼儿的发展规律与水平是选择教育内容、形式和方法技能的尺度，也是建构美术教育课程框架的依据，因此掌握幼儿美术发展的理论，熟悉自己的教育对象，是幼儿教师的必修课。审美为美术教育的核心，是美术活动内容、形式和方法选择与创新的出发点、线索与归宿，为此，研究美术媒材的性能就成为幼儿教师的专业课。两条线索有机结合起来，不断实践、思考，则可把握好幼儿的自由表现需求与各项美术技能难度之间的对应关系，作为教师则可最大限度地发挥自己的主导作用。

---

① 张念芸. 幼儿美术指导与设计. 北京：北京师范大学出版社，2010：125-134.

★解析6：以多样之美激发不竭的创造力★

问题：

一位教师在信中这样写道：

您好！最近，有个问题一直困扰着我，让我不知所措，渴望得到专家的解答。

中国的绘画源远流长，其中线描画是美术作品中一道耀眼的风景线。英国美术批评家罗杰·弗莱写道："中国艺术首先引人注目的是在其中占首位的线的节奏，我们注意到这种线的节奏总是具有流动和连续的特征……这真可以说是一种用手画出舞蹈的曲线。"线描画以线条为主要表现手段，是用线条作画、用线条说话的一门艺术，有很强的装饰性及独特的视觉效果。线描画正是以这种清秀、隽美、含蓄、夸张的特点被越来越多的人所喜爱。

中班上学期，我在班级开展了线描画的美术集体活动，第一次让幼儿接触线描画，让幼儿欣赏点、线、形组成的美丽图案。刚开始，幼儿的兴趣很浓，我尝试着让他们用传统线描画的方式画美丽的大树。有的幼儿能专注地画出各种线条来装饰大树；有的幼儿在绘画的过程中向我提出，这些大树都是黑色的，一点都不好看，想把大树涂上漂亮的颜色。考虑到幼儿的年龄特征，他们对色彩明亮的东西更感兴趣，我同意了他们的要求。于是，活动结束后，幼儿的作品一部分是线描画的大树，一部分是彩色的大树。

在第二次组织线描画时，我考虑到幼儿喜欢色彩丰富的东西，选用了在彩色卡纸上画线描画。在画线描画《美丽的围巾》时，还有部分幼儿依旧专注于把围巾涂上颜色，对用点、线装饰围巾一点都不感兴趣。我尝试着用线条和他们一起装饰围巾，他们说都是黑的，丑死了。

在平时的活动中，我有意识地让幼儿观察事物中的点、线，引导幼儿对事物线条的审美，激发他们对线描画的兴趣。在组织线描画时，我改变了传统线描画的方式，允许幼儿用不同颜色的点、线来装饰围巾，结果，仍有部分幼儿专注于给围巾涂色。

面对这样的情况，我该继续引导这部分幼儿用点、线的方式来画线描画呢？还是顺应幼儿的兴趣，满足于他们涂色的需要？

安徽省当涂县黄池小学附属幼儿园　申爱萍

解析:

申老师,您好。您在指导幼儿线描的过程中遇到了一些困难。我反复阅读了您的叙述,感觉您所面临的困扰,部分来自于幼儿,但究其根源还在于教育方面的偏差与缺失。下面,我谈一下自己的看法,与您和读者们分享。

一、什么是线描画

首先,为了大家能就一共同的对象,在同一概念下讨论问题,我先对所谓"线描"做一个界定。什么是线描?"线描"也叫"白描",即以线条作为造型手段,用线条勾画物体的轮廓和细节,描绘出画面形象。线描既是独立的画种,又可用于起草绘画上色之前的图稿。儿童线描画也是如此。幼儿绘画大多是先用画笔勾画出物体轮廓线,然后在轮廓线内涂上各种颜色,完成绘画作品。若只用线条构成形象,不加涂色就成为线描画。当然,以线描为最终作品,在创作时,对线条的描绘比起草上色图稿的线条要讲究和精致许多。无论作为独立作品还是上色前期的图稿,线描及线条是幼儿绘画形象的骨架,也是幼儿绘画的基础。

"儿童线描画"指仅用线条勾画物体轮廓和细节,不加以涂色的绘画作品。这种线描画一般采用单色,多为白底黑线,别具美感。

二、为什么有些幼儿不采用线描画法

从您的叙述中,我感到您是一位好老师,为了幼儿能够接受线描的画法做了反复的探索。开始时采用常见的白纸单色线条的画法,后来将白色画纸换成彩色画纸,最后又换回白色画纸,将单色线条扩展为彩色线条。遗憾的是,无论怎样,总有一些幼儿不接受只用线条不涂色的线描。

为什么幼儿总是要给画出的形象涂上色彩,即使是彩色的画纸和线条也不能使他们满足呢?从道理上来讲,线描对幼儿来说没有很高的难度,只要用线条勾画好形象不再涂色既可,如果希望画面美观,也只需稍加点缀。但是幼儿为什么非要舍易求难,舍简趋繁地去涂色呢?笔者反复阅读,仔细思考了您叙述的情况,发现幼儿不采用线描画法不是因为他们不能,而是他们不愿。

幼儿不愿意采用线描,就他们自身来讲,有以下原因:

(一)视觉感受力的发展使色彩在幼儿眼里特别美妙

进入中班以后,幼儿对色彩的感受性与分辨能力,特别是对色彩细微区别的分辨能力发展起来,对色彩产生极大的热忱。与小班时期相比,中班幼儿画中的色彩多起来，色彩的种类和范围越来越广。将形象涂得五彩缤纷使幼儿得到极大的心理满足，甚至有些幼儿对涂色乐此不疲，五颜六色的画面带给幼儿的愉悦非成人所能体会。于是我们看到，只画线条不涂色，如同舍弃好玩的玩具、好吃的糖果一般让他们非常不情愿。色彩感受力的发展为幼儿的眼睛打开了一扇窗，通过这扇窗，幼儿品味到色彩之美妙。相比之下，单色的线描，在幼儿眼里则缺乏那样的魅力。这是他们拒绝线描的主要原因。

（二）审美趣味的个体差异使部分幼儿极为偏爱丰富的色彩

幼儿虽年幼，美感尚处于萌发之中，但已显现出审美趣味的差异，可见出不同的类型特点。观察一下幼儿的日常绘画，即可见出男女幼儿在审美上具有明显不同的倾向。多数女孩子喜欢漂亮丰富的色彩，对色彩有较高的敏感性，而男孩子则缺乏女孩子那般对色彩的热忱和敏感，部分男孩子甚至喜好以单色描绘故事或场景。个体审美差异普遍存在于幼儿之中，可以想见，一个年龄班中总会有一些幼儿欣然采用单色线描的画法，另有相当部分的幼儿在教师的引导下会逐步接受线描，同时必定也会有一部分幼儿会死死坚持给画中形象涂满色彩。正是这种个人的审美偏好，造成了一部分幼儿不论教师怎样苦口婆心地诱导，依然坚持涂色，不接受线描画法。所以，个体审美差异也是部分幼儿不愿接受线描画法的重要原因。

（三）一些幼儿对色彩产生了审美定势

幼儿不愿意仅以线条描绘形象，除了发展上的原因以外，还因为有些幼儿形成了一定程度的审美定势。这些幼儿只认那些他们熟悉的、习惯了的美的样式，排斥那些他们鲜有接触、不熟悉的样式。产生审美定势的主要原因在于幼儿的生活与教育环境中美的样式太单调，教师与家长及其周围的成年人审美趣味贫乏。我观摩过不少幼儿园，各地幼儿园的环境在审美方面几乎都差不多，内外装饰基本是没有风格区别、平淡的彩色平涂。大量幼儿读物的绘图技法与风格也都近似，区别仅在于有的描绘精致，有的描绘粗略。在对幼儿创作引导方面，教师普遍强调变换颜色，在画面上涂满各种鲜艳漂亮的色彩，对那些用色丰富，涂色饱满作品加以肯定和表扬。在这样耳濡目染的反复强化之下，幼儿的审美很难不被局限于某种样式之中。结果，在他们的眼里，美似乎就是那么一种固定的模样，失去了对美的丰富多彩的样式的敏感性和接收能力。这是导致幼儿不肯采用线描的另一原因。需要指出的是，此种审美定势与上述发展过程中产生的阶段性审美偏好不同，属于不良与有害的审美倾向，为有碍发展的惰性。

三、思考与对策

您文中最后的问题是："面对这样的情况，我该继续引导这部分幼儿用点、线的方式来画线描画呢？还是顺应幼儿的兴趣，满足于他们涂色的需要？"是的，当我们知道了相当部分幼儿不乐于接受线描的原因以后，就面临着您提出的这个问题。但仔细思索，您提出的这个看似二选一式的问题，其实两个选项并不矛盾，也不绝对相斥，完全可以兼顾。虽说由于发展上的原因，进入中班阶段的幼儿对于色彩格外青睐，但是，线描画也别具美感，对幼儿也很具吸引力。您所遇到的幼儿对线描的抵触，很大程度来自教育方面的问题，因此，只要对课程与活动设计及指导方法方面做出调整，我相信，幼儿会在沉浸于缤纷色彩的同时，愉快地尝试线描绘画或其他任何新异形式的美术创作。对此，我建议您和有兴趣的教师不妨做以下尝试：

(一)建构更广博、更具包容性的艺术教育课程

长久以来，我国大部分地区幼儿美术创作所用媒材都较单调，彩色水笔、油画棒和白色画纸为常见的主要用材。由于媒材贫乏，创作手法单调，造成了幼儿美术创作方式单一，作品种类和风格雷同，这便形成了一些幼儿创作的模式化倾向。近年有些发达地区的幼儿园扩展了幼儿美术用材的范围，有的幼儿园还建起了幼儿美术活动室，丰富了幼儿创作的用材，但是，从更广阔的范围看，还远远不够。幼儿教育机构普遍需要扩展美术创作的媒材和方式，以打破幼儿创作模式化的倾向。

另一方面，美术欣赏不到位，至今也是幼儿园美术教育一大缺失。大部分幼儿园美术课程中没有这方面的内容，少数幼儿园有零星的美术欣赏，但其欣赏对象和欣赏过程极为简陋、粗糙。欣赏对象无美感和艺术性可言，欣赏过程与看图讲述并无二致。除此之外，把美术欣赏等同于美育，以欣赏自然、社会之美代替艺术作品的欣赏也是一大问题。缺少对真正的艺术作品的广泛欣赏，很难想象幼儿能够不固守已习惯的创作方式，欣然接受新的艺术形式的挑战。

上述问题即是您所面临困境的大背景。幼儿不接受线描看似小事，其实反映出幼儿美术教育中的深层问题。这一深层问题得不到解决，类似的小问题便会时有出现。解决这一问题的出路在于建立一种广博的艺术教育课程。

这样的艺术教育课程既含有创作又包括欣赏，创作和欣赏在形式与内容上多样均衡，进而形成创作方式与方法种类各异的教育活动。这种广博的艺术课程包含有各种各样的创作方式。实施过程中，各种创作不是杂乱堆砌或随兴所作，而是经过事先统筹规划设计，形成系统的活动方案，循序推进。推进过程中，每一种新形式的创作或欣赏活动，都由前期的铺垫自然导入，同时与下一活动相衔接。所有教育要素成为一个有序、有效的系统。一个更具包容性的课程，易养成幼儿对不同形式艺术作品的开放心态，从而乐见并乐于尝试新形式的创作，自此，不会由于引进任何新的创作形式而产生如您所遇之阻力。

（二）以欣赏扩大眼界，把欣赏作为新创作形式的先导

每当引进新形式的美术创作之前，教师应选择那些与创作相关的、真正具有艺术性的优秀作品向幼儿展示，并引导幼儿欣赏，发现其美之所在。例如，在进行线描创作之前，教师可以在图书角放置线描作品画册，于活动室张贴线描画作品，并引导幼儿关注、欣赏这些作品，也可以组织专门的线描欣赏活动。从您的叙述中可以看出，您所组织的幼儿线描创作活动由欣赏入手，这一安排很好，但是否选择了具有一定艺术水平的线描作品作为欣赏对象，作品质量如何，不得而知。我认为提供给幼儿欣赏的作品质量对于接下来的创作很重要，或许您对此没有给予足够的重视。如果确实如此，这是一个可以改进的方面。为了使欣赏起到激发创作的作用，在欣赏过程中，教师要有意识地提示幼儿注意那些在下一步创作中可能涉及的艺术要素。如线描画的黑白对比的明快之美；线条曲折、粗细、长短等变化带来的顿挫或流畅之感；图形的曲直、大小、疏密等形成的圆润、丰满或粗壮、纤巧之态；等等。这一环节十分重要，如果欣赏与创作脱节，则难以达到预期的创作效果。从您的叙述中，我看到一个问题，您对前期欣赏与后来创作之间的关联处理得不够好。欣赏了点、线、形组成的美丽图案，尔后画"美丽的大树"。"美丽的大树"与前期欣赏的作品有什么关联，如何将大树图案化，如何把图案中的点、线、形运用于大树，您未做提示与铺垫。现在回过头来分析这个活动，其实当时您可以有两个选择，一是选择创作与图案形式接近的线描装饰画，如画"美丽的桌布""美丽的头巾"等，这样，幼儿比较容易自发地将欣赏作品中的图案要素迁移到形式类似的创作中，教师可以少做一些铺垫。二是教师事先对线描"美丽的大树"可能涉及的艺术要素做出分析，找出那些使

大树美丽的必不可少的要素，如粗粗的树干和细细的枝条，线条曲折的大树冠和树冠内重复排列又有变化的小图形，等等。在实际欣赏时，教师注意提示幼儿留意欣赏对象中的这些要点。如果当初这样做了，那么在后续创作中，幼儿或许会觉得线描也很有意思，线描画也很美，不会因为热衷于色彩而拒绝线描。所以，依我之见，这一活动还是很有改进余地的。

(三)让线描美起来

幼儿不愿画线描，根本原因是他们觉得线描不美。能不能让线描美起来呢？如何让线描美起来呢？笔者提供几个"小窍门"，有兴趣的老师可以一试。

1. 设计单元活动时，争取做到美术创作的形式与内容的最佳配合

人们往往以为任何工具材料可以表现任何题材内容，其实不是这样的。很多时候，创作特别是幼儿的创作能否取得好的表现效果，在选择和确定内容的时候就已经决定了。为什么这样说呢？因为有些工具材料只适合表现某些题材内容，线描就是如此。我们看到一些儿童线描作品非常美，总以为是幼儿有天分，老师教得好，其实，除此之外，还有一个秘密大家很少去想，就是内容和形式的匹配。只有内容和形式配合得好，才能出好作品。下面这几幅作品看起来很美，为什么会这样美呢？为什么选择蔬菜来画？为什么又会选择这样几种蔬菜？在蔬菜中，它并不是最漂亮的嘛。画出来这样美，为什么呢？答案就在于它们或有曲折的轮廓，或有明显、细致的纹路，所以用线描画出来就很美。像西红柿、茄子或更光鲜的蔬菜用涂色法肯定要胜于线描。而像苦瓜、大蒜这样颜色浅淡的蔬菜，用线描反而比涂色会有好的效果。如果不加斟酌，反过来让幼儿用线描西红柿，为圆白菜涂色，结果肯定大为失色(见图19)。

由图可见，教师选这几样蔬菜，可谓颇费匠心。先看圆白菜。教师把它切开来画，切开后的圆白菜，叶子呈一层层包裹着的样子。这样幼儿就有的可画，画出来就很好看。如果简单地从外部画，圆白菜光秃秃的，就画不出什么来。同样，教师选的萝卜长着很多叶子，萝卜却很小。如果不加思考，拿一个光光的大萝卜来画，肯定也出不了这样好的作品。还有，玉米和苦瓜，教师把它剥开一部分，这样幼儿就要用不同的线条来画，有了线条的变化，就增加了画面的美感。对于线描创作来说，达到表现形式与内容的良好配合，其表现对象的选择尤其重要。至此想到，您最后选择画围巾。围巾本

身外形平直，美在色彩亮丽，舍色彩为白描，显然不合适，无怪幼儿说"丑死了"。如果您能选择更适合线描的对象引导幼儿描绘，充分发挥线描的优势，我想幼儿也会像迷恋彩色画法一样喜欢上线描画法。

勾羽莹　女　6岁

韩佳祎　女　6岁

王婉　女　6岁

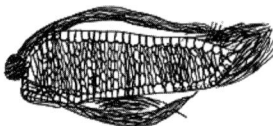

高志豪　男　5岁

图 19

2. 充实技法、让图像丰满起来

为了让线描画美起来，还需要对幼儿的线描技法加以充实。

最单纯的线描画为"白描"，只勾线不上色，不皴擦，不渲染，这就需要线条画得具有表现力。幼儿运用线条的能力有限，教师可以指导他们在描绘形象外轮廓时让线条有一些曲折变化。另外，线条的粗细变化也能增加形象的美感。这不难做，用粗细不同的画笔来画即可。外轮廓和大块的图形用黑色水笔勾画，内部的小花纹用签字笔描绘，画出后会非常好看。

除了让线条更有变化以外，在实际创作中，加强其他的元素也是有效的办法。近年来，线描画中的"勾线＋装饰"被一些教师看好，幼儿也十分乐于接受，产生了不少让人眼睛一亮的作品。通常，幼儿画画先画轮廓，然后涂色。而这种涂色既无再现性，也无表现性；既费时，又费力，且枯燥乏味。但单纯的线描画缺少色彩，又略显单调。如以轮廓线内填充小花纹代替涂色，则可以避免不涂色的单调，不但形象能充实饱满起来，而且画面还会显得更加精美。笔者见到很多幼儿很喜欢这种装饰过程，重复地画出各种小花纹，正好让他们把学习的装饰规则运用熟练。

还有的幼儿教师发明了一种线描＋剪贴的画法。有两种做法：一种是先用彩色纸将主要形象剪出来，粘贴在颜色相异的底纸上，然后再在上面用线条加以描绘和装饰。另一种是先在画纸上用线条描绘出形象的主体部分，然后用彩色纸剪出形象的局部和细节，拼贴在主体形象上，最后再用线条描绘和装饰。这种"线描＋剪贴装饰"方法创作的作品较之单纯的线描或"线描＋装饰"的作品色彩更丰富，装饰更有层次，创作的过程较之单纯线描程序多一些，对幼儿尤其是年龄大一些的幼儿来讲也更有意思一些。

总之，在引进像线描这样的新形式的创作时，要让幼儿充分感受到这种新形式的美。我们说，美是幼儿创作的灵魂和内驱力，只有把美贯穿于幼儿美术的整体课程和具体活动的方方面面，才能激发幼儿创作的积极性。同时，美的样式又是丰富多彩的，只有打开幼儿的眼界，使他们拥有广泛的审美趣味，才能产生不竭的创造力。从理论上讲，线描是适合幼儿的创作方式，应在幼儿的美术课程中占有一席之地，让在幼儿愉快地运用色彩描绘的同时也体验一下简洁、雅致的线描画法。在实践中，很多老师和幼儿在线描方面都取得了可以说是超出预期的成果。希望您不要灰心，再试试看。

★解析7：涉及美术学习的多重判断与选择★

问题：

家长："幼儿如何学习美术，需要上美术班吗？"

解析：

"幼儿如何学习美术，需要上美术班吗？"看似一个具体问题，而要回答这个问题，却需上升层次，才能得到可以作为依据的答案。

一、正确理解幼儿学习美术

家长首先对幼儿的美术学习要有一个正确的理解和判断。教育者，特别是家长切不可以为凡美术学习即是好事，只有方向、方法正确的美术学习才可产生有利于幼儿健康发展的正面影响。

幼儿阶段作为人生的第一个阶段，既有它独立的意义，又是为全面发展打基础的阶段。在此阶段，幼儿身心健康和谐地成长至关重要。简单地说，幼儿应有健康的身体、良好的情绪，懂得基本的社会规则，具有初步的生活能力和良好的生活习惯，在智能方面需要获得关于周围世界的初步经验和学习能力。幼儿学习美术只有对上述成长之各项有所助益而不是损害，才是良好、可取的美术学习。

什么是对幼儿有益的美术学习呢？需通过观察幼儿的表现加以判断。有两项主要指标可作为判断幼儿美术学习优劣的标准。

（一）兴趣

兴趣对于幼儿从事美术活动并得到发展至关重要。幼儿很单纯，他们只会对那些能够理解并符合他们发展需要的事物和活动感兴趣，也只有在兴趣的推动下，幼儿才可能主动地学习，发挥潜能，获得愉快的情绪体验，形成健全的人格。如果教育的内容和方式不符合幼儿的发展水平和需要，他们必然失去兴趣，不能从美术的学习中获益甚至造成畸形发展。可以说，兴趣是幼儿积极主动地参加美术活动、促进发展的前提和动力。因此，幼儿对美术学习的兴趣如何是判断教育质量的一个重要标志。

如何得知幼儿对美术学习是否有兴趣呢？可以通过对幼儿的外部观察做出判断。有这样几个参考指标：

1. 渴望从事美术创作和活动，能愉快地投入或自己发起美术活动。

2. 在从事美术创作和活动时，注意力集中而持久，甚至能排除其他干扰。

3. 在美术创作和活动中情感与智力各个方面活跃，发挥潜能，时有新异的想法和做法出现。

4. 有成就感和信心，表现为珍惜并谈论自己的作品，将作品展示或珍藏。

（二）美术能力

美术创作涉及多种能力，诸如观察力、感受力、想象力和创造力，而所有与美术有关的能力中最为本质和独特的是美术创造力。美术活动本质上是一个创造的过程。幼儿用线条、图形和色彩等将自己头脑中的经验、印象和情感转化为美术形象，即是以美术媒介所做的特殊类型的创造。创造力是未来人才所必备的素质，美术创造力是幼儿综合能力的一种特殊体现。因此，我们把美术创造力作为判断美术能力和教育指导如何的另一个重要标志。如果幼儿在美术学习中显示出创造的特征，可以说这样的美术学习是成功的可取的，反之是失败的、不可取的。

那么，又如何得知幼儿的美术学习是否具有创造的特征呢？美术作品是幼儿美术活动的成果，是以往发展与教育的结晶，它明晰稳定地反映出幼儿美术能力的水平与特点。静态的美术作品较容易观察和评价，可以幼儿作品为主，辅之以谈话、活动过程观察等手段进行评价和判断。指标如下：

(1)作品内容出自于幼儿自己的经验与认识。

(2)幼儿能够用语言谈论或用其他手段表达作品包含的内容。

(3)幼儿独立组织造型式样和画面布局，与教师的传授或样本式样明显不同。

(4)作品表现的内容和形式不雷同，时有更新。

总之，如果一名幼儿在学习美术的过程中既表现出兴趣，美术创造力又有良好的展示，说明他的美术学习状况是良好的，教育引导的方向正确，且教育指导良好。这样的美术学习才是可取的、对幼儿的发展才是有益的。如果不是这样，则提示存在不同性质和程度的教育问题，其美术学习就不一定对幼儿有益，甚至可能有碍幼儿的全面发展。家长一定要审慎看待幼儿的美术学习，正确把握幼儿美术学习的方向。

二、通过多种途径学习美术

我们说幼儿可以通过多种途径学习美术，这一论点建立于幼儿本身具备美术学习能力或潜能的基础之上，此有发展心理学的依据。

美术作为艺术的一种，其基本表现方法是"象征"，即创造某种可视之物代表与之同形的另一事物或意义，这点也恰恰是幼儿思维的典型特点。儿童在二三岁以后表象功能日渐发展，心理活动开始脱离具体事物和行动来进行。此一阶段，幼儿获得一种新的心理能力，即象征性功能。幼儿开始用特定的动作、线条、形状、声音和物体来代表他们头脑中对某些事物的印象和情感，也就是所谓"以物代物"。幼儿这种心理上的象征性功能与通常人们美术活动中的思考方式极为吻合。这也是为什么许多幼儿对美术有着无师自通的潜能和自发兴趣的原因。由于幼儿本身具备着这种美术学习的能力，在这一前提之下，他们可以通过多种多样的途径学习美术甚至自学。换言之，若幼儿本身不具备美术学习的能力，任何方式的美术学习也几乎是不可能的。家长在为自己孩子的美术学习做打算时，一定要相信孩子，相信他们的学习能力，然后才有可能做出正确的选择和对策。

家长可为幼儿选择的美术学习的途径有哪些呢？

　　现今，幼儿园是我国绝大多数幼儿接受学前教育的主要方式，作为艺术教育领域的美术教育是幼儿园课程中的重要部分。由于幼儿天生喜欢美术活动，幼儿园有史以来都设有美术课程与活动。当今，由于心理学、教育学等研究发展，美术教育与幼儿发展的关系、对幼儿发展的作用被广泛认识。幼儿园从环境到教学都为幼儿提供了良好的美术学习条件。幼儿教师在新的教育理论的指导下，对幼儿美术学习与教育都有了更科学的认识，同时她们的教育和美术技能也在不断提高。值得一提的是幼儿园中有相当一部分教师非常喜欢美术，不但心灵手巧，而且了解新型的美术教育理念和方式，颇具幼儿美术教育经验。所以，幼儿园通常可以满足本地区一般幼儿美术学习的需要。若遇到具有美术教育专长的优秀教师，对喜爱美术的幼儿和希望在美术方面给幼儿更多培养的家长则是一件幸事。

　　幼儿的成长离不开家庭，家庭对幼儿美术学习也可产生有效的影响。即使家长不擅长美术，只要采取一定的方法，仍然能够很好地指导幼儿。下面介绍一些家庭中指导幼儿美术学习的方法。

　　（一）丰富幼儿的生活经验

　　美术创作内容来自生活。而幼儿受生活环境局限，生活经验不足，往往造成一些幼儿不知道画什么。家庭在这方面能为幼儿提供最好的帮助。家长应有意识地引导幼儿留意观察周围的生活，让他们参加力所能及的劳动，带领他们外出参观、游览等。在活动过程中，家长要注意与幼儿互动、交谈，以便幼儿获得有关事物的清晰印象。

　　（二）将无意观看变为有意观察

　　幼儿美术创作中的形象来自于视觉经验，对事物外形特征的观察是造型的必要前提。但是，由于发展上的局限和缺乏训练，幼儿会对许多事物视而不见。即使某些事物引起了他们的注意，在感知事物时也缺乏像成人那样的目的性和计划性，不能自觉地组织自己的视觉。他们往往注意了整体就忽略了局部，注意了局部就忘掉了整体。因此需要成人加以指导，使他们获得丰富的知觉经验，知觉到创作所需的重要信息。

　　为了让幼儿能获得利于创作的鲜明信息，在观察过程中，成人可以采用特征对比、形象比喻、几何图形概括等方法帮助幼儿抓住物体的突出特征。如大象的鼻子长、腿粗；兔子的耳朵长、尾巴短；狐狸的嘴巴尖、尾巴像扫帚等。为了让所获得的信息更深入细致，在观察时成人可以带领幼儿边观察物体，边用手轻轻抚摸它，如果是无法抚摸的物体，可以将手伸出，随着视线做想象的抚摸。另外，在观察的过程中，成人一定要与幼儿进行语言交流，这样可以使成人及时了解并澄清幼儿观看中的模糊之处，使幼儿获得的视觉印象更清晰明确。

（三）用不同的手段再现形象

很多时候，幼儿虽不乏视觉经验，但面对画纸仍不知怎样下笔。原因在于幼儿头脑中虽有了事物的表象，但还不会在头脑中把表象以美术媒介的式样构成加以再现。针对这种情况，成人可采用一些过渡性的方法引导幼儿再现形象。

1. 用语言描述物体

如"大熊猫浑身胖乎乎的，看上去像一个大皮球。它的眼睛、耳朵、嘴和四肢的毛都是黑色的。尤其是它的眼睛周围有一圈黑的绒毛，就像戴着一副黑眼镜。它的眼睛又圆又亮，就像两个黑色的玻璃球。它的腿又短又粗，走起路来一摇一摆。"

2. 以身体动作姿态模仿物体

如果物体是静态的，则以身体姿态表示物体的特征。如高高的杨树，可以做身体向上伸展的动作；一扇小小的门，可以用身体收缩来表示。

3. 用手在画纸上空书物体的样子

先从物体大轮廓开始，待大形象有了之后，深入到细节，让形象一点一点清晰起来。最后，达到形象好像浮现在纸上，呼之欲出程度。

4. 图形拼摆

图形拼摆有很多，一种是用纸撕出物体各个部分的形状，然后在画纸上拼摆组合，待满意时，将纸形粘好。另一种是使用黏泥做出物体各部分，同样在纸上拼摆组合。由于黏泥可以反复塑造，在拼摆的过程中，幼儿可以改变泥的形状，面对的失败压力小，尝试余地大，所以黏泥拼摆也不失为一个好办法。

5. 形体建构

利用废纸盒、纸筒等现成的形体建造立体造型。由于这些材料具有现成的形体，幼儿只需选择形体适宜的材料加以组合，不需从零开始造型，因此造型过程相对简化，幼儿可更集中注意于形象的整体关系，对发展幼儿的造型能力十分有利。在选择时，成人应注意引导幼儿发现所要塑造的物体与材料形体之间的共性。

以上方法是帮助幼儿实现再现的过渡手段，可以帮助幼儿提高造型能力进而达到独立创作的目的，成人可以根据实际情况选择运用。

（四）运用故事启发幼儿的想象，帮助构思情节

研究发现，幼儿的思维是以叙事，也就是故事的方式展开。故事中有形象、有情节。好的故事，形象生动独特，情节曲折有趣，会给幼儿留下鲜明的印象，引起幼儿丰富的联想。故事对幼儿美术学习的独特作用在于，故事中的形象和情节具有超出现实的新奇感，能扩展幼儿美术创作内容的范围，使他们的创作不局限于日常所见。故事中形象和情节的发展变化特别能激发幼儿的对活动和活动场景的想象，利于幼儿构思作品的情节。幼儿喜欢听故事，如果家长能不时地给幼儿讲些故事，不但可以提高幼儿的语言能力，还能提高幼儿的美术创作力。

（五）欣赏美术作品

美术作品的作用是多方面的，其最独特、最重要的作用在于它提供了多种多样的美术形式，可使幼儿的审美趣味和美术创作不局限于少数单一的样式。绘本属于美术作品中的一个种类。绘本的题材非常广阔，形式与手法更是灵活多样。为儿童创作的绘本还有一特点，就是它们都是有情景和情节，这让幼儿容易理解其内容和表现形式。许多绘本的描绘非常具有个人风格和独创性，风趣幽默，其夸张和幻想手法的运用会让幼儿读者如痴如醉。绘本具有美术作品与故事的双重优势，家长可以选择那些适合自己孩子的绘本并与他们共同欣赏，于欣赏中相互交流。

（六）展示作品，给予鼓励

在家中也可像幼儿园那样把幼儿的作品展示出来。在家中室内选一合适之处，将幼儿的作品张贴或摆放出来，这是对幼儿创作的鼓励和尊重，能大大提高幼儿美术学习的自信心和积极性。

以上方法在家庭中如能做到一二，幼儿的美术学习就会有意想不到的收获。这不需要家长具有特别的专业知识与技能，只需爱心和耐心，再加一定的时间与精力就能做得很好。

三、正确选择美术班

美术班是幼儿学习美术可选途径之一。在什么情况下选择美术班呢？笔者以为前提是幼儿对美术学习有较浓厚的兴趣，能主动学习，而家庭与幼儿

园条件不足以满足幼儿学习的需求与家长的期望，那么在这种情况下，可以考虑选择美术班作为家庭与幼儿园教育的补充。

家长决定送幼儿进美术班学习之后，对美术班的选择十分重要。

首先，家长为幼儿选择美术班的目的要端正，送幼儿进入美术班学习不是为了培养艺术家，也不是为了培养美术专业人才。当然，从小学习美术与未来成为艺术人才是有关联的，但也存在重要区别。关联在于幼儿与艺术家在创作动力与思维类型方面具有相似性。无论是幼儿还是艺术家在他们创作时都存在着表达的需求，怀有一颗真诚、纯真的心，他们于创作中的思维都属于前面提到的"象征性思维"。如果早期的美术学习能够为幼儿种下一颗爱好美术的种子，铺设一条由内心到表达的通道，那么，这样的美术学习对于幼儿成为美术人才是有助益的。但是也应看到，尽管有着诸多相关，幼儿的美术创作与成人存在着根本性的区别，那就是他们的智能层级不同。我们常说，在整个幼儿时期，甚至学龄早期，幼儿都是将简单形状以一定方式组合起来代表事物，描绘物体(所谓简单形状即直线、圆、方形、三角形等简单的几何形)。而成熟的绘画却不是这样，成人画画时会把形象的各个部分融为一个整体。例如，画手时，成人用一条完整的曲线把手掌和手指再现出来，而幼儿是把若干圆形和卵圆形组合起来，形成手的形象。类似的区别在幼儿与成人美术创作中比比皆是。对幼儿来说，这不是一种简单的区别，而是不可逾越的鸿沟。只有当幼儿心智更为成熟时，他们才可能掌握成人那些习以为常的画法。如果为了达到培养艺术人才的目的，让幼儿过早地步入成人化、专业化的美术学习，使他们以不可胜任的方式完成美术学习，会严重挫伤他们的美术兴趣，造成不自信，进而无法实现创造，断送艺术前途。成人中大量自称不会画画者，追溯起来都经历过不同程度的类似挫折。

上述分析充分说明，幼儿的美术学习有其特殊方式，必须遵循他们的身心发展的特点，按照幼儿美术能力发展的规律实施教育影响，才有可能使幼儿持续发展。家长一定不要过分看重美术班对幼儿美术技能技巧的高难度训练，幼儿阶段的技能训练并不意味着未来的艺术成就，可能还会适得其反。具有远见的家长在选择美术班时应侧重其对幼儿美术兴趣、能力等方面培养的考量。只有这二者才具有可持续发展性，与美术人才的成长呈正关联。

其次，家长在选择美术班时，要对自己家庭与幼儿园在幼儿美术教育方面的条件有一个大概的评估，根据评估的结果选择能弥补幼儿园与家庭不足的美术班。这是一项个别化的选择行为，没有统一的标准，家长需要参照本文前面提到的各项指标，对自己孩子已有的教育条件与美术班可能提供的教育资源加以比较，做出判断。

最后，就我国当前普遍的美术教育条件来看，一般情况下，如果一个美术班具有以下条件，则可为大多数幼儿提供家庭与幼儿园短缺的教育资源，是家长们可为幼儿选择的。以下建议供家长们参考。

（一）良好的美术环境

家庭与幼儿园由于不是专门的艺术教育机构，在美术环境方面通常难以达到理想状态。美术班作为经常性的美术教育场所，给美术环境的创设带来了便利。较好的美术班应为不同类型的创作提供相应的工作空间，诸如立体创作的泥工区、纸材建构区、多用材料制作区等，平面创作的硬画笔绘画区、国画区、水彩与水粉画区等。另外，美术班应陈设有供幼儿欣赏的优秀艺术品，这些艺术品包括立体与平面不同的类型，不同的风格，既有艺术家的作品，也有儿童的作品。理想的美术班好似一个美术工作室与美术馆的结合体，丰富的美术创作材料与优秀的艺术作品共同构成美术班的浓郁的艺术氛围，给幼儿以美的熏陶和创作灵感的召唤。

（二）个体与群体相结合的活动形式

此处"活动形式"主要指参与美术活动的幼儿与幼儿，幼儿与教师之间的关系。家庭中的美术教育通常以家长与幼儿一对一的方式进行，缺少幼儿之间的互动。幼儿园中更多的是一名教师对一群幼儿，成人与幼儿，幼儿与幼儿之间的互动都不足。如果美术班采取个体与群体相结合的活动方式，则能弥补家庭与幼儿园在活动方式上的欠缺。所谓"个体"，即允许幼儿自主选择创作内容、形式与进度；所谓"群体"即幼儿之间有协作与分享。教师在个体与群体活动中起激励引导和组织协调的作用，既与幼儿做个别互动，又推动幼儿之间的合作与交流，实现个体与群体的结合。反观现实中的美术班，多数完全不具有上述特征，看起来如同小学生上课，既不能弥补家庭与幼儿园活动组织方式的缺陷，对幼儿来说又十分枯燥、呆板。家长应避免选择此类美术班。

（三）具有艺术素养和美术教育经验的教师

如何得知一位教师是否具艺术素养和美术教育经验，作为家长当然不可能从教师的学历背景与工作资历等方面做判断。家长对教师的考察主要是观察教师在上述(一)和(二)两方面做得如何。在为幼儿选择美术班时，家长不能只听招生者的介绍或广告，应亲临现场感受其美术环境并观察教师的指导，甚至可以带幼儿一同参与。好的美术环境对人有一种艺术的吸引力，会激发创作的冲动。如果幼儿被教师创设的艺术环境感染，希望投入活动，那么可以断定创设这一美术环境的教师是合格的。教师对幼儿的态度、教师与幼儿的关系也是观察的重点。好的美术教师对幼儿采取的是激励与宽容的态度，他关注每一名幼儿，给他们自主探索的空间，并与之互动。

总之，家长对幼儿学习美术应抱有正确的目的，切不可急功近利。幼儿的美术学习可通过多种途径进行，其中家庭与幼儿园是最重要的途径，美术班可作为家庭与幼儿园美术教育的补充，家长对送幼儿进入美术班学习应做出理性的选择。

注：《教育实际问题解析》选自本书作者张念芸近年来发表于北京《学前教育》的文章。

参考书目

1. 丁玥著. 幼儿园美术教学法. 北京：北京师范大学出版社，1985

2. 庞丽娟编. 幼儿园美术教学法. 北京：北京师范大学出版社，1990

3. 屠美如著. 学前儿童美术教育. 南京：江苏教育出版社，1991

4. 屠美如主编. 学前儿童美术教育. 重庆：西南师范大学出版社，2000

5. 孔起英著. 学前儿童美术教育. 南京：南京师范大学出版社，1998

6. 张念芸著. 幼儿园美术活动指导与设计. 北京：北京师范大学出版社，2010

7. 王宏建，袁宝林主编. 美术概论. 北京：高等教育出版社，1994

8. 范梦著. 东方艺术史话. 北京：中国青年出版社，1996

9. 范梦主编. 美术概论. 北京：中国青年出版社，2002

10. 腾守尧著. 审美心理描述. 北京：中国社会科学出版社，1985

11. 范琼芳著. 幼儿绘画心理分析与辅导. 台北：心理出版社股份有限公司. 2002

12. [美]鲁道夫·阿恩海姆著. 腾守尧，朱疆源译. 艺术与视知觉. 北京：中国社会科学出版社，1984

13. [美]鲁道夫·阿恩海姆著. 腾守尧译. 视觉思维. 北京：光明日报出版社，1987

14. [日]长坂光彦编著. 余乐孝译著. 幼儿造型指导. 南京：江苏教育

出版社，1988

　　15. 中华人民共和国教育部制定. 幼儿园教育指导纲要(试行). 北京：北京师范大学出版社，2001

　　16. 中华人民共和国教育部制定. 全日制义务教育美术课程标准(实验稿). 北京：北京师范大学出版社，2001

　　17. 中华人民共和国教育部制定. 全日制义务教育艺术课程标准(实验稿). 北京：北京师范大学出版社，2001

　　18. 张念芸.《"新纲要"与幼儿艺术教育改革》读后思考. 学前教育研究，2003(4)